齐学红 / 主编

大夏书系·教育新思考

传承与创新

新中国教育人类学研究70年

华东师范大学出版社

·上海·

图书在版编目（CIP）数据

传承与创新：新中国教育人类学研究 70 年 / 齐学红主编 .
— 上海：华东师范大学出版社，2023
ISBN 978-7-5760-3766-1

I. ①传 …　Ⅱ. ①齐 …　Ⅲ. ①教育人类学—研究—中国
Ⅳ. ① G40-056

中国国家版本馆 CIP 数据核字（2023）第 061398 号

大夏书系 | 教育新思考

传承与创新：新中国教育人类学研究 70 年

主　　编　　齐学红
策划编辑　　李永梅
责任编辑　　韩贝多
责任校对　　杨　坤
封面设计　　奇文云海 · 设计顾问

出版发行　　华东师范大学出版社
社　　址　　上海市中山北路 3663 号　邮编 200062
网　　址　　www.ecnupress.com.cn
电　　话　　021-60821666　行政传真　021-62572105
客服电话　　021-62865537
邮购电话　　021-62869887
地　　址　　上海市中山北路 3663 号华东师范大学校内先锋路口
网　　店　　http://hdsdcbs.tmall.com/

印　刷　者　　北京季蜂印刷有限公司
开　　本　　700 × 1000　16 开
印　　张　　15.5
字　　数　　236 千字
版　　次　　2023 年 5 月第一版
印　　次　　2023 年 5 月第一次
印　　数　　4 100
书　　号　　ISBN 978-7-5760-3766-1
定　　价　　59.80 元

出 版 人　　王　焰

（如发现本版图书有印订质量问题，请寄回本社市场部调换或电话 021-62865537 联系）

序　言

近日很高兴读到齐学红教授主编的《传承与创新：新中国教育人类学研究 70 年》，对作者浓浓的学科情结和学术追求颇有感触。可以说，她是一位虽不年长却资深的教育人类学研究者，是学科发展中披荆斩棘、坚定向前的参与者、探索者和带头人。齐学红教授积极采用教育人类学方法开展教育研究，从攻读硕士学位到博士学位，再到博士后工作，在从事教育研究的 30 多年间始终都坚持深入基础教育一线，脚踏实地开展教育人类学"田野工作"，勤奋执着、严谨治学、成绩斐然，在学科发展上取得一系列重要成果。如果说她早期求学阶段重在关注某一专题性个案研究的话，从近年来连续出版的多部著作，包括这部《传承与创新：新中国教育人类学研究 70 年》综述类研究可见，之前那些田野研究个案已经串联起从实践到理论的美丽珍珠链，为我们呈现出由不同的专题研究逐步搭起走向学术高堂的阶梯，这既是一份研究者学术身份的认证书，更是使教育田野连通文化传承的金色纽带。在这里，我们看到了课堂内外学生主体性的形成与确立，学校道德教育改革的历史与传承，见证了透过学校田野研究洞察中国教育人类学学科成长的奥秘；教育人类学学科之树在本土扎根成长，分枝散叶，假以时日必将蔚成巍峨壮美的森林。

自 19 世纪后半叶人类学研究兴起，很快就被因社会激烈变化带来新问题、新困扰的教育学界所关注，促进了教育人类学研究的不断发展，尤其为有数千年教育传统的中国社会所关注并引进。中华人民共和国是在一个历经百年战火满目疮痍的废墟上成立的，且强敌环伺，百业待兴，国家生存压力巨大，军政及经济民生问题重重，教育人类学由此经历了从无视到被关注、引进、创建及发展的历史进程。齐学红教授长期坚持田野研究，对中华人民共和国建立以来教育人类学学科发展与研究展开全景式归拢和分析，概括其特征，直陈其分歧，从各种纷繁杂乱的个案中理出必要线条，品出不一样的学术真味。

中国是后发外生型现代化国家，在教育交流中渠道和途径多样，介入方式繁杂，引进搬用各种观点及框架的更是不少，也因此形成了各自不同的学术趣味及方向取舍。《传承与创新：新中国教育人类学研究 70 年》一书对这些流派及分歧进行了较为专业的分析和论点归纳，这些都得益于作者长期从事田野研究所积累的扎实的专业素养和坚定的学科信念。一门学科的建立和发展需要在本土实践中对各种论点扬弃拓展，在突破旧模式、创建新体系的过程中发展新学科。引进域外的各种观念，例如人类学、民族学与社会学是同一的还是三个不同的研究领域，又如 "ethnography" 的英文意思十分清晰，但却因中文译名不同而出现许多歧义，这些都关乎学科存在与消长。运用引进的各种观念来解释某种现象固然重要，但是更重要的在于解决问题，创立新体系。马克思说过，哲学家们只是用各种理论解释世界，而问题是改变世界。中国教育人类学首先应当面对中国的教育现实，在积极参与改造中国教育的时候，是用西方的学科概念解释和演绎中国的教育实践，还是依据中国的实践用人类学方法揭示中国的教育问题？是希望人们从西方概念的解释中评价它是否能改变中国教育，例如"双减"等现实问题，还是在解决"双减"问题、培养创新型人才中找到中国教育人类学真正的话语体系和概念体系？读读这本书，一定会给我们许多不同的思考。

教育人类学是教育学科发展皇冠上的明珠，教育培育人才，而人类学则是研究和回答作为整体人或人类整体发展的途径和目标，为教育培养人把航定向。这个探索贯穿于人类发展的整个历史进程。故而言之，教育人类学通过探讨教育在保存、选择、传递及创新文化的实践中如何培养社会需要的新人才，推进人类文化演进和社会健康发展，由此促使旧教育演变成新教育。因此，无论是各种民族的形成和发展，还是不同教育领域的变革，都必须从中国的实践中探索和寻找，这是那些习惯用外国学者的既定概念解释中国问题的研究者难以做到的。中国教育学者真正把握教育人类学学科真谛，需要在参与中国教育从传统到现代的激烈变革中，在促进中国教育从文凭主义转向培养创新人才的革命实践中才可能实现。要实现这样的目标，是需要一步一个脚印地认真推进。齐学红教授自任新一届中国教育人类学学术委员会理事长以来，坚持把教育人类学研究带进班主任工作及研究中，在基层学校建立教育人类学研究基地，连续举办五届"田野研究在中国：教育人类学研习班"和多届学术年会，同时还组织编辑出版《教育人类学研究》期刊以及"教育人类学研究丛书"等，对学科发展起了重要作用。当然，尽管还不能说中国教育人类学就此达到了如何高的水平，但却是一个非常重要的推进工作；同样，尽管不能说《传承与创新：新中国教育人类学研究 70 年》完成了中国教育人类学的学科建设使命，但却是一大跨步，为我们的研究和学科创建作出了时代性的贡献！我们应当祝贺她！

中山大学教育学院教授，

中山大学教育现代化研究中心主任

2022 年 8 月 28 日写于广州

目 录

c o n t e n t s

第一章 中国教育人类学的学科发展 / 1

一、教育人类学的学科背景与思想资源 / 2

二、中国教育人类学的学科发展 / 7

三、中国教育人类学的时代命题 / 25

第二章 教育人类学的思想传统 / 33

一、教育人类学理论流派 / 33

二、逻辑起点、核心主题与方法论 / 45

三、研究取向与思维模式 / 48

四、研究领域与分析框架 / 52

第三章 教育人类学的研究方法 / 58

一、教育人类学的研究特质 / 60

二、人种志、民族志与田野调查 / 65

三、教育人种志研究法 / 68

四、田野调查法 / 74

五、教育民族志 / 82

第四章　民族教育研究 / 91

　　一、民族教育研究的发展概况 / 91

　　二、民族教育研究议题 / 96

　　三、民族文化与民族教育 / 110

　　四、民族教育研究的未来走向 / 125

第五章　民族文化与传承 / 128

　　一、风俗仪式中的文化传承 / 129

　　二、民族体育中的文化传承 / 137

　　三、艺术中的文化传承 / 144

　　四、文化传承：教育人类学研究的发展趋势 / 149

第六章　教育人类学视野下的学校教育研究 / 155

　　一、研究概况 / 155

　　二、教育人类学视野下的教师研究 / 157

　　三、教育人类学视野下的学生研究 / 165

　　四、教育人类学视野下的师生关系研究 / 174

　　五、教育人类学视野下的课程研究 / 181

示例一　南京师范大学教育人类学相关博士学位论文简介 / 189

示例二　南京师范大学教育人类学相关硕士学位论文一览 / 237

第一章 中国教育人类学的学科发展

教育人类学（anthropology of education）是一门运用人类学的原理与方法，研究人的生成以及人类发展与教育发展的互动性，揭示各种教育现象和教育行为的内在文化动因与作用机理的新兴学科。作为一门新兴的综合学科，教育人类学广泛吸收了哲学、人类学、教育学、语言学、心理学、生物学、社会学、政治学、历史学等多学科研究成果，"集人类学、教育学、历史学、文化学等相关学科于一体，融多种方法于一炉，以解决现代化运动下日益多元复杂的教育问题" [1]，进而形成其独特的开放包容、多元共生的学科视野。

教育人类学是由教育学和人类学交叉形成的开放性综合学科，作为教育学的基础学科，教育人类学集中体现了教育学作为一门人文学科的学科属性，即研究人的文化生成，以及教育在人的生成与发展中的作用与影响。教育人类学的学科特点集中体现为：重视人类学的学科应用，以研究人的整体性为核心，遵循人类学的研究框架和研究原则，运用人类学的研究方法开展研究；聚焦文化与人的互动关系及作用机制，探索教育与人的发展关系，揭示现代教育的发展规律，关注人类学框架下不同族群的教育发展问题。

---

[1] 冯增俊. 教育人类学：在探寻民族教育时代精神中成长——中国教育人类学学科发展探微 [J]. 中国教育科学，2017（3）：70–107，227–228.

一、教育人类学的学科背景与思想资源

作为一门以人作为研究对象的应用性边缘学科，教育人类学具有悠久的思想渊源，但在教育科学的知识分类中属于一门年轻学科。指称这门学科的名称形式之多、由来之久、演变之广，是教育科学其他分支学科不多见的。教育人类学的学科缘起是"多元的"，其发展可分为观念教育人类学和实体教育人类学两个不同时期。对于它的学科地位，学界存在着两种截然不同的观点，即"学科独立论"和"学科非独立论"。①

（一）学科背景：社会发展与学科发展的必然

19 世纪后半叶，随着工业化进程的不断发展，多元化世界逐步崛起，迫切需要回应时代发展中出现的新问题，提供解决教育问题的新方法，教育人类学应运而生。

教育人类学是在人类学与教育学的对话交融中生成发展的。19 世纪以来，德国教育家第斯多惠、英国社会活动家欧文等许多学者极力倡导人的教育。俄罗斯教育学家乌申斯基第一个提出教育人类学的概念，他将《人是教育的对象》一书的副标题定为"教育人类学初探"，倡导创立一门以人为中心的教育学，以回应当时社会面临新的教育问题时对新学科的呼唤。

作为一门交叉学科，教育人类学的诞生源于教育学和人类学共同的学术追求和学科基础，主要表现在如下四个方面：其一，研究对象相同，两者都以人作为研究对象；其二，理论基础相同，都以生物学和社会文化观作为理论基础，研究不同文化下人的发展，以及人与人之间、不同种族之间及国家之间的相互关系对于人的发展的作用和影响；其三，研究目的一致，都致力于人的健全发展，寻求人的生成及实现人的本质特征的基本力量，从而为创立新学科提供重要动力；其四，共同的学科发展需要——人类学必须研究教育，否则无法全面回

---

① 李复新，瞿葆奎.教育人类学：理论与问题 [J].教育研究，2003（10）：4-13.

答人的问题，为此需要教育学的帮助。同样，教育学也需要人类学提供新的方法，借助人类学的推力，实现教育科学的转型。①

教育人类学的产生也是人类社会发展的必然要求和教育学科发展的必然。文艺复兴运动掀起人的解放运动，新教改革运动转变旧的教育模式，以及工业革命提出的培养新人的时代要求，成为推动教育人类学学科发展的外部力量。教育人类学在二战后获得了重大发展。在二战时的反战、战后民主化和1960年代的反传统等三大运动的推动下，教育人类学逐步显露出对推进社会发展和解决当代教育问题的重要作用。人类学家博厄斯（Boas）、马林诺夫斯基（Malinowski）等人在二战期间批判"遗传决定论"和"白人优良种族论"，成为教育界反对种族歧视的先声，影响深远。鲁思·本尼迪克特（Ruth Benedict）提出教育具有传递、转变和改造等文化功能；玛格丽特·米德（Margaret Mead）以前喻性、互喻性、后喻性三种文化适应来揭示现代社会的代沟冲突；M·J·赫斯科维茨（Melville Jean Herskovits）揭露了学校教育中的种族主义倾向；罗伯特·雷德菲尔德（Robert Redfield）提出教育文化整合功能论；克莱德·克拉克洪（Clyde Kluckholn）提出教育文化价值论；A·蒙塔古（Ashley Montagu）提出教育人性化等思想，积极探索教育的文化功能。② 哲学教育人类学对纳粹主义的批判和对教育培养健全人性的探索，成为德国教育变革的时代号角。

教育人类学积极参与战后教育重建，在解决多元文化冲突引发的各种问题中成效显著。同时，两派教育人类学家都积极探索学科发展问题，对于提升教育人类学的学科意识，促进学科发展起到了重要作用。其中，1954年在美国斯坦福大学召开的教育与人类学联合大会是一个重要的里程碑。有学者认为，这次会议是文化教育人类学从应用性学科转向学术性学科发展阶段的关键标志。德国一批学者同期出版了大量的教育人类学著作，如敏斯特大学德普－福瓦尔德（Heinrich Dopp-Vorwald）教授出版的《教育科学与教育哲学》；教育人类学

---

① 冯增俊. 教育人类学：在探寻民族教育时代精神中成长——中国教育人类学学科发展探微 [J]. 中国教育科学，2017（3）：70–107，227–228.

② Ogbu, J. U., Anthropology of Education,In Husen, T. (ed.) *The International Encyclopedia of Education.* vol.1, 1985.

家 O·F·博尔诺夫（Otto Friedrich Bollnow）同年出版的《情绪的本质》《敬畏》等书，阐发狄尔泰生命哲学关于教育与人的生命真谛，探讨教育与人类发展的各种问题，对教育人类学的学科发展起到了重大作用。

20 世纪 80 年代以来，教育人类学研究重点发生了如下转向：从跨文化比较到关注文化与教育作用下人的整体性发展研究；从单一族群研究转向推进多元文化教育的融合与协调，教育人类学成为基本的研究力量；将不同文化行为模式及不同环境中儿童的发展与学习作为重要的研究任务；全面推进教育人种志研究，探讨不同文化下教育的文化传播功能对学生的作用，解决不同种族间的教育问题；注重研究多元文化教育与国家发展等重大政策性论题。

总之，教育人类学已成为许多国家教育理论体系中一个重要组成部分，在教育学学科建设与发展中日益发挥其独特的作用。其中，德国教育人类学通过教育历史人类学实现了教育人类学的学科转向与重建，从追求固定标准的方法论转向关注历史性和变化性的方法论（即"双重历史"），以此探究人类形象的演变过程，由传统教育人类学以固定单一的人类形象作为标准的做法，转变为思考"教育中人的形象"在历史演变和现实中的复杂多样性，进而形成与之相应的方法论。教育历史人类学对传统主题予以时代创新，确定多层次分析单位，改变了教育人类学的传统思维方式与研究方法。

（二）思想资源：哲学教育人类学与文化教育人类学

教育人类学是 19 世纪末 20 世纪初科学知识相互渗透与分化的产物。作为人类学的一个分支学科，教育人类学形成于 20 世纪中叶，在 100 多年的演进历程中，形成了不同的学术流派，主要分为两支：德奥的哲学教育人类学和英美的文化教育人类学。德奥的哲学教育人类学历史渊源有二：一是德国特有的思辨哲学；二是二战后德国国民对教育和人性的反思。哲学教育人类学是站在文化哲学角度对人性及教育问题进行批判与反思的。文化教育人类学起源于文化人类学对文化传承的研究与思考。历史上文化人类学出现了众多理论流派，不同流派对文化传承及教育有不同的理解和阐释，各家观点异彩纷呈。历史渊源的不同影响到研究主题和关注点的差异。除此之外，哲学教育人类学和文化教育人类学在研究方法上也各有不同，前者主要继承了德国传统的哲学思辨范式；后者主要继承了文化人类学的三个学科特点：田野工作、民族志撰写与理论阐释的范式。

1. 哲学教育人类学

德国哲学教育人类学的孕育和发展，深受生命哲学、精神科学、现象学、哲学人类学等哲学思想的影响。哲学家康德、狄尔泰、博尔诺夫等人在促进德国教育人类学成为一个专业研究领域上发挥了重要作用。教育人类学研究继承了发端于 20 世纪初精神科学教育学的衣钵，作为精神科学教育学学派的一个分支，在 20 世纪 70 年代其学术影响力达到了巅峰，并对俄罗斯、荷兰、加拿大等国的教育研究产生了重要影响。[①] 博尔诺夫把哲学人类学研究方法引入教育学研究，形成了教育学的哲学人类学研究范式，他称其为"还原原则、工具原则、解释性原则和开放性原则"[②]，至今仍具有方法论指导意义。他通过人类学的还原原则，建立了包容、全面的人的图像，使生命的整体性、全面性、创造性、发展性理解成为可能。他创立了哲学人类学方法论，把人类学方法应用于教育学研究中，开创了教育人类学的研究方向；他把非连续性形式引入古典教育学，全面阐明了教育过程是连续性与非连续性的辩证统一，丰富和拓宽了教育学的内涵和类型，使教育学在内涵与方法层面得到了革新。

2. 文化教育人类学

文化教育人类学源于英美早期海外殖民过程中不同文化之间的紧张与冲突。美国是移民国家，多种族与种族歧视传统带来巨大的社会问题，致使教育在多民族、多种族以及多元文化社会中充满着矛盾冲突，进而影响着学生的学业和身心发展，并制约着国家政治和经济的发展，进而成为教育人类学学科发展的外在动力。美国教育家休伊特（E. L. Hewett）最早应用人类学方法研究教育问题，

---

① 陈学金. 德国教育人类学的理论渊源与发展脉络 [J]. 复旦教育论坛，2014（4）：89-94.

② 张广斌. 博尔诺夫的哲学人类学研究范式及其教育意蕴 [J]. 外国教育研究，2009（2）：24-29.

他于 1904 年和 1905 年先后在《美国人类学家》杂志上发表了《人类学与教育》《教育中的种族因素》两篇文章，呼吁开展教育人类学研究，以促进教育研究和人类学的发展。[①] 他的研究影响了美国的教育政策，奠定了美国教育人类学发展的基调。1913 年，意大利教育家蒙台梭利出版了世界上第一本名为"教育人类学"的专著，把体质人类学概念应用到教育上，重视文化及种族对教育过程的影响，对教育人类学发展有重要意义。美国人类学之父博厄斯写了近 30 篇有关教育的文章，对早期教育人类学的发展起了重要作用。文化教育人类学主要流行于欧美及亚太等国家，注重运用文化人类学原理从跨文化、跨种族的角度来研究教育与人类发展问题。

3. 主要研究议题

尽管上述两种流派的学科主题存在一定差异，但其共性都是源于本国社会现实的需要，重视社会发展进步中教育和文化的交互作用。

哲学教育人类学源于欧洲科技主义对人性的忽视，致使人们担忧人性的日益式微这一重大问题，进而把教育人类学的学科主题确定为培养健全人格的人。这一社会实践成为建构哲学教育人类学学科主题的肥沃土壤和思想根源。H·罗特（H. Roth）出版了两卷本的《教育人类学》，强调研究人的本质及人的心灵和精神的变化，通过探索人的发展过程及其规律来制定完美的教育目的和方法。A·弗利特纳（A. Flither）在《教育人类学》一书中强调从教育角度综合分析人的发展，阐明关于人的经验科学成果。

文化教育人类学把学科主题确定为解决教育中的种族与文化冲突问题，消除历史上严重的种族歧视对教育的危害。人类学家马林诺夫斯基和博厄斯在二战期间用人类统计学等方法研究儿童发展，批驳纳粹的遗传决定论观点；人类学家鲁思·本尼迪克特提出美国文化中教育的传递、转变及改造文化的三大功能，力证教育具有建立和打破社会秩序的力量；人类学家玛格丽特·米德提出文化适应的三种主要形式，说明人类进化与教育形式演变的历史趋势，

---

① Ogbu, J.U., Anthropology of Education, In Husen, T. (ed.) *The International Encyclopedia of Education*. vol.1, 1985.

揭露现代工业社会中产生代沟及心理冲突的根源，进而指出教育改革的新方向。

上述研究主题并没有随着历史变迁而失去其现实价值，时至今日，这些主题仍有待于进一步研究和回应。

二、中国教育人类学的学科发展

（一）历史背景

中国教育人类学的产生源自复杂的时代要素和社会背景，其中最重要的原因是文化的多样性和教育的社会化。中华民族是多民族融合的复合体，这决定了文化对教育作用的多样性。20世纪初中国废除科举制，打破压制文化发展的桎梏，推动了教育事业的多元化发展，加上西方学术及文化进入中国，尤其是人类学的兴起推动了民族研究，促进许多学者开始研究民族发展中的教育问题，以及民族文化传承的教育意义。

中国教育人类学的兴起与社会发展的需要密切相关。自鸦片战争以来的100多年间，中国社会发生了急剧的历史变革，从半殖民地半封建社会到社会主义社会，从传统的农业社会向工业化及信息化社会的转变，从自给自足的自然经济向全球化经济的转型。这一系列社会巨变必然会给教育带来巨大的挑战，中国社会对新教育以及新教育研究产生了迫切需要。在社会巨变的历史进程中，由于传统教育观念的根深蒂固，尽管存在着教育改革的强烈愿望，但教育变革的步伐却非常艰难。教育滞后的客观现实引发人们对教育发展问题及影响因素的反思，关注社会问题与文化转型的教育人类学逐渐进入教育学科的研究视野；变革教育，特别是转变教育研究模式已成为一种强烈的现实需要。人们在困惑中期盼一种新的教育认识，即充分反映教育与人类发展互动关系的新理论，借以使微观个案研究与宏观整体研究合璧，在人类发展整体上把握教育的长远发展，找到教育促进人的发展和社会进步的根本途径，这是中国社会发展的迫切需要。

历史选择了教育人类学，中国迫切需要发展教育人类学。①

（二）学科诞生及发展现状

1. 学科诞生

中国教育人类学诞生于 20 世纪 80 年代，这一时期国家大力推行改革开放政策，西方各种教育思想和教育模式不断涌入，开创了教育发展和教育研究的新局面，国外较为成熟的教育人类学理论和研究成果也被引介进来，国内学者积极开展相关研究。

中国教育人类学学科的诞生有如下标志性成果：一是标志性的学科专著出版，一系列研究成果公开发表。二是自 2007 年开始每年举办教育人类学学术年会，针对中国教育人类学的学科发展、研究主题、教育人种志研究方法等专业领域问题进行深入研讨。三是 2010 年 12 月 25 日在广西师范大学举办的第二届全国教育人类学学术研讨会上，中国教育人类学的专业学术团体——"中国教育学会教育学分会教育人类学学术委员会"成立。四是 2013 年 6 月 19 日，中国人类学民族学研究会教育人类学专业委员会经民政部批准登记成立。中国人类学民族学研究会教育人类学专业委员会首届年会暨"教育与文化：教育人类学的理论、方法与应用研究"学术研讨会于 2014 年 3 月 29—30 日在中央民族大学举办。与会代表就人类学视野中的教育研究、教育人类学的本体论与学科史、教育人类学的理论与学术前沿、教育人类学研究方法与技术等议题展开深入交流和探讨。本次会议是中国教育人类学发展史上的里程碑，不仅建立了教育人类学的学术研究共同体，而且促进了教育学与人类学的学科融合。五是 2016 年由中国教育学会教育学分会教育人类学学术委员会主办的《中国教育人类学研究》学术年刊由人民教育出版社出版，该学术年刊集中探讨中国教育人类学学科发展中的重大理论与实践问题，发表教育人类学研究的最新学术成果，成为中国教育人类学研究与学科发展的学术平台，推动了中国教育人类学的理

---

① George Stoking, Jr., 1992. *The Ethnographer's Magic and Other Essays in the History of Anthropology.* Madison: Univ. of Wisconsin Press, p. 282.

论交流与学术表达。

回顾自上世纪 80 年代以来中国教育人类学的学科发展历程可以发现，中国教育人类学经过 30 多年的发展，先后出版了一系列以"教育人类学"冠名的著作。其中，人类学家庄孔韶教授对教育人类学研究做出了开创性工作，其专著《教育人类学》（1989）开创了国内人类学研究教育的先河。[①] 上世纪 90 年代后，许多留学归来的教育学者积极倡导实证研究方法，国外多种教育人类学研究方法被国内教育界所采用，产生了许多有影响的研究成果。吴康宁留日归国后于90 年代积极倡导课堂社会学研究，注重实地研究，聚焦课堂这一学校教育的微观场域，引领了教育社会学的研究转向。陈向明留美归来后大力倡导"质的研究"方法，开展以教育人种志的实地研究为主的教育研究，对中国教育基本理论研究产生了方法论意义上的重大影响。

另外，许多教育学者相继开展了一系列教育人类学研究工作，主要以介绍国外教育人类学研究成果为主。冯增俊出版了《教育人类学》（1991）一书。从哲学视角审视教育人类学的著作主要有：台湾学者詹栋梁撰写的《教育人类学》（1986），李其龙翻译的博尔诺夫《教育人类学》（1999）、茨达齐尔《教育人类学原理》（2001），张志坤翻译的武尔夫《教育人类学》（2009）。这些著作和译作成为国内了解教育人类学哲学研究取向最主要的参考书。2000 年后，冯增俊、万明钢等编写的《教育人类学教程》被批准为教育部"十五"及"十一五"普通高等教育本科国家级重点规划教材，该教材于 2005 年由人民教育出版社出版，是国内第一本国家级重点规划统编的教育人类学教科书。另外，滕星的《文化变迁与双语教育——凉山彝族社区教育人类学的田野工作与文本撰述》，万明钢主编的《西北少数民族教育研究丛书》，张诗亚的《西南民族教育文化溯源》等论著，对中国教育人类学的学科主题、理论体系、分析框架和研究方法等进行了探讨。

这一时期还出现了一系列基于人类学田野研究的学术成果：万明钢、王鉴对西北民族教育的研究；孙杰远等对广西多民族人力资源成长的研究；王凌、

---

① 张宏宇. 教育人类学在中国的发展及当前面临的主要问题 [J]. 高教论坛，2010（9）：110-114.

曹能秀对云南少数民族学校与社区发展互动的研究；滕星引进美国式以民族教育文化为主的教育人类学研究；欧阳护华等开展的参与式干预性的教育人种志研究；丁钢主编的《中国教育：研究与评论》系列丛书，积极倡导和推进运用叙事研究法开展教育人种志研究等不同的质性研究范式。此外，教育人类学研究方法也在研究生培养和教育中得到广泛运用：西北师范大学的万明钢教授指导的博士生李艳红的《东乡族女教师生涯发展研究》，华东师范大学的金一鸣教授指导的博士生齐学红的《中小学师生互动中的学生自主性——个案研究》、白芸的《理解学生文化——初中学生班级文化研究》、陆启光的《壮族儿童社会化研究——广西乐业县实地调查》以及周海玲的《制度下的教师文化》；冯增俊教授指导的近30位研究生，如王华兰、石军、李庆等开展的学校教育人种志研究等。这些研究方法的运用，对促进中国教育研究范式的多元化发挥了重要作用。①

　　另外，教育研究中身体的回归是在工业社会、信息技术对人的工具化、去主体化潮流下出现的人类不断寻找自我拯救方法的现实呼唤，并成为西方教育人类学研究的新主题。国内学者对德国教育人类学家武尔夫（Wulf）近年来的研究成果加以介绍，并将其模仿、体势语、仪式、他者等人类学概念投射到教育思考与实践中，并试图对其中一些理念的实践可能性加以探讨。②

　　从文化视角审视教育人类学的著作中具有基础性的编著主要包括：《教育人类学：学习与学校教育民族志研究全球指南》（凯瑟琳·安德森－列维特，2012），《教育人类学》（奥格布主编，石中英等译，2011），《教育人类学导论——文化观点》（周德祯，1999）。其中，《教育人类学教程》（冯增俊，2005）和《教育人类学引论》（李政涛，2008）主要从教育学视角解读教育人类学；《教育人类学简论》（袁同凯，2013）则为教育人类学研究增添了更多的人类学色彩。③

---

① 冯增俊.教育人类学：在探寻民族教育时代精神中成长——中国教育人类学学科发展探微 [J]. 中国教育科学，2017（3）：70–107，227–228.

② 张志坤.由身体回归引发的教育反思——德国教育人类学家武尔夫思想述评 [J]. 湖南师范大学教育科学学报，2011（2）：27–31.

③ 滕星.教育人类学通论 [M]. 北京：商务印书馆，2017.

2. 发展现状

经过 30 余年的发展，中国教育人类学学科快速发展起来并取得了一定的成就。作为学科发展历程的亲历者和促进者，滕星教授指出，中国教育人类学目前仍处于"初步学术化"发展阶段，正迈向组织化和专业化发展的新阶段；随着与国外学术交流的增多、学术共同体的构建和学科知识的积累，该学科很可能在今后一段时期内进入"井喷式发展"的黄金时期。[①]

不难发现，中国人类学在学科重建后经过了 30 多年的发展，仿佛依然"孤悬"在国际人类学界之外，未能真正与国际接轨。究其原因，主要是没有抓住人类学的核心问题，对其认识不足、把握不透所致。教育人类学虽然取得了一些成果，但作为一门"舶来"学科，无论从理论框架还是实践应用上，还存在着许多问题。主要表现在：研究主题不明确，学科价值尚未彰显；研究方法中的理论指导缺失；研究队伍不稳定，研究力量相对薄弱等。[②] 其中，根本问题是缺乏人类学精神。那么，什么是人类学精神呢？人类学精神源于人类学的传统。按费孝通先生的话，就是指本着实事求是的态度，深入实地做研究的客观精神，以及学问为民、志在富民的人文精神。对于很多教育学者而言，他们习惯于在书斋、图书馆、教室中做学问、研习理论问题，习惯于用逻辑去思考，娴熟地使用二手资料和分析技术；这样做学问的教育学者却是国家和政府教育政策制定的参谋和顾问。在这种研究基础上提供的所谓科学依据，与客观现实之间究竟能有多少的一致性或相契合呢？[③]

另外，我国台湾地区教育人类学的发展，一方面受到台湾地区人类学学科发展的影响，另一方面又在一定程度上源于教育学者对台湾少数族群教育的关注和研究。多样化的少数族群文化是台湾教育人类学研究的现实背景。台湾的教育人类学从 20 世纪 80 年代初起步，在政治解严之后取得了实质性进步。目

① 巴战龙，海路，陈学金，滕星.中国教育人类学新进展——人类学学者访谈录之六十九 [J]. 广西民族大学学报（哲学社会科学版），2014（2）：89–95.

② 安富海.试论我国教育人类学本土化研究的可能路径 [J]. 当代教育文化，2011（1）：27–32.

③ 钱民辉.费孝通的教育人类学思想初探 [J]. 中央民族大学学报（哲学社会科学版），2007（4）：42–47.

前，台湾地区的教育人类学以原住民教育、多元文化教育等为主要研究领域，在研究内容、研究方法上呈现出多元化的发展趋势。人类学方法在教育研究领域的应用，在一定程度上扭转了台湾教育研究片面注重量化研究的局面。①

（三）学科发展议题

教育人类学的原点性、本体性问题至少有三个：一是人类为什么需要教育人类学？二是谁需要教育人类学？三是人类学需要教育人类学做什么、完成什么使命？三大问题互有内在关联，它们的提出和解决可以让教育人类学在人类学学术体系和知识体系中有所作为，作出属于自己的贡献。②

在中国，教育人类学还是一门非常年轻的学科，学科概念及理论建构大都来自国外，从现实情况来看，我国教育人类学尚缺少本土化的原创性理论，而且学科发展比较缓慢，高等师范院校或教师教育专业中开设相关课程的学校比较少，缺乏专业人才的培养体系。教育人类学学科发展形势较为严峻，面临很多体制性及学科发展问题。具体表现在如下方面。

1. 学科属性与概念界定

（1）学科属性：民族教育学与教育人类学

从学科性质来看，教育人类学是一门开放综合的交叉学科，也是一门特殊的人文社会学科；它既是一门应用学科，也是一门创新性的理论学科。有关教育人类学和中国特色民族教育学的学科属性问题，随着学科体系的不断发展和完善，被越来越多的研究者重视并加以重点探讨。这一时期该领域的研究较多致力于对具有中国特色的"民族教育学"与西方学术背景下的"教育人类学"二者的概念、内涵及其外延的界定，在此基础上提出和完善具有中国特色的教育人类学学科体系。教育人类学有不同流派，其中以美英为代表的文化教育人类学强调经验研究，注重田野工作和民族志撰写，为中国教育人类学的学科发展提供了重要的学术资源。

---

① 陈学金. 台湾的教育人类学研究：背景、历程与现状 [J]. 当代教育与文化，2016（3）：15–21.
② 李政涛. 回到原点：教育人类学的本体性问题初探 [J]. 民族教育研究，2014（5）：5–9.

在中国，教育人类学与民族教育学有密切关系，但两者在研究对象和方法上有明显不同。这种不同主要源于作为其学科母体的人类学与民族学的区别。与综合运用各学科方法对少数民族教育进行研究的民族教育学不同，我国的教育人类学并不局限于对少数民族进行研究，在研究方法上更加注重田野工作等传统人类学方法的应用。

关于"民族教育学"的概念及其界定在我国也有较大争论；其中，哈经雄和滕星主编的《民族教育学通论》中将其归纳为：单一民族教育说、国民教育说、少数民族教育说、多重含义说、跨文化教育说等，并提出自己的观点，即认同"单一民族教育说"。国内研究者往往把"民族教育"等同于"少数民族教育"，或者在不同语境下将二者混同使用。犹如国内研究者对"民族学"与"人类学"学科归属和学科界定的争论一样，加之我国教育主管部门对"民族学"与"人类学"学科归属的划分也存有异议，民族学是单独设立的一级学科，人类学则被划归为社会学学科下的二级学科。

因此，国内关于"民族教育学"和"教育人类学"的学科归属及其界定存有疑虑或较大争论也是不争的事实，其源头在于国内学术界对"民族"一词的认识存在较大争议。倘若这个问题不能得到很好解决，那么上述有关争论仍会继续。从学科性质、研究旨趣及研究对象来看，在西方学术土壤中滋生的"教育人类学"，与具有我国浓厚的本土特色的"民族教育学"之间还是存在着一条潜在的边界的。[①]

（2）学科特点与学科价值

在学科特点和学科价值方面，教育人类学家遵循着社会文化人类学对文化、社会的根本看法，将教育视为一种文化存在、社会存在、历史存在，通过田野研究直接面对鲜活的教育实践，从具体的个案研究中获得对于教育与人性的理解。"田野工作、民族志撰写、理论阐释或建构是人类学研究的三个重要环节，也是教育人类学的显著标识。"[②]教育人类学研究在认识论上遵循从"具体"到

---

① 祁进玉.中国教育人类学研究的现状与反思 [J].湖南师范大学教育科学学报，2009（4）：5-9.

② 陈学金，滕星.论中国教育人类学的几个根本问题 [J].中南民族大学学报（人文社会科学版），2013（3）：64-69.

"抽象"的逻辑；从实践中获得第一手资料、用文化视角看待问题、整体书写民族志、反思与批判贯穿研究始终，是教育人类学研究的重要特点。

一门学科的形成与发展，关键在于学科主题的确定。中国教育人类学的学科主题应该从中国的教育实践出发，符合中国教育发展的需要，从而找出解决中国教育现代化面临的种种问题的方法。中国教育是一个有着两千年封建社会历史积淀的传统文化模式，其向工业社会的现代教育的转型必将经历一个艰巨且循序渐进的过程。中国教育最大的任务是如何革除那些看不见却真实存在，甚至无处不在的根深蒂固的封建教育思想，创建具有中国特色的真正意义上的现代教育体系，而不是一味地模仿西方社会。中国历史上封建社会存在的时间很长，当代中国社会的变迁更多是在外力推动下的被动改变，并没有经历西方国家的资本主义发展和工业革命，中国社会在从传统农业社会向现代工业社会的转型过程中，并没有很好地解决占据人口多数的中国农民问题。教育人类学要面对现代化中最关键的"三农问题"，需要建构一个怎样的理论分析框架，这是中国教育人类学进一步发展中迫切需要解决的问题。

2. 学科规范与队伍建设

自 20 世纪 90 年代以来，教育部要求各师范院校开设教育人类学课程，并且组织编写了教育人类学教材，但只有少数师范院校开设了这门课程。教育人类学在中国的健康发展，必须依靠一支相对稳定的专业研究队伍，否则只能出现一些零散的仅触及边缘的成果，不能构成理论体系，也不能对中国教育的现代转型提供多大帮助。[1] 中国教育人类学脱胎于西方教育人类学，在很大程度上移植了西方人类学的学科概念，目前中国教育人类学刚走出学科发展的萌芽期，远未达到学科发展的本土化程度。而拥有一套独立科学的学术概念以及体现学术意义的话语体系，成为中国教育人类学学科独立及学科发展的必然。

教育人类学把教育作为一种文化现象，运用人类学的理论、方法和精神研究中国教育实践，可以扩大教育的分析视角和解决问题的途径，促进教育研究品质的提升，推动教育改革和社会发展。同时，教育人类学作为人类学的特殊

---

① 王丹. 中国教育人类学的发展历程 [J]. 滁州学院学报，2010（3）：70-72.

理论学科，通过对教育及相关领域的深入研究，有助于推动人类学的学科发展，扩展人类学对人类社会教育问题的知识积累。

（四）主要研究成果

中国教育人类学虽有近百年发展历史，但学科发展较为缓慢。20世纪80年代之后，在国外教育人类学理论与本土理论实践的双重作用下，中国教育人类学迅速成长起来，并且取得了一些突破性进展，初步形成了若干有影响力的分支研究领域。

1. 民族教育研究

（1）民族教育的影响因素研究

以教育人类学视角开展的民族教育研究，其主要内容包括：民族教育现状、存在问题、解决策略和发展趋势等，涉及学校教育、双语教育、女性教育、学前教育和高等教育等多个方面。其中，学校教育是少数民族地区教育发展的主要方面。少数民族地区学校教育得到很大发展，但不同少数民族地区的学校教育之间，甚至同一族群内部的学校教育之间存在很大差异，仍存在一些普遍性问题，如学校设施相对落后、学生学业压力过大、双语师资严重不足等。另外，缺乏独立的学前教育、女童辍学、生源流失等也是少数民族地区教育较为突出的问题。西部少数民族高等教育的发展仍相对滞后，培养目标局限大，学校规模小；专业设置、教学内容和课程体系结构不合理、人才培养模式落后；大规模扩招导致民族院校的学生长期处于"低进、低出"状态，教育质量难以保证。

在影响少数民族地区教育发展的诸多因素中，经济因素是最重要的因素，文化背景、宗教因素、政治状况等也是不容忽视的影响因素。其中，要解决的首要问题是如何处理好现代化与多元化的关系问题。由于历史和现实原因，在少数民族地区尤其是偏远落后地区，教育发展困难重重：在民族文化适应方面，存在着学校教育的文化适应性差以及学生的文化适应性差两方面问题。

（2）民族教育的文化适应性研究

有学者研究了游牧区藏族的学校教育，发现其教学模式、课程设置、课程内容、课程管理体制等基本上套用了内地学校模式，由于少数民族文化与汉族文化的差异，在少数民族学校教育适应内地学校教育模式的同时，少数民族学生产生了文化上的不适应问题：来自语言、价值观、风俗习惯、饮食等方面的文化差异，使得少数民族学生在接受教育的过程中面临着许多困难，影响了学生的价值取向和自我发展。一些主要科目的内容结构明显模仿汉族文化；除藏文、汉文课本外，其余课本均使用全国统编教材，教材中列举的许多事例是藏族学生所未见过的，缺少本民族特色文化，严重脱离了藏族学生的认知经验和生活实际，导致学校教育水平低下，学生学业成绩低、辍学率高等现象。[1]

（3）少数民族学生学业成就归因研究

教育人类学研究关注少数民族教育问题，特别对少数民族学生的学业成就进行归因解释，形成了多种归因理论。主要包括单一归因和综合归因两类，其中，单一归因理论包括：遗传基因差异理论、文化剥夺理论、文化冲突理论、文化中断理论、语言类型差异理论、阶层化社会理论等；综合归因理论包括：社会阶层与文化资本理论、地位团体与学校科层制理论、文化模式理论和选择性同化策略理论等。国内学者的研究集中在对少数民族学生和农村学生的学业成就研究上，影响因素包括经济、政治、自然环境、性别、学校、大众传媒等方面。

少数民族地区在文化传承与学校教育发展上面临如下困难和问题：缺少制度保障、教育经费投入不足、师资力量薄弱和主流文化的强烈冲击等。现代学校教育嵌入少数民族地区后，使当地人面临着生产生活知识、语言文字、人生礼仪习俗文化、宗教信仰文化传承等诸多困境。[2]在文化变迁过程中，民族文化大都通过家庭代际相承的方式得以保留下来；由于年轻人对本民族文化不感兴趣，使民族文化在年轻一代中出现断层的危险。因此，实施民族教育应选择优秀民族文化要素作为教育资源，重塑适合民族成员生命成长的学校文化场域，

---

① 贾荣敏，张志方.青海高原藏族游牧区现代学校教育的文化适应性分析 [J].青海民族研究，2009（4）：37-40.

②同①.

注重文化适应性教学。① 为探究东乡族女童辍学、失学的根本原因，有学者运用教育人类学方法对其成长历程与生存境遇进行考察后发现，在"男尊女卑""重男轻女"等性别观念影响下，相当一部分东乡族女童丧失了自主发展、自由选择、自我展现的机会，成为现代文明浪潮中的"失语人"。②

（4）民族语言、文字研究

民族语言、文字研究主要涵盖了彝族、土族、羌族、哈尼族、傈僳族和纳西族等少数民族及其双语教育方面。相关研究包括：滕星的《文化变迁和双语教育——凉山彝族社区教育人类学的田野工作与文本撰述》，滕星、王远新的《中国少数民族新创文字应用研究——在学校教育和扫盲教育中使用情况的调查》，艾力·伊明的《多元文化整合教育视野中的维汉双语教育研究——新疆和田中小学双语教育的历史、现状与未来》，宝乐日的《土族、羌族语言及新创文字使用发展研究》，马效义的《新创文字在文化变迁中的功能与意义阐释——以哈尼、傈僳和纳西族为例》，郑新蓉、卓挺亚的《我国义务教育阶段少数民族文字教材调查研究》等。

（5）少数民族宗教、族群与学校教育研究

对于少数民族宗教、族群与学校教育的研究，如张诗亚的《祭坛与讲坛——西南民族宗教教育比较研究》、巴登尼玛的《文明的困惑——藏族教育之路》、罗吉华的《文化变迁中的文化再制与教育选择——云南勐罕镇中学傣族和尚生的个案研究》等。对于族群、社区文化与学校教育关系的研究，如袁同凯的《走进竹篱教室：土瑶学校教育的民族志研究》、巴战龙的《学校教育·地方知识·现代性——一项家乡人类学的研究》等。对于少数民族文化、民间文化传承的教育功能（或价值）的研究，如张新立的《"鹰雏虎崽"之教：教育人类学视野下的彝族儿童民间游戏研究》、乔馨的《教育人类学视野下的岩洞嘎老文化传承研究》等。多民族国家的民族教育理论与政策研究，如滕星、王铁志主

① 孙杰远，黄李凤.民族文化变迁与教育选择——对广西龙胜侗、瑶民族地区的田野考察 [J]. 西北师大学报（社会科学版），2007（5）：55-60.

② 吕晓娟，王嘉毅.失落的声音——东乡族女童成长历程的教育人类学考察 [J]. 西北民族研究，2009（1）：192-199，182.

编的《民族教育理论与政策研究》等。

2. 学校文化研究

(1) 仪式教育、文化习俗与文化适应研究

学校作为教育人类学研究的重要实践场域，其中仪式教育是重要的研究议题。我国基础教育中的仪式教育存在着淡化学生个体存在、形式刻板、内容乏味、效果不佳等问题。这些问题的背后是仪式教育中存在传统与现代的文化冲突等深层次矛盾。张志坤提出，借鉴西欧教育人类学对仪式研究的前沿思想和实践经验进行改革创新，拓展仪式定义范畴，关注仪式中参与者的体验与收获，挖掘仪式的历史性和文化性，重视仪式的个性化与国际化等理论建设和实践创新。[①]

传统文化习俗作为一种历史积淀，与现代教育的产生和发展密不可分。族群的传统文化习俗与历史背景，会在一定程度上影响其成员的学业成就。袁同凯通过对土瑶部分传统文化习俗的"深度描写"，探讨土瑶传统文化习俗与学校教育之间的关系及其对土瑶儿童学业成就的影响，揭示出学校围墙之外影响学校教育发展的因素，从文化视角探究土瑶学校教育失败的根源。[②] 风俗礼仪的传承表现出重复性、持续性、象征性等特点，并蕴含着一定的价值、标准和态度，对人的全面成长与发展、民族文化认同等都具有教育意义。有学者对土家族、维吾尔族、裕固族、白族的风俗礼仪进行描述，揭示出风俗仪式关注的生命教育，少数民族舞蹈、体育游戏、音乐、传说等文化传承中蕴含的教育意涵，以及其独特的民族习俗与教育功能。

文化适应存在于异质文化之间，在我国，文化适应主要表现在城乡之间和不同民族之间。学生是教育的主体，也是人类学关于学校教育研究中最重要的关注点，为此，人类学者对城区学校农民工子女、高校彝族学生、中国藏区学生、傣族乡村学生、北京打工子弟学校的维吾尔族随迁学生等文化适应状况进行了研究，指出存在的问题及改进的策略。

---

① 张志坤.仪式教育审视：教育人类学仪式研究视角 [J]. 中国教育学刊，2011（12）：24-26.

② 袁同凯.传统文化习俗与学校教育——教育人类学的视角 [J]. 西北民族研究，2009（1）：183-191.

（2）教师与师生关系研究

王坤（2012）从教育人类学视角出发，提出影响和决定民办教师生存状态的关键场域在于心理场、社会场、学校场、教育场。在对民办学校教师生存境况进行归因时应综合考虑多种因素，其中民办教师的内在文化心理是造成其生存境况堪忧的主要原因之一；社会制度是民办教师生存境况的外在因素；传统教育观念影响根深蒂固，是造成当前民办教师生存境况的重要文化因素。长期以来，我国教师培训执行统一的教师培训计划，忽视了教师的特殊性，少数民族教师缺少专门的培训活动。教师需要了解不同民族、不同文化的知识，尤其是在少数民族地区，教师培训内容应包括不同民族群体的地方性知识，包括文化习俗、生活方式等，通过培训，帮助教师了解少数民族学生，学会反思自己的文化。

师生关系是教育情境中最主要的人际关系，具有重要的社会作用。师生之间是文化对话的关系。师生关系受到"教师"和"学生"两个主体文化归属的制约。教师和学生在教育场域内外的成长经验，不仅受特定的国家文化、民俗文化等宏观文化环境影响，而且师生对知识文化的信仰程度、各自的文化背景以及师生之间的个体文化差异等，也影响其文化认同的形成过程，进而形成多样化的师生关系。

3. 多元文化与教育教学改革研究

中国教育人类学学者积极投身国家第八轮基础教育课程改革，针对乡情实际，引领乡村基层学校进行乡土教材和校本课程的实践探索，进而取得了系列研究成果。如李素梅的《中国乡土教材的百年嬗变及其文化功能考察》，滕星主编的《中国乡土教材应用调查研究》，滕星、巴战龙、欧群慧主编的《经济文化类型与校本课程建构》，针对台湾、河南、贵州、山西、云南等地区的乡土调查研究。从多民族文化共生的国情出发，基于多元整合理论，构建多元文化教育的本土理论。如滕星主编的《多元文化教育——全球多元文化社会的政策与实践》、欧群慧的《云南省孟波镇中学多元文化教师民族志研究》、张建成的《多元文化教育：我们的课题与别人的经验》、靳玉乐主编的《多元文化课程的理论与实践》等。多民族国家的民族认同、国家认同与教育研究，如张慧真的《教育与族群认同——贵州石门坎苗族的个案研究（1900—1949）》、祁进玉的《群体身份与多元认同——基于三个土族社区的人类学对比研究》、朱志勇的《学校教育与族群认同：对中国内地西藏中学的个案考察》、陈阳斌的《寄宿学校中的维吾尔族学生：作为对族群整合回应的社会资本再制》、余海波的《认同与学校教育：成为一名纳西身份的中国人》等。受教育发展不平衡等因素的影响，我国少数民族学生学业成就水平较低，发现其中存在的问题并进行有效地解决，无疑成为改变现状的切入口。为此，我国教育人类学学者进入田野，围绕文化适应与少数族群学生学业成就展开研究，如张霜的《民族学校教育中的文化适应研究——贵州石门坎苗族百年学校教育人类学个案考察》、滕星和杨红的《西方低学业成就归因理论的本土化阐释——山区拉祜族教育人类学田野工作》等。

4. 族群、性别与教育研究

随着社会变迁和社会变革的加剧，中国社会构成更加复杂，弱势群体成为教育人类学家关注的焦点。我国城乡二元对立的格局加剧了社会流动，随着乡村的萧条及进城务工人群的不断增加，流动人口子女、随迁子女、留守儿童的教育问题引起学界的高度重视。如陈时见主编的《边界跨越——广西民族贫困地区女童教育研究》、史静寰主编的《走进教材与教学性别世界》、郑新蓉的《性别与教育》、滕星主编的《多元文化社会的女童教育——中国少数民族女童教育导论》、韩嘉玲的《北京市流动儿童义务教育状况调查报告》、艾琼的《从乡野的主人到城市的边缘人——一项进城农民工子女教育的人种志研究》和王坤的《民办学校教师生存状态透析——基于教育人类学考察》等研究，拓展了我国教育人类学的研究视野。

5. 民族志研究

所谓民族志，即对地方或族群的社会和文化的全面描述；民族志研究者在田野工作中面对大量复杂的概念结构，其中许多结构是相互层叠或相互交织在一起的，这些结构既是陌生的、无规则的，也是含混不清的，民族志研究者首先要把握它们，然后加以"深描"。所以他们"访问调查合作者、观察仪式、查证亲族称谓、追溯财产继承的路线、调查统计家庭人口……写日记。从事民族志好似阅读一部手稿——陌生的、字迹消褪的，以及充满着省略、前后不一致、令人生疑的校正和带有倾向性的评点——只不过这部书稿不是以约定俗成的语音拼写符号书就，而是以模式化行为的倏然而过的例子写成。"① 人类学者的民族志研究实践在理论层面不断丰富我国教育人类学的方法论；在实践层面，这些研究成果不断指向更丰富、更具体的社会群体和空间。其中，代表性的成果有：

对教育人类学、民族志研究方法的研究。如滕星等编著的《书斋与田野——滕星教育人类学访谈录》、樊秀丽的《教育民族志方法的探讨》等。

学校教育民族志研究。如欧阳护华的《单位与公民社会的碰撞：教改者的真实故事》、陈学金的《困顿与超越——学校场域内小学男教师幸福的叙事探究》等。

教育人类学影视制作。如《我妻我女》《神佑的孩子》等。

民族志个案叙写。如李书磊的《村落中的"国家"——文化变迁中的乡村学校》、王铭铭的《教育空间的现代性与民间观念——闽台三村初等教育的历史轨迹》、李小敏的《村落知识资源与文化权力空间——永宁拖支村的田野研究》、司洪昌的《嵌入村庄的学校——仁村教育的历史人类学探究》、李红婷的《无根的社区悬置的学校——大金村教育人类学考察》、冯跃的《教育的期待与实践——一个中国北方县城的人类学研究》、涂元玲的《村落中的本土教育》、张济洲的《文化视野下的村落、学校与国家：一个地方社区基础教育变迁的历史人类学考察》、胡迪雅的《在线民族志：中国教育人类学的新方向》以及卜玉梅的《虚拟民族志：田野、方法与伦理》等。

课堂志研究。受到民族志（ethnography）名称与方法的启迪，课堂志研究也开始萌动。课堂志研究是研究者深入研究对象的课堂生活，直面研究现象，搜集第一手研究资料，全面描述课堂中的课程实施与教学活动的现象，或探究其发展规律，或进行合理的解释与说明，进而将自己的发现和体验用一种微观的整体描述方法进行归纳和分析的研究方法。课堂志研究的特点主要表现为：

---

① 〔美〕克利福德·格尔茨. 文化的解释 [M]. 韩莉，译. 南京：译林出版社，1999：12—15.

它是质性的、直观的，是具有描述性的微观研究。课堂志研究的一般过程包括：研究对象的确定、课堂参与观察、撰写课堂志三个主要环节。另外，虚拟民族志等新的研究方法也在探索中。我国学者对课堂志研究方法的运用相对西方较晚，明确地运用这一方法在课堂教学中始于20世纪90年代初。南京师范大学吴康宁教授90年代初开展了系统的课堂教学社会学研究，这一研究将西方教育社会学和教育人类学的研究方法引入我国课堂研究中，多年来已经结出了较丰硕的成果，成为国内有较大影响的学术研究流派。①

6. 对博尔诺夫等经典人类学理论的学习借鉴

博尔诺夫通过人类学的还原原则，建立了包容的、全面的人的图像，使生命的整体性、全面性、创造性、发展性理解成为可能；他创立了哲学人类学的方法论，把人类学方法应用于教育学研究，开创了教育人类学的研究方向；他把非连续性形式引入古典教育学，全面阐明了教育过程是连续性与非连续性的辩证统一，丰富和拓宽了教育的内涵和类型，使教育学得到了革新。借鉴博尔诺夫开创的教育人类学研究方向，有助于阐明我国教育的现实问题，为构筑新的教育人类学框架提供可资借鉴的教育学基本立场、观点和方法。博尔诺夫对于教育人类学理论最大的贡献在于：

（1）构建了非连续性生存哲学的人类学教育观

作为教育人类学的先驱，博尔诺夫率先把生存哲学的教育意义系统化为一种学问体系。他的生命哲学教育学建立在生命哲学的人类观基础之上，以教育的人化为本，以人的精神陶冶为旨归。在《生存哲学与教育学》中，博尔诺夫全面系统地阐明了自己的教育观，他把教育目的设定为两方面：一方面使受教育者发现生存的意义；另一方面使受教育者恢复人的理性。博尔诺夫以"危机"（krise）为出发点，把人的成长过程看作是非连续的、间歇的过程。在学生成长中，由于包含各种危机，如果不能凭借质的飞跃而克服危机，就会严重失落，

---

① 吴康宁.课堂教学的社会学研究 [J].教育研究，1993（1）；吴康宁.课堂教学社会学 [M].南京：南京师范大学出版社，1999；吴永军，吴康宁，程晓樵.我国小学课堂交往时间构成的社会学研究 [J].上海教育科研，1995（5）；吴永军.课程社会学 [M].南京：南京师范大学出版社，1999.

陷入到极度自卑中而不能自拔。根据生存哲学的人类学教育观，教师应设身处地、将心比心，引导学生不是一味回避危机，而是正面应对危机，积极克服内心的挫折感。教育过程首先是一个精神成长过程，教育应为恢复现代人的人性、重建人的精神家园作出应有贡献。

为此，博尔诺夫从人道主义视角揭示了教育人类学的方法论。人的生命进程是连续性与非连续性的统一，当人的存在结构中辩证地发生连续性与非连续性的生存体验时，人就突然良心发现，就在灵魂深处发生转向、飞跃和成长。与人的生命的非连续性进程相适应，他把这种非连续性状态的特征引入教育方法中，通过构筑唤醒、忠告、商谈、相遇、冒险、挫折这六个范畴，全面阐明了教育人类学的方法。另外，他在《教育学中的人类学观察方法》一文中提出了人类学的"四项方法论基本原则"：还原原则、推理法原则、人类生命个别现象的解释原则和开放性问题原则。

（2）提出儿童教师论，构建了三种理想的教师模型

一是作为教育情调创造者的教师。博尔诺夫把创造各种和谐的、喜庆的、充满爱的情调视为教育活动的头等重要事项。他认为最重要的情调有：安全感、快乐的情调与和谐的人际关系。这种教育关系的前提是教师对儿童的爱和信任。

二是作为危机管理者的教师。人的一生要面对各种各样的危机，博尔诺夫的教育人类学聚焦人生方方面面的危机，详尽阐明了危机的意义、发生机制以及克服危机的对策方案。在他看来，通过各种危机，儿童体验到某种突然的中止状态；在这种悬置体验中，儿童心灵中产生某种顿悟和灵感，觉得自己一夜间长大了，从而为前所未有的全新思想飞跃提供了契机。博尔诺夫通过揭示危机与新情调的辩证关系，探究儿童自由、幸福和成长的秘密。同时，强调教师应及时采取忠告、劝说和呼吁等恰当教育措施，耐心帮助儿童诚实地正视和克服危机。

三是准备生存相遇的教师。根据布伯"一切现实的生命都是相遇"的思想，博尔诺夫把相遇理解为中断或非连续性，并具有不可预见、不可预知的特征，标志着某种命运般的、偶然的东西。他的相遇概念意味着教师与儿童一同超越自身的立场，在生存层面走到一起时发生的相知相遇。尤其值得一提的是，他

把人的相遇视为"相遇教育"中最重要的东西。①

　　教育现象纷繁复杂，教育问题变化无常。研究者必须从人类学的基本前提出发阐明教育的本质。教育是以人为对象，使人成为人的过程，教育的本质是人的精神生成，教育的宗旨是人性复归，即教育的人化。要采取一种开放态度，为统一各种对立立场提供一个接合点、一个对话平台。教育人类学通过提供关于教育现实的人类学反省和洞察，能够为改善教育现实开辟理解视阈。

（五）学科发展趋势

　　进入21世纪后，西方教育人类学呈现出多种发展趋势：教育人类学的学科地位进一步提升；核心主题更加体现时代需要和时代精神；研究方法论日益多元化、体系化，并逐渐形成自身的独特性；对教育改革的介入加强，教育改革成为其发展的新的沃土；更加关注教育人类学的写作方式和风格。②

　　中国教育人类学的学科建设从内外两个方面着手。从学科制度和保障体系出发，加紧建立教育人类学学会等专业性研究团体、专业研究机构的步伐，重视研究梯队的培养，加快专业刊物、教材和通俗读物及教育人类学图书资料中心的建设。从学科内部考虑，教育人类学研究需要做好以下几项工作：③

　　第一，继续开展扎实的田野工作，撰写高质量的教育民族志作品，尤其要注重从经典的人类学民族志作品中学习如何撰写教育民族志，建构具有中国特色的教育人类学理论。

　　第二，加强教育与文化、社会、政治、经济的互动研究。20世纪的中国经历了社会和文化巨变，费孝通先生将其概括为三个阶段和两大变化，并形象地比作"三级两跳"：三种社会形态就是农业社会、工业社会及信息社会；两个跳

①金寿铁.教育的人化——论博尔诺夫教育人类学及其当代意义[J].社会科学战线，2015（6）：237-244.

②李政涛.当代西方教育人类学的发展趋势探析[J].华东师范大学学报（教育科学版），2009（6）：21-29.

③陈学金，滕星.全球化时代"三种认同"与中国民族教育的使命[J].广西民族大学学报（哲学社会科学版），2013（3）：75-79.

跃是从农业社会到工业社会，再从工业社会到信息社会。将教育问题置于社会、文化变迁中去理解、分析和解决，其研究意义重大。

第三，系统梳理 20 世纪中国教育人类学的学科渊源和发展历史，从中国文化与历史传统中挖掘学科发展的养料；系统总结近 30 年中国教育人类学的发展经验，进行全面的横向分析和比较研究。

第四，继续扩大教育人类学研究的国际视野，加强对国外优秀教育人类学作品的翻译与介绍；加强与国际同行的交流，吸取国外理论与方法，同时向国外展示中国教育人类学研究所取得的成果。在条件允许的情况下，鼓励学者开展以海外教育为研究对象的人类学研究。

第五，中国民族教育的文化使命。从全球化视野来看，每个个体同时拥有作为族群成员的身份、作为民族—国家成员的"公民"身份以及作为"地球村"的"世界公民"身份；中国民族教育的文化使命在于，构建全球化背景下以公民教育、乡土教育和多元文化教育为主要内容的"多元文化整合"教育理论框架；培养学生的乡土情怀、公民意识、跨文化能力和全球意识。[①]

三、中国教育人类学的时代命题

（一）本土化实践

中国教育人类学的使命之一是推动中国教育向以工业化社会为基础的现代教育转变。因此，创建现代教育体系成为首要问题。中国教育人类学的本土化问题即教育人类学的中国化，抑或建设有中国特色的教育人类学。在我国，发端于 20 世纪 80 年代初期的教育人类学因缺失根基，本土化过程充满着复杂性。我国教育人类学研究的本土化主要表现为："中体西用""'方''圆'融合""本土'内化'"三种类型。[②]

---

① 陈学金，滕星.全球化时代"三种认同"与中国民族教育的使命 [J].广西民族大学学报（哲学社会科学版），2013（3）：75-79.

② 李泽林.中国教育人类学本土化取向研究 [J].当代教育与文化，2011（1）：22-26.

面对现实生活世界不断发展变化的时代主题，教育人类学以其多学科的广阔视野，不断进行研究取向的相应转换：既有对既定教育议题的全貌审视，亦有对特定时代问题的批评与反思，更试图以超越既有时空话语体系的约束与局限，通过文化传递及人性转换的整体视界，诠释人性存在的多维内涵。（冯跃，2008）

有学者结合学科发展的现状和实际，强调我国教育人类学的双重学科属性，即人类学的应用性学科和教育科学的基础性学科。将我国教育人类学的学科精神概括为：实事求是、求真务实的田野精神，善待别人、尊重他者的包容精神，以及兴教为民、旨在智民的人本精神。从实际出发，总结教育人类学的学科精神，加速中国教育理论发展的时代性转型和教育品质的提升。（岳天明，2008）

祁进玉（2009）提出，为了促进教育人类学研究的本土化，"在研究范式和研究方法上必须突破传统的少数民族教育研究模式的樊篱，进行规范的教育人类学研究与教学是学科发展的趋势。"同时，综合分析了近30年来我国教育人类学的研究成果，对中国教育人类学的研究现状、学科设置、教学与学术研究等方面进行了反思。安富海（2011）提出，我国教育人类学要想实现本土化发展，应从学科主题、研究方法和研究队伍三方面进行努力。其中，中国实践是教育人类学学科主题选择的依据；在研究方法方面，不仅要重视方法的研究，更要重视方法论的研究；在研究队伍方面，不仅要注重专业人才培养，还应加强研究队伍的整合。

在教育人类学研究范式和研究方法上，应采取"拿来主义"的做法，解决中国自己的本土问题。通过本土"内化"生成，走向独立，最终形成具有中国特色的教育人类学。这是我国教育人类学本土化进程的大势所趋，只有重新回归教育人类学实践故里，使教育人类学研究摆脱跟随"他人"的被动局面，最终形成自己的话语体系。从目前研究现状来看，要形成有中国特色的教育人类学，还需要从以下三方面下功夫。①

研究问题的原创性。以研究者自身价值取向反思原创性问题，即"在这里""去那里""回到这里"。"在这里"是指研究者系统学习和掌握本学科领域

---

① 李泽林.中国教育人类学本土化取向研究[J].当代教育与文化，2011（1）：22-26.

的基本理论与方法的专业训练阶段；"去那里"就是到研究现象呈现的场域中，运用已经掌握的理论与方法做研究；"回到这里"是指研究者在经历了实践研究过程之后，还要回到自己的专业研究中进行理论提升，从而形成原创性的研究成果。

研究力量的内生性。根据内生性制度分析理论来看，新制度的产生源于两个方面：外界环境的冲击即外生博弈规则的改变，以及内生重复博弈的结果累积。一方面，当前我国从事教育人类学的研究力量有限，教育人类学要建立自己的学科地位，需要大批的教育人类学研究者组成研究和实践的专业共同体，形成自己的话语体系和学科边界。另一方面，教育人类学的发育成长离不开本土的土壤，以及适应社会与学科发展所需要的变革能力和专业追求。

价值取向的独立性。教育人类学本土化的追求与建立中国特色教育人类学的研究旨趣，要求我们对"本土"赋予一定的边界，更好地理解教育人类学本土化的内涵，即教育人类学研究的价值取向。教育人类学的实践特质在一定程度上为形成本土化教育人类学提供了天然土壤，为建立内生性的中国特色教育人类学奠定了基础。中国特色的教育人类学其学科主题必然聚焦中国教育的现代化问题；应在综合吸收国外各流派研究优势的同时，依据中国特定的教育实践确定中国教育人类学的学科主题。

（二）文化自觉

正如费孝通先生所言，"文化自觉是指生活在一定文化中的人对其文化有'自知之明'，明白它的来历、形成过程、所具有的特色和发展的趋向。""自知之明是为了加强对文化转型的自主能力，取得适应新环境、新时代文化选择的自主地位。文化自觉是一个艰巨的过程，首先要认识自己的文化，理解所接触的多种文化，才有条件在这个已经形成的多元文化世界中确立自己的位置。经过自主适应，和其他文化一起以长补短，共同建立一个有共同认可的基本秩序和一套各种文化能和平共处、各施所长、联手发展的共处守则。"[1]

---

[1] 费孝通.跨文化的"席明纳"——人文价值再思考之二[J].读书，1997（10）.

文化自觉和自主能力，既是"三种认同"的发展目标，又是构建积极、和谐的"三种认同"的有力推手。在全球化时代，中国民族教育的使命首先要从具体现实出发，通过开展乡土教育，培养学生的乡土情怀和族群认同。其次，深入开展公民教育，培养学生的公民意识和国家认同。最后，还要建立一种世界意识，进一步开展多元文化教育，培养学生的跨文化能力、全球意识和全球认同。[①]文化自觉还应体现为强烈的问题意识和勇于实践的信念。面向未来的中国教育人类学，应把学科主题确定在推动中国教育的现代化发展上；坚持综合性的教育人种志研究方法，不断反思总结，善于创新。

（三）田野研究

在中国独具特色的田野教育实践基础上，确定和形成了如下中国教育人类学的学科主题。

学校与社区关系研究。巴战龙（2008）在甘肃省肃南裕固族自治县明花乡（区）进行的一项家乡人类学研究，以功能主义社会人类学为主要理论范式，采用文化唯物主义的主位研究和客位研究相结合、历史研究与田野研究相结合的教育民族志研究方法，考察了这个乡村社区在族群文化、语言文字、婚姻与继嗣制度、生计方式、社会组织形态、政治制度和社会控制、宗教信仰、教育等多面向的系统变迁。该研究描述和解释了乡村社区中学校教育与地方知识之关系的生成与变化，实质上探讨了教育人类学的经典命题——学校与社区的关系问题，对乡村教育研究中社区与学校关系的两种学术观点和研究路径进行了反思。此项研究为中国教育人类学的学校与社区关系研究提供了本土经验，并以扎实的民族志研究推进裕固族研究，接续和发扬了中国人类学家乡研究的学术传统。

家庭教育、学校教育和独生子女教育研究。这是当前乃至今后很长一段时间的热门话题之一。教育人类学以其独特的研究视角，对上述问题及其解决提

---

① 陈学金，滕星. 全球化时代"三种认同"与中国民族教育的使命 [J]. 广西民族大学学报（哲学社会科学版），2013（3）：75–79.

供了独特路径和方法。庄孔韶、冯跃（2006）通过捕捉影片《我妻我女》中一对母女在生活中的交往过程，展示了独生子女家庭在应对急剧变化的外在世界时所面临的矛盾和困惑，引发观众从教育人类学的独特视角进行关注和深刻思考。冯跃（2005）运用教育人类学的观点，解读教育转型期 M（匿名）的个人教育经历，试图通过其对个人教育经历、好老师形象、老师讲课和考试负担、课外学习和兴趣爱好等四方面问题的陈述，展开微观架构和分析，引发读者对20 世纪 80、90 年代我国教育体制问题的反思。

（四）现代化进程

中国教育人类学应关注时代主题，突出主流文化教育研究，全面推进中国教育现代化的进程。教育人类学过去对学习问题的研究较弱，信息时代、人工智能时代如何进行学习变革，是今后我国教育人类学研究大有可为的研究领域。促进人类学对学习问题的研究，提升教育人类学的研究品质，需要加强对学习问题的全貌性研究；克服忽视个体能动性的经典文化概念，采用更具动力性的文化概念；提升理论素养，尤其需要借鉴哲学人类学、文化人类学的已有理论和研究成果，探索社会转型期教育发展的基本方向；遵守研究伦理，重视对当地人的尊重、保护和回馈，并切实提供建设性成果；保持开放心态，学习借鉴心理学的研究成果，提高教育人类学研究的严谨性；互联网对人类学习的意义日益凸显，为此，需要重视互联网发展对人类学研究的革新意义。[①]

突出现代教育发展规律的研究，注重从文化上分析人的发展，把研究人的健全发展需要怎样的教育，解决多元化社会人与教育的发展问题作为学科主题。为此，需要推进学科研究范式的转向：从文化生成性角度研究族群及整体人类发展与教育问题，探索教育发展的本性，为教育现代化提供有力的理论坐标，成为当代教育人类学学科主题的时代性内涵。

李政涛（2007）在《论"教育田野"研究的特质——兼论田野工作中人类学立场和教育学立场的差异》一文中提到，"人类学研究工作所经历的磨难与

[①] 常永才，王凯. 教育人类学方法的革新：以学习问题研究为例 [J]. 教育学术月刊，2014（9）：11-19.

艰辛都来自一个'离我远去'的过程"。总而言之，"田野"最好是一个"非家乡"的地方；换言之，越是"非家乡"的地方，就越适合做田野，也更"像田野点"。这一切当然是因为人类学家想要"离我而去"。

在世界范围内，不同民族、种族、社会阶层、性别群体都成为教育研究的对象。移民和边缘群体成员的加入大大丰富了当今学生群体的来源和学校的文化差异。然而，在我国教育研究中对于文化的关注严重滞后，不管是宏观政策层面，还是微观课堂互动层面，都缺少对于文化的讨论。教育人种志作为一种研究路径，从一开始就关注学校内外、教与学过程中普遍存在的文化力量及基于文化的价值冲突和权力博弈。教育人种志作为教育人类学特有的研究方法，需要研究者深入到文化群体中，在田野研究中了解群体的文化特性。随着科学技术的不断进步，借助各种新型仪器和网络资源，田野研究的方法手段不断更新，如何借助技术手段的现代化促进教育人类学研究方法、研究理念的现代化，也是教育人类学未来研究的重要课题。

（五）多元文化融合

自 20 世纪 80 年代教育人类学视角下的民族教育研究产生以来，其研究呈现出以下特点：研究内容不断丰富，研究领域不断扩展。基于中国多民族和谐共处、共同发展的目标，民族教育研究也会继续受到关注。其未来研究趋势是研究主题聚焦民族教育的薄弱领域、民族特殊群体教育、民族成人教育、民族职业教育以及少数民族家庭教育研究。同时，随着多民族融合的发展，民族教育的跨文化研究也将成为研究的热点。从人类学角度看，跨文化学习的过程既是一个学习者适应的过程，也是一个"文化"化的过程。应转变教育观念，创设多元文化的学校情境，结合少数民族儿童的认知特点和当地文化开展教学，促进不同文化之间的了解；在加强汉语学习的同时重视母语教育；对学生实施人文关怀；对学生开展文化适应训练，增强学校的文化包容力和文化整合功能，建立"多元化"课程体系，开发地方课程、校本课程，使教材内容、教学方式民族化、本土化。

为了更好地在学校教育中传承民族文化，在课程建设方面要充分挖掘民族文化教育资源，将优秀的地方知识纳入地方课程体系中，以保护民族地区的传统文化，开发校本课程，形成以学校教育为中心，家庭教育、社区教育共同支持的文化传承体系，以多种形式保护和传承民族文化。刘冬梅（2012）考察了玉树县第一民族中学的学校特点和地方特色，将地方传统知识，如藏式腰带、唐卡、藏文书法、藏族舞蹈等引入课堂，充分挖掘藏族地区传统文化资源，将民间艺人请到学校为学生传授知识，形成了具有地方文化特色的"综合实践活动课程"。

（六）国际化趋势

"自我"和"他者"问题作为人类学发展的灵魂，激励了一代代西方人类学家从不同角度对其进行探索和反思，将该学科一步步地向前推进。采用"自我"和"他者"的视角重新认识和把握西方人类学发展史，有利于更好地理解该学科的本质，从中吸取经验教训，从而为中国人类学的未来发展注入新的活力。[①]

进入 21 世纪后，当代西方教育人类学呈现出多种发展趋势。具体包括：教育人类学的学科地位进一步提升；核心主题更加体现时代需要和时代精神；研究方法论日益多元化、体系化，并逐渐形成自身的特殊性；对教育改革的介入加强，教育改革成为其发展的新沃土；更加关注教育人类学的写作方式和风格。

在世界范围教育改革的背景下，越来越多的教育研究者开始深入教育现场，进行介入式研究。由于教育人类学独具的学科特性以及面向实践的基本趋势，使其成为研究深层次教育实践的重要手段，从而更深入地参与新的教育改革实践。教育人类学在教育改革研究中的学科优势体现为："一是强调综合性研究，注重宏观与微观的整合，能更好地把握未来教育改革的总动向。二是具有理论研究与实践相结合的能力，重视在研究中把各种理论成果应用于实践，又能通过研究提升实践的理论层次。三是善于把国际经验与本国本地教育实践相结合以致力于推进本地教育的发展，在更宽广的国际视野下，倡导新教育观，更有

---

① 孟航. 西方人类学发展史的再认识与中国人类学的未来——在"他者"中理解"自我"[J]. 广西民族研究，2007（3）：53-65.

预见性地推进教育现代化。"① 在教育人类学参与教育改革的过程中，"实验性"也将逐步增强，通过实验来验证假设和观点的"实验人类学"或"实验教育人类学"将会得到更多运用，并扮演重要的角色。可以预见，能否参与和介入教育改革，将成为评价教育人类学研究质量的重要尺度，同时对教育改革的深度参与也将实现教育研究的日常化、制度化。

针对中国教育人类学的学科发展问题，张诗亚指出，教育人类学要走上"茂柯之途"，必须"特立独行"。"特"，指学科要有特点，能创立学科内在的特色；"立"，指确立学科的概念术语，明确概念与概念之间的关系、学科范畴、原理、方法等；"独"，指学科要从政治影响下独立出来，从科学主义中独立出来；"行"，指教育人类学的研究不能脱离实际，要认真做田野工作，从外引到内化，才能完善教育人类学的学科发展。②

总之，尽管中国教育人类学从诞生之日起具有"先天不足"，但我们有理由相信，在中国学者的不懈努力下，这一学科必将拥有光明的未来。中国教育人类学的学科发展，必将促进中国教育事业的繁荣和社会的发展进步。

① 李政涛. 当代西方教育人类学的发展趋势探析 [J]. 华东师范大学学报（教育科学版），2009（2）：21-29.

② 杨小英. 教育人类学研究的新进展——中国人类学民族学研究会教育人类学专业委员会首届年会综述 [J]. 广西民族大学学报（哲学社会科学版），2014（3）：83-88.

第二章　教育人类学的思想传统

教育人类学发展至今，作为一门成熟的独立学科已经形成了自己的思想传统。教育人类学的思想传统可以从理论流派、逻辑起点、核心主题、方法论、研究取向、思维模式、研究领域、分析框架等方面进行归纳，并结合教育人类学家的思想进行概略呈现。

一、教育人类学理论流派

教育人类学作为人类学的一个分支学科，形成于 20 世纪中叶，出现了以美英等国为代表的文化教育人类学派和以德语系国家为代表的哲学教育人类学派。文化教育人类学主要研究文化传播与个人发展的关系，注重具体民族、个人的教育问题，尤其关注教育中群体之间和个人之间的差异；强调经验研究，注重田野工作和民族志撰写。哲学教育人类学强调人的完整性与教育的关系，注重的是一般意义上的人。文化派注重实地调查和实验研究，以定量为主；哲学派则偏重对经验的哲学分析和概括，以思辨和演绎论证相结合的定性研究为主。[1] 两个不

---

① 冯增俊.教育人类学 [M].南京：江苏教育出版社，2001：43-44.

同理论流派的形成各有不同的思想资源。

（一）学科发展历程

1. 文化教育人类学的发展历程

冯增俊认为，文化教育人类学的发展历程可以划分为启蒙阶段、应用性学科阶段和形成独立的学术性学科阶段，每一阶段都有各自的代表人物，其主要思想概括如下。

（1）启蒙阶段

美国的休伊特于 1904 年和 1905 年先后在《美国人类学家》杂志上发表了《人类学与教育》《教育中的种族因素》两篇文章，指出要使教育成为科学，就要用科学方法研究教育，那就必须借助人类学知识，而且人类学也需要通过研究教育对自身作出更精确的界定。他建议美国教育科学发展协会赞助召开一次全国性的教育研究会和美国人类学学会的联合大会，以致力于"促进教育研究和人类学的发展"。受斯宾塞社会进化论思想影响，他认为之所以会产生各种移民、美籍印第安人和菲律宾土著人的教育问题，主要是当地学校强迫学生学习所谓"更高级"的英裔美国人文化所致。[①]

意大利儿童教育家蒙台梭利于 1900—1907 年开设了"教育人类学讲座"。1913 年蒙台梭利在美国出版了《教育人类学》，是有史以来第一本以"教育人类学"为正式书名的著作。她把体质人类学概念应用到教育上，不仅对学生体质的各项发展作了详细记录，并据此解释儿童的发展与学习，作为制定教学措施和确定教育方案的依据。

（2）应用性学科阶段

英国人类学家马林诺夫斯基通过大量研究批驳了遗传决定论的荒谬思潮，指出黑人智商偏低是教育条件太差所致。20 世纪初期，美国的"白人种族优越论"甚嚣尘上。博厄斯通过他的研究，指出各种族或民族的体质构造特征基本相同，各民族文化发展水平的差异不是由于生物原因，而是由于社会原因和历

[①] 冯增俊，万明钢.教育人类学教程 [M].北京：人民教育出版社，2005：40.

史条件，以此批判了遗传决定论。他还强调了环境与教育的作用，特别强调了儿童的文化背景，教育必须重视儿童的文化塑造。博厄斯在《人类学与现代生活》这本专门反驳"种族优良论"和"遗传决定论"的著名论著中特辟专章讨论教育问题，研究在人的发展中遗传、文化环境和教育的作用。他以一种人类学家特有的观察力，指出人类学家具有与教育家不同的观察方法，特别是诸如自由等观念对人类行为及其发展都具有重大影响，甚至会影响人的身心发展。他还认为"传统教育是关于过去时代的伦理趋势、美术倾向、智慧的学问和意志的表现"，用这种教育来培养被认可的崇高品质。

美国人类学家本尼迪克特认为，每个社会都会产生一种理想的成年人性格；而婴儿出生时则有更多人格类型，原因是从婴儿到其成年期间，每个社会都会努力以濡化塑造理想的成年人性格。她指出在美国文化中教育具有三个传统功能：传递、转变以及改造文化的功能。她力证教育应具有建立或打破社会秩序的力量，赋予青少年自治和自我认识力，为向成年转化作准备，并对社会和人都具有改造意义。[1]

美国人类学家玛格丽特·米德从文化与人格关系的分析中最终引申到当代社会的教育问题，她认为，"我们必须把我们的全部教育努力倾注于训练孩子的选择能力上。教育不应当成为某一种生活方式的特殊辩护士，不应当成为只形成一种特别思维方式而拒绝所有外界影响的绝望努力。相反，它应当为所有这一切影响作好准备。不仅学校教育如此，家庭教育更应该如此。"她深入探讨了文化与人的可塑性的关系，提出应向学生反复灌输一种与美国最好的思想观念相一致的文化特征，并把文化适应划分为前示性文化适应、互示性文化适应和后示性文化适应三种主要形式，依次说明人类进化与教育形式演变的历史趋势，揭露现代工业社会中产生代沟及根深蒂固的心理冲突的原因。[2]

美国文化人类学之父乔治·斯平德勒（George Spindler）提出工具主义的分析模式，认为行为或活动是达到目的的工具，而目的是系统化了的、相互联系

---

① 冯增俊，万明钢. 教育人类学教程 [M]. 北京：人民教育出版社：2005：42.
② 同①.

着的，因而形成文化系统的核心，行为与目的之间的联系是工具性联系。教育只有通过联结这种工具性联系的活动，才可能真正塑造儿童的特定行为，培养特定的价值观、态度、信仰和各种技能，即使儿童的行为产生符合那个文化系统期待的结果，也使儿童从中获得相应的报偿，如功名、地位、金钱等。教育建立这种工具性联系是一种社会需要，也只有这样才能使文化得到运转。而儿童的认知适应性就是根据这个工具主义建立起来的。当社会变迁时，在新信息作用下儿童就会转变到与文化系统相适应的认知图式，实现对传统工具性联系的怀疑及抛弃，最后采用新的工具性联系。

（3）独立的学术性学科阶段

吉尔林（Gearing）在《教育的人类学观》中提出互动传递的文化模式，认为任何社会和群体的文化系统都是由一系列不同形式但却相互联系的各种意义等价物构成的，这种等价物是群体中每个成员同其他成员在反复交往过程中都曾相互执行过的事物意义的替代物。文化传递就是在某种相互交往中——主要是成年人和幼年人以及相互之间——通过相互应用执行这种等价物实现的。这种模式强调文化是在人与人之间的交往实践中实现传递的，但是这种文化传递又受到社会文化认同的制约。互动传递文化模式强调学校里面对面交往中的文化传递。在交往中必然导致双方各自原有认知图式、世界观、行为习惯和心理倾向发生不同的冲突和整合，形成新的认同意义的等价物。双方都执行各自的身份意义，并"协商出一种有关指明交往的支配和方向的递换规则的微妙契约"。当互动模式建立起来时，共同的行为程式或期待也随之形成。当文化意义执行过程完成时，或者说当信息或知识交换传输导致认知图式变化时，文化传递或教育也随之发生了。吉尔林认为知识本来是可以在人民中间自由传播的，只是社会界限（如阶级、种族、宗教）阻碍了这种传递，从而造成现代社会中不均匀的知识分布。

奥格布（Ogbu）提出了"学校教育人种生态学"和"教育文化生态学"模式，他的研究主要涉及三个方面：其一，城市工业社会中少数民族地位和学校教育，这是奥格布的研究重心。他提出了"阶层化社会理论"，借用"卡斯特"的概念从宏观族群社会阶层分析角度来研究少数民族学生的低学业成就问题。

随着研究的进展，奥格布又对其理论进行修正，提出了"文化模式理论"。他将少数民族分为自愿移民和非自愿移民两大类，并从五个层面进行比较分析，使其理论更加充实完善。其二，集体认同，奥格布主要研究人们的自我认同感，如他们是谁，他们属于什么或是如何感觉。奥格布着重研究了"社区力量"，总结了黑人学生在学校的策略，比如他认为黑人学生在学校里取得好的学业成就要假扮白人，并要采用一定的策略与其他黑人群体周旋，不然的话会被群体排斥。其三，文化和智力，奥格布着重从跨文化的角度研究文化和文化改变对认知能力和智力的影响，以及文化如何塑造和重新塑造人们的思想。他还提出了"文化生态理论"，强调文化环境的重要作用。

2. 哲学教育人类学的发展历程

哲学教育人类学的产生与发展分为三个阶段，即草创时期、形成探索性学科时期、形成独立的学术性学科时期，各阶段的教育人类学主要代表人物及思想概括如下。

（1）草创时期

康德系统论述了人类学中知、情、意与教育的关系。1775年他发表了著名的《论人的不同种族》的演讲，首次阐发了他的人类学体系，也第一次深刻阐述人类与教育发展的关系。他指出，文化的进步是由人造成的，尤其是学校的创立，对文化进步和人类发展的作用最大。他申明，人的发展有生理与社会生活两方面，生理上的观察很重要，而生活的实用观察更加重要。他从对人的本质的观察进而提出塑造人的全面本质的伟大工作，提出了人获得知识的许多重要见解。

（2）探索性学科阶段

德普－福瓦尔德在《教育科学与教育哲学》一书中概括了自狄尔泰提出的"教育以人为主"的命题以来哲学教育人类学的教育价值观，对哲学教育人类学半个世纪以来的发展作出了新的阐述，为教育人类学学科发展奠定了基础。他把哲学人类学的教育观概括为：价值批判的意义分析；基本性心理学的结构分析；本体论—存的分析。他认为教育的基本问题是：①我能认识什么？②我必须做什么？③我希望什么？④人是什么？人的本质包括知识、行为和信仰，教育的本质是促使人的本质的改变，尤其是精神的改变，教育的力量在于发生"精神的作用"，教育的功能在于促进精神的引导。[①]

他在《教育科学的基本问题》《教育人类学论文集》等著作中，倡导研究教育对人获得全面本质的作用。他提出三种人类学分析方法：一是重视价值批判意义分析的人类学方法，基于人的精神生活存在于教育的实施之中，教育现象及内涵皆根据"价值生活"的观点；通过分析人的本质，使教育的思想、教育的发生和教育的决定三者形成"教育的价值作用的联结"。二是重视基本心理结构分析的人类学方法，基于心理结构与意识结构是人的本质意义体的基础，教育的实施皆依据于"人的可塑性"的观点；这种方法通过分析人的内在本质的构成因素，了解其内在关联、内在结构、内在心理能力及内在功能。三是重视本体论的存在分析的人类学方法，基于成熟的自我是主观与客观的统一，教育人类学必须体现人的价值存在的观点；这种方法通过分析教育的本质，把所有存在的意义和本质表现出来，朝着正确方向发展。福瓦尔德主张，教育人类学从人的生活性、历史性、社会性和创造性来分析和塑造人的全面本质，提出了教育人类学的主要方法论及世界观基础。

博尔诺夫是精神教育学派的代表人物，在阐发狄尔泰生命哲学的基础上讨论教育与人的生命真谛，开始把教育与人的发展的各种问题综合起来进行研究，特别是在时空意义的阐释上对哲学教育人类学的发展起了积极的作用。博尔诺夫在《情绪的本质》（1941）、《存在哲学与教育学》（1959）、《教育学中人类学的考察方法》（1965）、《教育人类学》（1971）等著作中，倡导用人类学方法研究教育与人的本质发展，以"人类学的思考"来实现人的完整性。他提出教育人类学的基本原则，如图像原则、相关原则、贯通原则等，并阐发了四大研究原则：还原原则、组织原则、解释原则和提出问题原则等。他非常注重教育人类学研究中的人类学和经验教育学基础，强调教育与生活的互动关系，认为教育人类学应该注重有关情绪的本质、时空与人、希望、道德等内容的研究。他认为只有

①冯增俊，万明钢.教育人类学教程[M].北京：人民教育出版社，2005：50.

通过人的本质才能把握教育的本质。博尔诺夫的教育人类学思想包括：[①]

①非连续性教育。博尔诺夫受存在主义的影响，认为"在人类生命过程中非连续性成分具有根本性的意义，由此必然产生与此相对应的教育之非连续性形式"。他把危机、唤醒、号召、告诫、遭遇等视为非连续性的教育形式。这些事件既是造成人生非连续性或教育非连续性的原因，又是教育的一种途径。他认为教育过程就是非连续性与连续性的统一。

②人的可教育性。人是需要教育的生物，人天生是一种文化生物，人的可教育性与教育的需要性，其根源完全在于人的身体素质方面。他认为老人也需要教育，"人原本是并且始终是需要教育的"。

③人与空间的关系及其启示。他指出人与空间的关系反应在垂直方向、水平方向和点等方面。博尔诺夫认为正确地处理人与时间的关系主要体现在人对现在、过去和将来的态度方面。

④方法原则：主要包括还原原则、工具原则、解释原则、开放的问题原则。

（3）形成独立的学术性学科时期

罗特在《教育人类学》（上卷1966，下卷1971）、《教师及科学》（1976）、《教学与学习的心理学》（1959）、《才能与学习》（1969）等著作中，倡导把教育人类学作为研究教育与人的本质改变的一门教育学学科，主张人的创造性与被创造性的统一，强调"发展"是教育人类学的重点，并对发展教育学进行理论阐释。他提出从研究前提、讨论、关联到思考模式的五大方法；在他的经验教育人类学中强调把课题、问题和可塑性作为三大重点；在教育人类学研究中，主要探讨学科的意义与特性，教育人类学与哲学、神学、心理学、社会学等相关人类学的关系，并研究了教育人类学的七种重要理念，如人的教育需要性、人的可教育性、人的可塑性、人的完整性及人的社会性等。

戴波拉夫（Derbolav）在《教育学中教育人类学的问题与课题》（1959）、《教育学的系统观察》（1971）、《教育人类学题目批判的反应》（1964）、《教育人类学即自我个人实现的理论》（1980）等论著中，提出教育人类学是集多学科为

---

①〔德〕O·F·博尔诺夫.教育人类学[M].李其龙，等译.上海：华东师范大学出版社，1999：6-23.

一体的新学科，是教育学的基础。他系统研究了教育学与教育生物学、教育心理学、教育社会学的关系，通过对学生本质与各种学习材料和教育方法的研究，突出生长、成熟、学习、适应四大"内涵关系"，把人的"具有教育需要的本质"变为"具有教育能力的本质"。他一再申明教育人类学的核心就是关于人的自我实现的理论。他认为通过教育的整合，个人与社会的发展就会达到和谐与统一，为教育本质和意义所统合，促使自我的形成，从而达到自我实现。

洛赫（Loch）在《教育学的人类学因素》（1963）、《教育人类学思考方式的意义》（1965）、《文化即教育学之人类学的基本概念》（1968）、《人的能力模式、教育思想之人类学的问题》（1980）等论著中，试图用现象学的方法来研究实际中的人与教育行为的关系，促使两者发生最好的互动，以建构完整的人的本质。他提出从引导理论、有效力量走向生物学、医学、心理学、社会学、民族学等系统学科研究领域，并对其教育意义作了充分的阐释。他主张建立"教育情境"，强调研究的意识动机，如意识形态批判的动机、伦理的动机、方法的动机；他还强调"文化化"与教育人类学的内在联系并作了五个方面的具体阐释：教育的文化人类学模式、文化是人的生活形式、人的学习即文化化、文化化即社会互动、教育是"文化化的帮助"的互动形式。

克里斯托夫·武尔夫认为，教育人类学的出发点基于以下两点认识：第一，生活在各种不同文化和时代中的人都需要得到教育，以获得生活能力和人的潜质的发展；第二，不同文化和历史时期的所有行为都以人类的形象为基础，确定了人类对教育的理解、构想和实现。[①]文化的学习、人的教育、社会的建构都是广义上的模仿学习，这是一种积极的、具有创造性的模仿学习过程。模仿学习也可以通过仪式和仪式化来实现，借助仪式和仪式化，社会得以建构。仪式和仪式化对个体和集体学习的意义体现在仪式的身体特点中，存在于实践中，它们是社会的表现和展演，从中造就个体和集体。模仿学习是文化学习的重要形式，仪式是社会产生和个体角色形成的表现方式。借助想象人们可以从自身走出来，把过去和未来变为现在。幻想是一种将不在场的事物"捕捉"过来的

①〔德〕克里斯托夫·武尔夫.教育人类学[M].张志坤，译.北京：教育科学出版社，2009：110-118.

能力。它同样是一种可将已知带入新关系中的能力，从而实现建构和创生新的事物。所以幻想是创新的源泉，对于幻想能力的开发应该是教育的重要任务。在全球化背景下，与以往相比，教育更是一项跨文化的使命，在与陌生的他者和其他事物的沟通中扮演着重要的角色，教育在当今世界所有文化中承担着重要的责任。所以教育要懂得如何对待文化的多样性和差异性，要教会年轻人有能力面对当今和未来的世界。教育人类学是一种历史文化人类学，对于教育的复杂性，我们既要采取历时的观点，也要采取共时的观点。教育人类学具有历史的、文化的特点，体现在其研究采用历史的和人种志的方法以及哲学的反思等方面。教育人类学对其他学科是开放的，是跨学科的，也是跨文化的。教育人类学依据一个历史和文化的双重背景发挥功效：一方面是关于那些揭示的知识；另一方面是关于与那些在特定条件下生成的知识。教育人类学已经变成教育的历史文化人类学，它将考虑到研究者及其研究对象的历史性和文化性。它的研究目的不再是将"人"作为普遍抽象的"人"进行独立的探讨，而是以特殊的历史和文化背景来审视真正意义上的人。

茨达齐尔认为，教育的第一观念是人是有思想的动物，人是有反思性、自决的、自我塑造的、能表现的生物，人具有教育的需要性，教育行为分为教育与自我教育，而教育意味着鼓励、促进受教育者的自我陶冶行为。[①]教育是对人的"自我实现"的帮助，教育者具有一种助产性，即助产的功能，但不是一种制造的功能。茨达齐尔探讨了教育与社会化的关系，认为教育作为对受教育者个性的塑造，作为对现存社会—文化模式的塑造，可以使用社会化这个概念。人绝不是也不能是作为服从教育和社会影响的生物，绝不是在其行为、态度和接受现实方面受社会预先塑造的模式束缚的，他不是仅仅由社会确定的定型的生物。裴斯泰洛齐（Pestalozzi）的观点是：人是社会的产品，人也是其自身的产品。人的自我实现是在教育影响造成他行为特征的预定性中进行的，是在教育供给和要求他的行为方式的水平上进行的；不断实现的创造性程度取决于教育作出的对创造性学习的鼓励。外来的决定和自我实现并非相互无关，而是相互交叉在

---

①〔奥〕茨达齐尔.教育人类学原理 [M].李其龙，译.上海：上海教育出版社，2001：24-58.

一起出现的。

茨达齐尔还区分了教育与教养：教育是直接指导人去实现要学习的东西，因此对形成技能、能力、态度起作用，一般而言，其旨在形成对行为方式的倾向（在使人具有能力和动机上），而且通过行为方式自身的活动来实现；而教养则是提供在那种过程中起作用的知识。教养和教育之间的区别是建立在人基于其反思而具有的本质特征中的。[①] 人不仅有行为，也思考着他的行为所针对的事实和他的行为本身。与这种实施与思考的双重性相一致的便是上述教育的双重作用：教育就是通过形成那种要学习的实施行为来促成行为倾向的活动，教养则是对决定性地贯穿于行为实施过程中的认识和知识的传授活动。教育与教养也像实施与思考一样是相互联系的，因为教养把由它传授的知识和认识内容纳入到对行为实施的教育指导活动之中，而教育在完成行为过程中以教养的结论为受教育者指明方向，使他认识到这种行为的实施过程。

另外，茨达齐尔将学习定义为通过有意识的过程形成持久的（外部或内部）行为方式或行为倾向的过程，认为人通过接近、强化、顿悟来学习。关于教育目的，他主张将人的成熟与为生活的世界而教育结合起来，教育者必须为自己提出两项任务：一是使学生为他现在和将来的生活任务作好准备，二是引导他在产生任务的条件下对这种条件作出自决。这说明教育面临着一项矛盾的任务：必须预先认识到学生的某种生活方式，并注意从这种方式出发施以教育，必须使学生能够对其生活方式作出自决，由自决而自由。[②]

（二）两种理论流派的比较

关于教育人类学的理论流派，普遍认可的观点是：分为哲学教育人类学与文化教育人类学，这是从教育人类学整体上进行的概括性划分。冯增俊于1986年发表《教育人类学刍议》一文，首次提出教育人类学两大流派的概念。[③]

---

① 〔奥〕茨达齐尔. 教育人类学原理 [M]. 李其龙，译. 上海：上海教育出版社，2001：117–129.
② 同①：130–162.
③ 冯增俊. 教育人类学未来发展展望 [J]. 华南师范大学学报（社会科学版），2006（2）：98–103, 110，160.

教育人类学的发展是人类社会发展的内在要求与必然结果。文化教育人类学与哲学教育人类学作为教育人类学的两大理论流派，两者之间既有差异，又有相同之处。其一致性表现为："两者都随人类学的形成发展而崛起，并基于相同的时代背景和发展阶段。作为教育人类学，都必须研究教育与人的关系，研究社会、文化与人的发展以及教育的关系，而且都必须应用人类学原理，因此，研究目的、方法论原则都有一致性。"其差异性主要表现为：研究侧重点不同、研究方法手段不同。具体而言，"文化教育人类学主要研究文化传播与个人发展的关系，注重具体民族、个人与具体的教育问题，尤其关注教育中群体之间和个人之间的差异；而哲学教育人类学则强调人的完整性与教育的关系，注重的是一般意义上的人。文化派注重实地调查和实验研究，以定量研究为主；哲学派偏重对经验的哲学分析和概括，以思辨和演绎论证相结合的定性研究为主。"①

1. 学科主题的不同

文化教育人类学主要以欧美及亚太等国家的学者为代表，注重运用文化人类学原理，从跨文化、跨种族角度研究教育与人类发展的问题；哲学教育人类学以德语系等欧洲国家的学者为主要代表，注重运用哲学人类学原理，从阐释、形塑健全人性的角度来研究教育与人类发展问题，重点是要培养健全的人性。文化教育人类学注重教育与人类发展的因素分析，而哲学教育人类学更注重教育与人类发展的内在阐释。袁同凯认为，文化教育人类学强调文化传播与个人发展的关系，注重具体民族、群体与个人的教育关系，尤其强调教育中群体之间和个人之间的差异，而哲学教育人类学则强调如何借助教育来弥补人的不确定性和不完善性，最终使自然性的人发展成为社会性的人。②

从世界各国教育人类学流派来看，学科主题的不同构成了各种流派的最大区别。美英等国的文化教育人类学派和以德语系国家为代表的哲学教育人类学派，其学科主题的不同是由这些国家和民族不同的教育问题决定的。例如，美

---

① 冯增俊. 教育人类学 [M]. 南京：江苏教育出版社，2001：43-44.
② 袁同凯. 教育人类学简论 [M]. 天津：南开大学出版社，2013：77.

国教育中存在着错综复杂的种族问题和文化论争，这些问题反过来又成为种族问题的导火线，如何解决这些问题成为美国朝野及学界关注的焦点，促使美国教育人类学开始就以探讨教育中的种族问题为重点。哲学教育人类学得以在德语系国家产生和发展，其重要的根基是德国人对理性的追求和在科学主义之下对人性的忧虑。德国没有美国那种号称"文化熔炉"的种族纷争，却由于科学高度发达与封建制铁蹄统治下对人性的摧残，自然地把获得健全人性作为教育人类学至高无上的主题。

2. 学科概念的差异

两大理论流派在对学科概念的把握上也呈现出各自的特点，文化教育人类学把教育作为一个研究领域，教育是一个被研究、被描述的对象，很少体现教育的本性或内部要求。哲学教育人类学把教育作为一个有待开发的领域，教育是一种必不可少的工具，力图探求教育对人的完整性的作用以及人的完整性对教育的作用，以实现人性的健全。关于教育人类学两大流派的区别，吴洪亮作出了比较全面深刻的比较，他认为，两派教育人类学在关于人的本质、人的生成、人的教育以及人与教育关系等方面存在不同见解。

首先，文化教育人类学认为人的本质是文化，研究"人"的基本观点是人在文化中、文化影响人的形成；从人与文化的关系、人如何与文化达成一致出发解释人及其教育。哲学人类学则以人性为何、人的图像为何、人性与动物性的不同、如何培养完美人性等基本问题为出发点认识人的本质。

其次，在人的生成问题上，文化教育人类学提出的问题是，如何通过不同文化塑造不同的人，不同文化背景的人如何通过教育传承文化并影响人的发展；哲学教育人类学则认为，人是精神性的生成，精神由教育而提升，教育的责任在于使人成为思想着的无限开放、朝向无限可能性的精神性主体。

最后，在关于人与教育关系的研究上，文化教育人类学认为，必须重视对教育"人"的过程性研究，重视在具体文化过程中培养具体人；必须从研究文化的发展把握教育的时代作用，解决不同人群的教育问题。哲学教育人类学认为，要研究人的本质生成的教育过程，必须研究人的未特定化向人的理想图景发展的教育模式，必须研究人的共同本质和共同教育的建立。①

哲学教育人类学与文化教育人类学是国内关于教育人类学理论流派划分中获得普遍认可的主要模式，具有高度的概括性。此外，关于教育人类学的理论流派划分还包括：袁同凯将教育人类学的理论流派分为"均衡论""冲突论""解释论""生态论""批评论""文化复制论""文化生产论""后现代派""西欧哲学教育人类学""西方多元文化教育理论"。②之所以如此划分，他认为教育人类学起源于文化人类学，是文化人类学关注教育领域的一个分支。在其理论流派的划分中，前几种流派其实都是文化教育人类学的不同分析模式，与之后的"后现代派""西欧哲学教育人类学""西方多元文化教育理论"并不属于同一层次的划分，而且后三者之间也存在着并列不当的问题。

二、逻辑起点、核心主题与方法论

（一）"人"作为教育人类学的逻辑起点

教育人类学的逻辑起点是由教育学与人类学共同决定的，教育学与人类学的交叉点是"人"，各自的逻辑起点也是"人"。作为教育人类学的两大理论流派，哲学教育人类学与文化教育人类学从不同路径共同印证了教育人类学的逻辑起点。文化教育人类学的逻辑起点是文化，具有向外的意向性，是人的外化；哲学教育人类学的逻辑起点是人的本质或人性，具有向内的意向性，是人的内化。而文化与人性的交叉点是"人"，且都建基于"人"。

庄孔韶归纳出教育人类学的两重观察，即"以人为起点的教育人类学观察"和"以文化为起点的教育人类学观察"，③"人"与"文化"分别是哲学教育人类学与文化教育人类学的逻辑起点。范履冰指出，教育人类学使教育理论的逻辑起点回到了"人"，确立了人的可教育性与社会文化适应性这对基本范畴，推崇

---

① 吴洪亮.教育人类学学科发展审思：差异性视角 [J].教育文化论坛，2015（4）：34-38.

② 袁同凯.教育人类学简论 [M].天津：南开大学出版社，2013：60-85.

③ 庄孔韶.教育人类学 [M].哈尔滨：黑龙江教育出版社，1989：125-163.

和运用贴近教育生活世界的教育叙事法，致力于建构具有原创性、内生性、独立性的教育理论和研究方法体系，实现从传统教育理论的解释、服务甚至迎合功能，向现代教育理论的批评、创新功能的转变，为教育理论建构与教育学科发展提供新的范式。[①] 教育人类学的逻辑起点与人在教育及其研究中的回归与彰显是相得益彰的。

（二）教育与人类是教育人类学的核心主题

教育人类学的核心主题是教育与人类的关系，具体而言，文化教育人类学的核心主题是人类文化与教育，哲学教育人类学的核心主题是人的本质或人性与教育。钱民辉认为，现代性是当代欧美教育人类学研究的核心主题，并对后现代性与全球性作出反思。[②] 李政涛认为，教育人类学的核心主题更加体现时代需要和时代精神，具体表现为：对现代性的反思将继续延伸和深化；更加关注社会公正与平等；愈发重视基于实践导向的研究。[③] 现代性作为哲学社会科学研究的重要主题，必然在教育人类学中得到重视，但是教育人类学研究对于现代性的反思并不全是直接鲜明的，有些是间接的，内含于具体研究过程中。

克里斯托弗·武尔夫认为，与英美国家相比，德国教育人类学具有开放性与"大陆性"特征，并以人类自我形象为核心议题。[④] 彭亚华、滕星认为，美国教育人类学研究有两大研究重心的变化：从"学科本位"到"问题本位"，从"人类学与教育"到"教育人类学"。[⑤] 冯增俊指出，当代教育人类学学科体系的

---

① 范履冰.教育学科范式探析——以教育人类学为视角 [J].西南民族大学学报（人文社科版），2009（5）：283-286.

② 钱民辉.当代欧美教育人类学研究的核心主题与趋势 [J].北京大学学报（哲学社会科学版），2005（5）：206-213.

③ 李政涛.当代西方教育人类学的发展趋势探析 [J].华东师范大学学报（教育科学版），2009（2）：21-29.

④〔德〕克里斯托夫·武尔夫，陈红燕.德国教育人类学的研究传统与发展 [J].教育研究，2016（4）：112-119，159.

⑤ 彭亚华，滕星.美国教育人类学研究主题的变化与发展 [J].民族教育研究，2014（4）：15-20.

46 | 传承与创新：新中国教育人类学研究 70 年

主题选择是"从考古研究转向主流文化""从弱势群体到现代教育"。^①

（三）教育人类学的方法论

方法论是对研究的研究，方法论的成熟是一门学科独立的重要标志。冯增俊认为，"最能体现教育人类学特点的主要有三种方法：一是跨文化比较研究，二是实地研究，三是释义学方法"，并提出了教育人类学的方法论原则，即坚持理论研究与实地考察相结合，定性研究与定量研究相结合，宏观与微观、过程与因果关系研究相结合，注重多学科合作，开展跨学科的综合研究。^②他对教育人类学方法论的总结是基于教育人类学的整体观，涵盖了哲学教育人类学与文化教育人类学的共同取向。李政涛认为，教育人种志是教育人类学的基本研究方法，并提出教育人种志方法论的三大基本假设：研究主体与研究对象是平等的双向建构关系；不同文化各有其独特价值；每一种教育现象背后都有整体性的背景。^③

另有学者针对教育人类学具体流派的方法论加以分析。孙丽丽在其博士论文中指出：围绕教育中人的形象，20世纪60年代以来德国教育人类学经历了哲学思辨方法论、经验方法论、解释学方法论、双重历史方法论、复杂性的综合方法论等的互动与演变，引发思维方式、研究方法、分析单位等方面的相应变化，共同构成了当代德国教育人类学的丰富图景。^④

冯增俊将文化教育人类学家对传统教育研究范型的批判归纳为六个方面：其一，把文化当成由一系列特质组成从而决定教育的观点；其二，把学校当作正规教育的主要机构的观点；其三，教育心理学家把学校科层制目的等同于社会的教育目的，不关心学校中实际发生的问题；其四，教育社会学家把学校的基本职能看作均等地对一切儿童施行的教育；其五，把学生当作可按种姓、社会阶级和宗教来划分的"社会原子"的传统研究法；其六，批判教育心理学家

---

① 冯增俊，万明钢.教育人类学教程[M].北京：人民教育出版社，2005：17–18.

② 同①：85–87.

③ 李政涛.教育人类学引论[M].上海：上海教育出版社，2009：90–93.

④ 孙丽丽.20世纪60年代以来德国教育人类学的发展历程及其方法论研究[D].上海：华东师范大学，2016.

把儿童学习问题归结为儿童个体头脑内部的问题的倾向。①

总之，我们既需要从整体上对教育人类学进行方法论的反思，也需要从具体流派出发，进行中观层面的方法论研究。方法论的反思始终伴随着学科发展的全过程，推动着教育人类学研究的不断发展。

三、研究取向与思维模式

（一）研究取向

教育人类学的研究取向受到教育学与人类学的共同影响，但更多地受到人类学研究取向的制约。教育人类学从诞生、发展到成熟过程中，其研究取向不是一成不变的。

冯跃认为，面对生存世界不断发生的主题变更，教育人类学以其多学科的观察视野，亦在不断进行研究取向上的相应转换，某种意义上，它是对既定教育议题的全貌审视，同时亦带有对特定时代问题的批评与反思，更试图以超越既有时空话语体系下的约束与局限，通过文化传递及人性转换的整体视界，诠释人性存在的多维内涵。② 具体而言，哲学教育人类学研究呈现出哲学概念体系的拓展与哲学研究取向的多元化；文化教育人类学文化概念的延伸以及与哲学教育人类学的相互借鉴，体现着教育人类学研究取向的多元转换。李政涛在对教育人类学研究目的的分析基础上，将教育人类学的研究取向分为"现实与理论取向""微观取向与宏观取向""比较取向与历史取向""批判取向与建构取向"，指出关于研究目的取向的划分只是相对的，不同取向之间一直处在相互影响与融通中，"综合性的取向不仅是过去时代许多教育人类学家的选择，也将成为未来教育人类学确立研究目的时的常态"。③

陈学金认为，人类学的研究主要有三种取向，即"思辨 / 哲学的取向""自

---

① 冯增俊，万明钢. 教育人类学教程 [M]. 北京：人民教育出版社，2005：46-47.

② 冯跃. 教育人类学研究取向之多元转换 [J]. 教育理论与实践，2008（13）：7-10.

③ 李政涛. 教育人类学引论 [M]. 上海：上海教育出版社，2009：44-49.

然科学的取向"与"人文社会科学的取向"。① 他指出，如果将"教育人类学"视为"人类学"与教育相结合的产物，那么"教育人类学"这一专业术语从诞生到现在，至少包括三种不同的研究取向：第一，从思辨的、形而上的角度阐释人与教育的问题；第二，从生理、心理的角度研究教育；第三，从社会—文化的角度研究教育。第一种取向的研究历史最长，并且具有强烈的思辨色彩；第二种取向现在已发展成为"教育生物学"和"教育心理学"等学科，具有较强的自然科学的性质；第三种取向主要是运用社会—文化人类学的理论和方法研究教育问题，具有人文社会科学的性质。随着学科综合化的发展，目前"教育人类学"的第一种和第三种取向已表现出交叉、吸收和融合的发展趋势。奥地利著名教育人类学家赫伯尔特·茨达齐尔的著作《教育人类学原理》很好地体现了教育人类学三种研究取向的整合。

陈学金所做的三种取向的划分是在广泛意义上针对教育人类学研究取向的归纳。之后，他又把哲学教育人类学的研究取向分为：哲学取向、现象学取向、整合取向、历史文化取向。② 克里斯托夫·武尔夫认为："在全球化进程的背景下，教育人类学面临新的问题，通过反思德国先后经历的哲学、现象学以及整合取向的三种教育人类学的传统范式，历史文化取向的出现为教育人类学研究提供了更为广阔的视角。"③

教育人类学在不同国家呈现出不同的发展样态。教育人类学的发展不仅与各自国家人类学的传统有关，还与各国民族—国家的构建紧密相连。可以说，教育人类学的内涵是一个多线的、动态的历史构建过程。不同国家的教育人类学形成了不同的传统与特色。教育人类学的不同研究取向之间并不是完全对立与分离的，不同取向的区分只是为了研究的方便。在教育人类学研究中，不同研究取向之间是相互借鉴与融合的，这也是未来教育人类学的发展方向。

---

① 陈学金. 论教育人类学的三种研究取向及在不同国家的特点 [J]. 民族教育研究，2014（1）：5–10.
② 陈学金. 德国教育人类学的理论渊源与发展脉络 [J]. 复旦教育论坛，2014（4）：89–94.
③〔德〕克里斯托夫·武尔夫，陈红燕. 德国教育人类学的研究传统与发展 [J]. 教育研究，2016（4）：112–119，159.

（二）思维模式

思维模式是关于思想传统的方法论，有关教育人类学思想传统的研究不可回避其思维模式问题。李政涛在分析当代西方教育人类学的发展趋势时指出，"过程哲学的运用有助于打破教育人类学研究中常见的静态性思维和结果性思维，代之以动态性思维和过程性思维，从而促进思维方式的转型。"① 孙丽丽在对教育历史人类学的评价中指出，在对 20 世纪 60、70 年代的教育人类学进行批判反思的基础上，德国教育人类学的研究传统从认识上总是将人类视为一个整体来理解，舍弃差异性和多样性、形成对"人类形象"的普遍性和整体性认识，教育历史人类学尝试对此予以改变。教育历史人类学对"人类形象"进行的多样性和普遍性处理，首先体现为思维方式的更新。②

教育历史人类学带来的思维方式变革主要体现为："双重历史"思维、关联普遍性与多样性、增加"限度"思维、确定反思—建构性思维。其中"双重历史"思维是指德国教育历史人类学在其研究中强调"双重历史"，强调在特定时间和空间中，研究视角和方法的历史与研究对象的历史互相观照，包含研究对象的历史，以及研究者自身研究观点和研究视角的历史。也就是说，"双重历史"既包括对研究对象和研究目标进行历史审视，也包括研究者对自身的研究方法和研究问题的形成过程的历史反思。关联普遍性与多样性是指将普遍性与多样性统一于研究的全过程，武尔夫认为，当代德国教育历史人类学的最大贡献之一，就是实现了教育人类学研究中普遍性与多样性的有效关联。

孙丽丽认为，教育历史人类学不仅指向"人类形象"的特殊性和多样性，同时也没有放弃"人类形象"的普遍性。在关联普遍性与多样性的过程中，教育历史人类学提出了一种"界限"思维，认为无论研究人类形象的哪些主题、从哪些层面、以何种方式进行研究，都不能离开人类的界限。增加"限

---

① 李政涛. 当代西方教育人类学的发展趋势探析 [J]. 华东师范大学学报（教育科学版），2009（2）：21-29.

② 孙丽丽. 德国教育历史人类学的形成与方法论突破 [J]. 基础教育，2016（6）：5-12.

度"思维，主要指思考人类可塑性的局限和边界问题，认为人不能够没有限度地向前发展，人的教育和发展一定是有限度和边界的。反思—建构性思维是教育历史人类学建构知识体系的主要思维方式，主要针对的是德国传统教育人类学的演绎性思维，通过理论推演和哲学思考形成标准化的教育人类学知识。①

孙丽丽在将教育历史人类学改译为教育历史文化人类学的同时，总结了教育人类学的思维转型，即"教育历史文化人类学实现了德国教育人类学思维方式的整体转型，转型的核心线索在于将简化思维发展为复杂思维。简化思维在当代德国教育人类学的发展历程中具体表现为演绎式思维、二元对立思维和孤立式思维"。

与简化思维相比，教育历史文化人类学的复杂思维主要体现为以下特征：首先，复杂思维表现为一种整体式的综合思维；其次，复杂思维是一种融通思维，打破了教育人类学思考中的二元对立思维；再次，尝试改变以往教育人类学研究中的"孤立式思维"，将教育人类学的核心研究对象与时代背景紧密联系起来，根据时代新气象判断人类形象的具体特征及其对教育的引领作用，转变脱离时代背景、从理论中演绎人类形象的传统思维方式。②孙丽丽对教育人类学思维转型的分析主要基于教育历史人类学的立场，指出哲学教育人类学在当代的新发展。

薛国凤认为："教育的人类学研究和传统教育研究的差别，主要在于人类学家基于文化立场更有兴趣探索教育的社会性关系，教育人类学是对人在文化背景下处于教育场域中的发展问题的特别关注与研究。不同于技术思维取向下的传统学校教育研究现实，教育人类学更体现了关系思维取向下的学校教育研究特点。"③她从文化教育人类学立场提出了由技术思维向关系思维的转型。

---

① 孙丽丽. 德国教育历史人类学的形成与方法论突破 [J]. 基础教育，2016（6）：5–12.

② 孙丽丽. 德国教育历史文化人类学的形成与方法论突破 [J]. 当代教育与文化，2017（2）：1–7.

③ 薛国凤. 教育人类学与教育研究 [J]. 民族高等教育研究，2016（4）：35–37，93.

四、研究领域与分析框架

（一）研究领域

关于教育人类学研究领域的划分主要见诸各类教育人类学教材中。其中，庄孔韶将教育人类学的研究领域界定为"学校人类学""儿童（教育）人类学""青年（教育）人类学""成人（教育）人类学""老人（教育）人类学""教育的演化与发展"。[①] 他是按照时空角度对人类学进行研究领域的划分，涵盖了哲学教育人类学与文化教育人类学，但不够细致。冯增俊和万明钢主编的《教育人类学教程》将教育人类学的研究领域归纳为："教育与人的生成""教育与人类进化""教育与民族发展""教育与文化演进""教育与个体文化过程""教育与人的生物适应性""学校教育人类学研究""学校课程人种志研究""班级生活与学生文化""教师文化的人类学研究"。[②] 从整体上对教育人类学的研究领域进行了综合划分，更加全面具体。

美国教育人类学家 J·U·奥格布主编的《教育人类学》将教育人类学研究领域分为："教育人类学：历史和概述""课堂文化与社会组织：人类学的研究""教育的跨文化研究""文化与教育中的成就动机""有关文化认知与教育的视角""教育的民族志评价""读写和识数：人类学的研究""学校文化与同辈群体""社会变迁与教育：人类学的视角""社会分层与教育：人类学的视角"。[③] 显然，奥格布的划分主要是针对文化教育人类学而言的。国内学者袁同凯也从文化教育人类学角度出发，把教育人类学的研究领域概括为"少数民族学校教育研究""文化与教育""文化、人格与教育""教育与非连续性""妇女与教育""学校教育与政治权力""学校教育与社会环境""当代与初民社会的教

[①] 庄孔韶. 教育人类学 [M]. 哈尔滨：黑龙江教育出版社，1989：73-104.

[②] 冯增俊，万明钢. 教育人类学教程 [M]. 北京：人民教育出版社，2005：120-415.

[③] 〔美〕J·U·奥格布. 教育人类学 [M]. 石中英，译. 重庆：西南师范大学出版社，2011：29-100.

育"教师与学校教育"。①

冯增俊认为，20 世纪 80 年代末文化教育人类学的研究重点发生了如下转向：一是日益重视对跨文化中的人的教育的比较研究；二是立足于推进多元文化教育的融合和协调，教育人类学成为基本的研究力量；三是把主要任务放在研究儿童的不同行为模式及不同环境中儿童的发展与学习上；四是注重和全面推进教育人种志研究，探讨不同教育模式的文化传播功能对学生的作用，解决不同种族间的教育问题；五是注重研究多元文化教育与国家发展等重大政策性问题。②

哲学教育人类学研究领域的划分主要包括：O·F·博尔诺夫在其《教育人类学》中将哲学教育人类学的研究领域划分为"人的可教育性""教育气氛""非连续性的教育形式""文化批判""克服存在主义""人类学对空间的解释""人类学对时间的解释""人类学对语言的解释""培养独立判断的教育"。③茨达齐尔在其《教育人类学原理》中将哲学教育人类学的研究领域概括为"人是有思想的生物——教育的第一个观念""社会化教育""教育与教养""学习理论""游戏和劳动""人的学习能力""教育目的"。④克里斯托夫·武尔夫在《教育人类学》一书中将研究领域划分为"人的可塑性""教育、文化和人类中的模仿"与"全球化和跨文化教育"三个部分⑤。他指出，"德国教育人类学的发展呈现出方法的多样性，注重交叉学科与跨学科、交叉文化与跨文化，以及把人文艺术教育作为研究重点等特点。"⑥哲学教育人类学的研究领域因其思辨性强而不够明晰与统一。

① 袁同凯. 教育人类学简论 [M]. 天津：南开大学出版社，2013：87-293.

② 冯增俊，万明钢. 教育人类学教程 [M]. 北京：人民教育出版社，2005：47-48.

③〔德〕O·F·博尔诺夫. 教育人类学 [M]. 李其龙，等译. 上海：华东师范大学出版社，1999：35-120.

④〔奥〕茨达齐尔. 教育人类学原理 [M]. 李其龙，译. 上海：上海教育出版社，2001：24-254.

⑤〔德〕克里斯托夫·武尔夫. 教育人类学 [M]. 张志坤，译. 北京：教育科学出版社，2009：9-188.

⑥〔德〕克里斯托夫·武尔夫，陈红燕. 德国教育人类学的研究传统与发展 [J]. 教育研究，2016（4）：112-119，159.

（二）分析框架

作为一门独立学科，教育人类学有自己的分析框架。奥格布是美国文化教育人类学的代表人物，他将教育人类学的分析框架归纳为："工具性模式""交换模式""结构—功能模式""生态学模式"和"其他模式"。他所作的归纳主要针对文化教育人类学，而非教育人类学的整体。其中，"结构—功能模式"与国内学者的概括有所不同，"结构—功能模式"基于一个假设，即教育反映了社会的结构和要求，它包含了进化论模式。[①] 国内较早地介绍教育人类学分析模式的是洪川，他将美国文化教育人类学分析模式总结为"交易模式"与"联系模式。"[②] "交易模式"是吉尔宁创立的文化传播分析模式，"联系模式"容纳了很多教育人类学家的观点。他们认为，学校是它所处社会的缩影，在学校中通过师生之间的联系，社会各种特征被预制出来。他们特别关心的是，社会的不平等特征怎样通过具体的教学过程加以再现和保持下去的。

庄孔韶在其《教育人类学》中将教育人类学的理论架构归纳为："人的图像与人的本质""人的本质与教育的本质""人与生存世界的理论""经验的教育人类学""自我实现与人的形成理论""文化化""进化与教育""工具性连锁理论""文化传递的交换模式""互动的模式""技术功能主义""生态学模式""结构的教育过程"。[③] 其对教育人类学理论架构的分析，意在协调哲学教育人类学与文化教育人类学，弥合两大理论流派存在的成见，促进二者的互相借鉴与共同发展。此类划分虽是站在教育人类学整体上进行分析，克服了按理论流派划分的局限，但概括性不足，存在着论点、论域与理论架构的混淆。

冯增俊在其《教育人类学》中将教育人类学的理论分析框架概括为："本质模式""工具性模式""执行模式""系统论模式""互动模式""生态学模式""进化论模式"，之后又在《教育人类学教程》中将分析框架梳理为："本质生成模式""工具主义模式""互动传递模式""系统共生模式""信息系统论模

---

①〔美〕J·U·奥格布.教育人类学 [M].石中英，译.重庆：西南师范大学出版社，2011：33-36.

②洪川.教育人类学述评 [J].重庆：西南师范大学学报，1987（3）：113-117.

③庄孔韶.教育人类学 [M].哈尔滨：黑龙江教育出版社，1989：52-70.

式""生态学模式""进化论模式"。他认为，教育人类学分析模式的演变历程是：从沿用人类学的分析模式到人类学＋教育学的分析模式，最后形成独立的具有学科特性的分析模式。[①] 具体分析如下：

1. 本质生成模式

冯增俊将本质生成模式定义为"研究人的本质与教育本质的互动关系和生成发展，换句话说，就是研究人之所以成为人和教育之所以成为教育以及它们的互动关系，特别重视从人与教育的本质形成、发展、改变的一般特性上，把握教育在人发展中的一般作用模式"。他认为，本质生成模式在哲学教育人类学中体现得比较明显，而在文化教育人类学中运用得比较间接，并将哲学教育人类学的本质生成分析模式概括为以下三点：一是人的形成是认识教育的基础；二是教育的本质在于人的塑造；三是教育过程包含人的生成。

2. 工具主义模式

工具主义模式是斯平德勒经过多年的探索提出的，该模式认为，行为或活动是达到目的的工具，而目的是系统化了的、相互联系着的，因而是形成文化系统的核心，行为与目的之间的联系是工具性联系。建立这种工具性联系是一种社会需要，只有这样才能使社会文化得到运转。工具主义模式偏重于个体内部的心理因素，在探究个体社会认知力与社会文化变迁的关系方面有所贡献，但没有关注到影响个体选择的各种社会因素，研究领域局限于学校，却未能说明学校中的学习是如何发生的。

3. 互动传递模式

互动传递模式是由吉尔林、汉森、罗伯茨等人提出的一种较为严密的整体文化传递理论。冯增俊在肯定互动传递模式的多学科协作、结果可靠性强的同时，指出该模式存在的局限，即缺乏对教育的整体论证，仅限于微观领域的研究。

4. 系统共生模式

以西格尔为首的一批学者探讨作用于学校教育过程中的各种力量，提出了

---

① 冯增俊，万明钢. 教育人类学教程 [M]. 北京：人民教育出版社，2005：59-80.

系统论模式，把影响学校教育的各种力量都纳入系统的特定位置，从文化渗入、影响机制到对学生的影响以及学校教育系统的形成、运行、控制、转变，都进行了系统研究。西格尔指出：把学校当成一成不变的、完美的可测定系统是错误的，应从开放的角度研究教育的制约力，研究如何支配知识传输和教师行为。冯增俊对系统共生模式的评价比较全面："这种模式有助于从整体上观察、研究学校教育，建立健全学校的教育功能，也有助于从系统的角度了解教育过程中信息的流失、曲解、自扩或补偿的作用。但它仍很不完善，也存在过于理性化而与实际不符的问题，同时也只是限于学校方面的研究。"

5. 信息系统论模式

与系统共生模式一样，信息系统论模式把学校看作是一个完整的系统，不同的是运用信息论的理论与方法来分析学校教育与文化功能、文化变迁的关系。这种模式主张"一个学校系统组织得越完好，各个作用圈就越能完全地重叠在一起，课堂教的东西被校园文化强化，被教师的行为强化，学校中的东西被社会仪式再肯定，被戏剧、历史传说和人生格言强化，文化价值是完全一致的，这时教育系统的文化功能达到最大的一致性"。持这一观点的教育人类学家认为学校正在从封闭走向开放。

6. 生态学模式

生态学模式就是运用生态学的理论与方法研究教育要素以及教育与其他社会因素关系的一种模式。这种分析框架注重把教育放在特定的文化生态环境中加以考察，特别注重学校教育行为与环境（社会组织、价值观、人群关系）之间的相互作用。奥格布先是提出了学校教育人种生态学的概念，以考察学校生态与社区生态的关系，进而提出教育文化生态学模式，力图整合宏观与微观研究，建立一种动态性更强的范型。这种模式虽然为我们提供了一种更全面、更生动的研究模式，但仍存在着时空等方面的局限性。

7. 进化论模式

如果说生态学模式是从横向上进行逻辑分析，进化论模式则是从纵向上进行历史演化的梳理。进化论模式将达尔文的进化论基本原理运用于教育人类学的研究中，主张教育与人类社会是从远古的类人猿原始社会演变进化发展起来的，强调进化是一切事物发展的普遍现象。教育人类学唯有从进化论的角度，按照历史演进的方向研究教育进程，才能揭示人类教育的起源和教育的本质，把握教育发展的内在功能，洞察教育的兴衰，知晓国家盛亡，了解现行教育的利弊，设计现代教育的最佳模式。进化论模式虽然增强了教育人类学的洞察力，但也存在着生搬硬套进化论理论与过于理想化的局限。

此外，冯增俊还指出教育人类学学科发展的未来走向：坚持人种志的研究方法；坚持民族教育、弱势群体教育、社会底层人群教育；坚持探究教育本性与人类进步互动方式研究；坚持学科发展服务社会的内涵。①

总之，国内关于教育人类学分析框架的研究主要集中于文化教育人类学领域，对哲学教育人类学的分析框架研究得不多，这是由二者不同的研究目的、研究主题、研究方法决定的。与文化教育人类学相比，哲学教育人类学没有明显的多样化的分析框架，侧重于从整体上、本质上进行哲学思辨的研究。

---

① 宋南争.中国教育研究范式新转变——第三届全国教育人类学大会会议综述 [J]. 当代教育与文化，2013（5）：114–116.

第三章　教育人类学的研究方法

本章重点介绍教育人类学研究的特性，尝试厘清人种志与民族志、民族志与田野调查之间的关系，在此基础上详细论述教育人类学的主要研究方法——民族志研究。笔者以中国知网数据库（CNKI）为平台，以"教育人类学"并含"研究方法"为主题检索词，对截止到 2019 年 12 月 31 日期间的相关论文进行文献检索，共检索到 102 条结果，并以此为对象进行分析。

从图 3-1 可以看出，虽然近年来教育人类学相关研究逐年增加，然而关于教育人类学研究方法的研究并不多，而且每年的发文量不稳定。从图 3-2 和 3-3

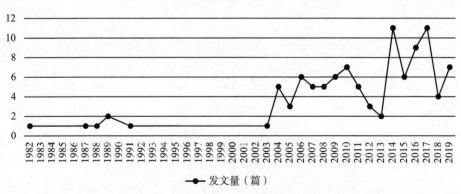

图 3-1　1982—2019 年教育人类学研究方法文献发表量

可以看出，除了教育人类学这一搜索的主题关键词外，教育人类学研究领域涉及基础教育、农村教育、民族教育（包含少数民族、民族文化）、学校教育等，所运用的研究方法有田野工作、民族志、人种志等。

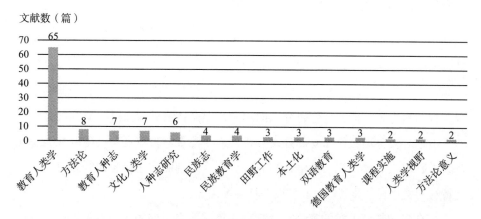

图 3-2　1987—2019 年教育人类学研究方法论文主题分布

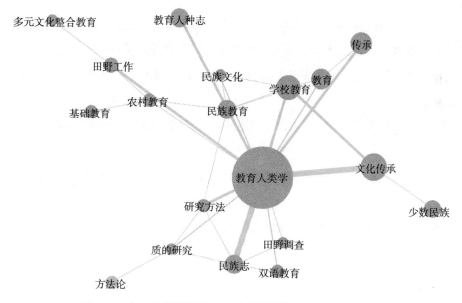

图 3-3　教育人类学研究方法文献关键词共现网络分析图

一、教育人类学的研究特质

（一）研究目的

研究目的是一门学科的总纲，是获得学科学术地位的重要标志，它规定了具体的研究方法。在教育人类学研究中，不同学者由于对教育人类学理论研究的侧重点不同，有的注重理论阐发，有的强调田野研究的意义，有的倾向于综合，有的侧重于分析。尽管研究取向不同，但是构成教育人类学研究的共同之处，不是对教育现象作孤立的静态分析，而是注重对教育现象产生的社会文化背景进行深入的情景化、脉络化探究，从更为广阔的文化视野研究教育这一人类特有的文化现象及其产生和发展的社会原因。

在众多的教育人类学家中，对教育人类学研究目的的表述各不相同。美国学者威尔科克丝（K. A. Wilcox）认为，教育人类学的研究目的有三：教育的比较和历史研究、教育的社会文化背景研究，以及教育中应用人类学的工作。

斯平德勒认为，教育人类学应研究现实教育问题；他把研究现实教育问题、服务现实教育、推进教育改革与发展作为教育人类学研究的核心任务。当然，教育人类学也研究原始形态的部落教育，但其最终目的都是要为研究现实教育服务。[1]

奥格布综合诸多学者的见解，提出教育人类学研究目的的四个不同方面或层次[2]：

其一，根据直接观察和透彻理解参与者观点来作出教育人种志的描述。

其二，对有关特定重大论题的人种志研究作分析，如对教育情境中的认知、语言、交际、角色、认同、礼仪作出文化分析。

---

[1] Spindler, G. D., *Doing the ethnography of schooling: Educational anthropology in action*. Holt McDougal, 1982.

[2] Ogbu, J.U., Anthropology of Education,In Husen, T. (ed.) *The International Encyclopedia of Education*. vol.1, 1985: 276-297.

其三，"综合—体化"理论，即对人种志描述和分析进行理论化。

其四，对教育研究进行新的理论概括，形成新理论，并应用于实际中。

有学者指出，奥格布的表述仅侧重于对具体实际问题的研究，宏观的历史的研究仍然重要，而且应成为对具体实际问题进行研究的基础。基于这种认识，冯增俊等人认为教育人类学的研究目的在于：通过运用人类学的概念和方法，对教育与人的发展关系进行历史与现实、宏观与微观，以及人类、国家与个人的全方位考察，更好地把握教育的本性和现代教育的特征，使教育更好地服务于人类自身的生存与发展。教育人类学以其特有的文化内涵和广阔的文化视野，以及对人类生活场景化的具体入微的洞察与分析，为把握教育与人类自身生存与发展问题提供了独特的研究视域，这正是人类学特有的贡献。①

（二）研究方法

教育人类学的认识论和研究方法，源于现代人类学学科对"教育"这一特殊人文社会现象的根本认识。尽管人类学家对文化发展和社会进化的观点不尽一致，但他们所秉承的研究理念与方法是一致的。在人类学家眼里，社会—文化的事实与自然生态环境、生活方式、思想观念是密不可分的。社会文化缤纷复杂，每种文化都有其自身的逻辑、历史及价值，要想理解一种文化的内涵，必须与当地人同吃、同住、同劳动，通过长时间的参与式观察、深度访谈、直接体验等方式获取第一手资料，才能够获得对文化与社会的真知。人类学家承认研究者自身的价值立场与当地人的立场可能会存在分歧或冲突，并对研究结果造成影响；因此，非常注意及时反思研究过程并作出修正，从而揭示自己的偏见和前见对研究的影响。

在多数情况下，人类学或民族志研究是个案研究（case study）。田野工作、民族志撰写、理论阐释或建构是人类学研究的三个重要环节，也是教育人类学的显著标识。教育人类学家遵循人类学对待文化和社会的观点，将教育视作一种文化存在、社会存在、历史存在，通过田野研究直接面对鲜活的教育实

---

① 冯增俊，万明钢.教育人类学教程[M].北京：人民教育出版社，2005：82.

践，从具体的个案研究中获得对教育与人性的理解。在认识论上遵循从"具体"到"抽象"的逻辑，认识过程是"实践—认识—再实践—再认识"的螺旋上升过程。教育人类学研究具有如下四个特点：一是从"田野"中获取第一手资料，二是用"文化"的观点看世界，三是整体地书写教育民族志，四是批判性的反思贯穿始终。（陈学金，滕星，2013）

另有学者提出，教育人类学的研究形式多种多样，最能体现教育人类学特点的主要有三种方法：一是跨文化比较研究，二是实地研究，三是释义学研究。跨文化比较研究是将许多研究者收集的人种志资料放在一起进行统计或比较研究。跨文化比较研究是教育人类学研究的最大特点，它不仅为教育人类学研究提供了广阔的研究视野，从不同文化背景出发多角度地审视和考察教育问题，还能够超越自身文化的局限性，借助新的思维方式和学科体系研究教育问题；研究具有跨越性、文化性和比较性。实地研究和参与观察，要求研究者深入到某一文化人群中，通过与当地人长期深入地接触和了解，深入考察教育与周围社会环境之间的相互依存关系。释义学方法是教育人类学在分析资料时常用的一种思维方式，强调在大量的教育事实、现象与意义之间建立起必然的联系。上述特点是内在统一的，它体现了教育人类学研究的整体特征，本质上是不可分割的。（冯增俊，2005）

（三）方法论原则

斯平德勒认为，对于人类学甚至社会科学来说，学科之间的真正差异并不在于具体方法而在于观点，即方法论原则的不同，此观点是颇有见地的。我国教育人类学作为新开拓的学科，面临着如此复杂的社会发展问题，因此集西方研究之优点，借鉴、选择、改造和创新研究方法，不仅应当而且必要。对此，有学者提出几个参考性原则。（冯增俊，2005）

1.理论研究与实地考察相结合

理论研究主要指在理论上的探讨，对教育人类学的研究目的、研究任务、人类现状、社会和教育问题作抽象概括和分析推断。实地研究指的是实地调查、参与观察、生活史法、事件档案法等。只有两者结合才能相得益彰。

2.定性与定量研究相结合

定性研究强调按照辩证唯物主义观思考人和教育现象，对资料作总结性评价；定量研究注重采用人类学统计法、社会测量法及各种量化手段收集分析数据，对研究作客观的科学描述。

3.宏观与微观、过程与因果关系研究相结合

坚持微观的个案研究，深入实地开展对某些人群、班级、学校、同辈团体的研究，获得精确认识，再同更大范围的宏观研究相结合，实为一种经济有效的研究方法。而注重研究事物发展过程和产生的原因及后果，动静研究相结合，可从中获得有关教育发展全过程的整体信息，增强理论判断的精确性。

4.注重多学科协作，开展综合研究

教育人类学涉及诸多学科领域，任何个人不可能全部掌握；多学科协作以及多种人才交叉，不仅可以取长补短，相互促进，还能开拓思路，迸发新思想，避免被个人专业、学科门户之见以及政治偏见所困围。

（四）研究范式

范式是库恩在其著作《科学革命的结构》中提出的一个主要概念。所谓研究范式，即某个学术共同体在学术研究中所共享的信念，坚守的研究传统、价值立场，以及接纳的研究方法、问题领域等。对于人类学而言，其学术研究共同体所共享的诸多信念，坚守的研究传统、价值立场，以及接纳的研究方法、问题领域等构成人类学研究范式的基本层面。这些基本层面对于研究与解决今日中国教育的诸多难题有着重要的启示作用。

有学者提出，教育人类学在"田野工作"（field work）基础上形成了独特的研究范式。这种研究范式主张，从书斋的思辨式研究转移到注重实际的调查研究。思辨研究重视理论推理，以及逻辑的严密性、理论的普适性，但由于过分关注理论本身的逻辑结构，使得学术研究容易脱离生活实际。建立在田野工作基础上的调查研究则与之相反，其关注不同文化背景下的教育教学行为，重视对教育现象的搜集和整理。从书斋到田野研究范式的转变将在很大程度上影响研究者的信念和科研模式。教育人类学研究范式主要体现为以下四点。

一是跨文化比较研究。教育人类学以不同文化背景的教育为研究对象，意在发现和解释不同民族与文化背景下教育的差异性。因此，研究者必须深入他者文化中，从该文化背景的教育实际出发，在具体文化中进行分析阐释。

　　二是田野工作的研究方法。田野工作的具体技术为实地观察法，要求避免单纯靠理论想象和假设推断，主张参与观察和深度访谈，要求研究者长期生活在被调查者的生活世界之中，融入其生活并与其建立良好的人际关系，搜集、记录和整理当地人的行为或每日发生的事情，"其目标是在基于直接观察和准确理解当地人的真实观点的基础上，对教育事件、情形作充分的描述，其目的是为对某一民族或语言等特殊问题作进一步深入了解提供信息"。

　　三是重视个案研究。教育人类学反对宏大叙事的抽象论述，推崇深入实际、在详细调查基础上的个案分析。

　　四是理论建构。教育人类学研究不仅体现在对不同文化背景下教育现象、问题的调查，同时强调在实地调查基础上的理论总结与概括。也就是说，教育人类学研究者不仅是一位实践的探索者，而且还是理论的建构者，在田野工作中通过实地观察、访谈、问卷分析等形式，发现新问题，验证假设，形成正确判断，构建新理论以及为社会实践作出贡献。（赵翔宇，杨建新，2010）

　　有学者提出，人类学的研究范式也可以从不同角度进行分类：从时间角度来看，人类学的研究范式可分为三大类，一是历时性研究范式，二是共时性研究范式，三是互动性研究范式。英国人类学家阿兰·巴纳德（Alan Barnard）认为："广义地说，人类学历史一直与从历时观点到共时观点的转变，以及从共时观点到互动观点的转变密切相关。"①

　　从科学与人文角度划分，可以分为科学研究范式和人文研究范式两类。每一类研究范式又可分为若干种研究方法，如历时性研究范式可分为：进化学派、传播学派、历史学派和历史人类学等。每一种研究范式又可分为若干小的研究类型，如进化论研究范式可分为古典（单线）进化论、普遍进化论和多线进化论等。共时性研究范式也一样，可分为功能学派、结构学派、象征学派等。（何星亮，2014）

---

① 〔英〕阿兰·巴纳德.人类学历史与理论 [M].王建民，等译.北京：华夏出版社，2006：10.

二、人种志、民族志与田野调查

在介绍田野研究和民族志之前，首先需要厘清人种志与民族志、民族志与田野调查法的关系，这对进一步理解田野研究和民族志起着关键作用。

（一）"人种志"与"民族志"

"ethnography"在汉语中有多种译名，最常见的是"人种志"和"民族志"。有论者认为，之所以在用词上有明显差异，除了使用者的个人偏好外，还与研究者的学术背景、研究方向和研究主题有关。例如，有民族学的学术训练和专业背景，深入到中国少数民族地区，基于民族背景的语言和制度等问题的研究者倾向于采用"民族志"的概念。有哲学人类学的学术背景且进入到学校语境，尤其是进入课堂和班级生活内部的研究者，由于其研究对象的民族背景和差异不明显，研究预设里也没有民族文化背景的比较分析，往往倾向于使用"人种志"的概念。相对而言，人种志的含义更为广泛，也更接近"人类学"的本意，即"人的改变之道"，但这并不意味着"民族志"的概念就失去了价值。实际上，在前提基本一致，即承认其作为人类学主要研究方法的情况下，该词的汉语表达允许有一定的弹性，不必强求统一。因此"人种志"和"民族志"在各自合适的语境中出现，有的表明微妙的差别，有的则通用，共同表达同一种内涵。（李政涛，2007）

另有论者认为，"ethnography"一词的含义是对特定民族和群体的文化、社会作出具体而准确的描述与解释。将"ethnography"翻译为"人种志"是一种误译，应译为"民族志"。"人种"（race）是生物学的用语，是对地球上现存的人类用先天的、遗传的、身体上的特征（尤其是皮肤、毛发、眼睛的颜色、身高等外表具有明显特征）进行分类时的基本标准。比如，我们通常将地球上的人分为"白种人""黄种人""黑人"等。

"ethnography"一词中的词根"ethno"源自希腊语中的"ethnos"，意指"一个民族""一群人"或"一个文化群体"，表示有共同的语言、共同的生活方式、归属于同一集团意识的人。"graphy"作为"志"是对一个民族和群体的描述,二者合一译为"民族志"更为准确。(樊秀丽,2008)丁晓辉也持同样观点,认为绝大多数英汉词典把"ethnography"翻译为人种志、种族志或人种学,较早的汉译论著一般也采用这个译法。虽然近年来人类学和民族学的专业著作包括汉语著作和汉语译作,已经极少把 ethnography 表述为人种志、种族志或人种学,但某些论著仍用旧说。事实上,以体质特征为标准进行的种族划分缺乏足够的科学根据,世界上也不存在所谓的种族文化。ethnography 应译为民族志,而不应译为人种志、种族志或人种学。同理,ethno 同根词只能翻译为"民族……",如 ethnology 译为"民族学"。(丁晓辉,2009)

另有学者认为,作为"记录的民族学",民族志原文由两个部分组成——ethno (s) 与 graphy(法文 graphie),它们均来自希腊文。其中,"graphy"源于希腊文的 graphein,意思是"记录"(它的意思与汉文方志的"志"字相通,指的是有系统的记录)。"ethnos"则是指"民族"〔需指出,因古希腊人并未给予种族与民族清晰的区分,当时用 ethnos 来指代的恐为"混杂"之物,可兼指种族、民族及相关的文化,因而,中文对英文 ethnography 或欧陆 ethnographie 的译名有"人种志""民族志""田野(文化)志"〕。

作为一种人文科学研究方法,民族志中的"民族",用的是古字,但这个古字,却是近代创造出来的,它"复出"于欧洲近代经历的政治文化变迁之中。在近代欧洲,民族(或国族,也就是 ethnos 用来指代的 nation)被认定为现代社会的最高级团体及集体精神的最高表现,"不论民族的强弱、国家的大小,无不以'民族'为全体人民情感上所共同要求的'道德一体'"。民族志名词中的 ethnos 带有近代国族的"一体"诉求,既有民族实体的含义,又有民族精神的含义。然而事实上,多数民族志主要是指对相异于这种"民族"的"另类人群"的考察和描述,其焦点集中于欧洲之外地区的"异类"及欧洲内部的"俗民",因而将"ethnography"译作民族志。(王铭铭,2015)

综上所述,对于"ethnography"一词的翻译学界观点不一,有学者认为,不同学者的好恶不同,学术背景不同,因而对于其翻译不要过于苛刻,需弹性对待。又有论者从词源角度对"ethnography"进行分析,认为 ethnography 一词在产生之初，由于人们认识的局限的确有人种志的含义，随着人们认识的加深和对谬误的更正，现在看来，只能有"民族志"这一种翻译。也有论者热衷于"人种志"这一译法。笔者认为，无论是翻译成"民族志"还是"人种志"，两者之间表达的意思非常相近，其差别非常微妙，因而本文借鉴李政涛的观点，"人种志"和"民族志"在各自合适的语境中出现，有的表明微妙的差别，有的则通用，共同表达同一种内涵。

（二）民族志与田野调查

在谈及教育人类学主要研究方法时，人们常常会想到两个名词，一是民族志，二是田野调查。安东尼·吉登斯（Anthony Giddens）指出，在人类学中，民族志大抵有三个层面的含义：一是研究者描述或解释的文本（text）；二是运用参与观察或访谈展开具体研究的行为或过程，一般称为田野工作；三是传统人类学者指导自身研究的思想体系、研究程式和操作策略的总和，有时被称作"民族志学"，是一种方法论（methodology）。（张东辉，2013）

民族志研究是这样一个研究过程。首先，人类学者必须有较长一段时间与被研究者共同生活，在参与其活动中周密地观察、记录，参与异文化群体的日常生活，获得对研究对象的认识和直接资料。他们从事的这些活动被称为"田野工作"。"田野工作"的基本内容为"参与观察"（participant observation）。这种方法也称为"田野工作方法"。完成田野工作后，人类学者详尽地描述、说明所观察到的文化现象，他们的描述成为其他学者据以了解人类学者田野工作过程、异文化情况以及人种志工作者个人反省和提出理论观点的重要途径。

这段话清晰地表明了民族志、田野工作或田野研究、参与观察之间内在的关联。从事民族志研究的活动是"田野工作"，参与观察是田野工作的基本内容，也是田野工作的具体方法，此外还包括深度访谈。这些都是人类学家引以为豪的看家本领，如滕星所言："田野工作是人类学的一个看家本领，也是它的学科标志。人类学有它的一套严谨的研究方法，这就是田野工作、民族志的撰写和文化理论的建构，三者缺一不可，其中田野工作是人类学最有特色的一个研究方法。教育人类学作为人类学和教育学交叉形成的一个综合性边缘学科，

田野工作也是它的一个重要研究方法。"（滕星，巴战龙，2004）

综上所述，民族志是一个比较大的概念，如果简单地说民族志研究就是田野工作，这并不准确。而当民族志被解释为运用参与观察或访谈展开具体研究的行为或过程这一含义时，就几乎等同于田野工作。

三、教育人种志研究法

从文化人类学的角度来看，教育人类学的研究方法主要来自于人类学的"人种志"。

（一）何谓教育人种志

说到人种志（ethnography），首先要跟人种学（ethnology）作出区分。人种志是对事件的了解和描述，人种学是对多种人种志研究进行比较、分析、概括和阐释。人种志是在人种学的指导下进行的。教育人种志以教育人类学为指导，同时也为教育人类学研究服务。教育人种志有两个核心概念：一是参与观察，或实地调查研究；二是对调查作出公正客观的描述。实地调查研究通常意味着研究者要长时间"居住在"研究所在地或同被研究对象保持密切的交往。首先，有利于在自然情况下收集较为真实的原始资料；其次，有利于与被研究对象建立彼此和睦信任的关系，从而能够获得独特的新信息和两者情感上的共鸣；再次，有利于研究者通过反复参与、观察、提问和攀谈来验证之前所获得的资料，从而保证获得资料的可靠性；最后，长时间的实地考察有利于研究者掌握当地语言，了解当地人的语言习惯。

沃尔科特（Wolcott）在1975年提出教育人种志是一种文化描述学的新概念，他认为教育人种志实际上是力图对教育中人们之间的社会沟通性质作出准确描述和解释的一种描述性工作。吉尔林认为，描述应当包括意义和行为两个方面，既要看到场合中的行为，又能从被观察者身上引申出形成和构造行为的意义结构。斯平德勒认为，人种志能揭示民族（群体）的文化知识，并把这些知识用于社会互动的方式上。威尔科克丝指出，学校和课堂是开展人种志研究最合适的场所。

（二）教育人种志研究的意义

教育人种志（educational ethnography）是教育人类学的主要研究方法，集中体现了教育人类学的学科特点，以及跨文化比较研究和实地研究等研究特质的精髓和原理，也是进行解释学研究的前提条件。它既是衡量教育人类学家研究水准的砝码，也是教育人类学及教育人类学家成长的必经之路，对于教育人类学研究具有重要的意义。西方教育人类学的真正发展得益于教育人种志研究，休伊特在 1904 年提出建立教育人类学学科，直到 20 世纪 50 年代，经过斯平德勒、索伦·金布尔（Solon Kimbal）、朱文斯·亨利等人开展了教育人种志研究后，教育人类学开始走上科学的学科发展道路。正是 20 世纪 60 年代大规模的教育人种志研究，促进了教育人类学学科的成熟。教育人种志研究的意义体现在如下三个方面：

1. 促进了教育科学研究方法的进步

教育人种志提供了对特定情境下的教育制度、过程和现象开展科学研究的过程，它的出现有利于解决教育研究本身存在的重理论轻实践的问题与不足，促进了教育科研方法的不断进步与发展。如教育人种志研究视角的相对性，可以较好地解决研究者与被研究者之间的冲突；对于研究对象的选择与考察坚持整体主义，避免了现代"科学主义"研究范式中常见的分裂完整人格和有机组织的机械主义之弊端，有助于克服教育研究中存在的"就教育论教育"的现象；强调数据来源的自然主义，有利于克服教育研究与实践脱节等问题。

2. 促进了定量研究与定性研究的结合

教育人种志的研究主张，研究过程是多种研究视角和研究方法不断整合的过程，在此过程中各种研究方法并行不悖，可交叉运用，博采众长。这一主张避免了对研究方法孰优孰劣的争论，特别是对于采用定量研究还是定性研究的方法论论战，消解了两种研究范式之间的对立状态，有利丁定量研究与定性研究的有机结合，并在复杂的教育研究中作出特有的贡献。

3. 促进了定性研究的发展与完善

教育人种志从本质上属于定性研究，它强调研究者本人作为研究工具，在自然情景下采用多种收集资料的方法，对研究现象进行深入的整体性探究，从原始资料中形成研究结论和理论；通过与研究对象的长期互动，对其行为和意义建构获得解释性的理解。它是定性研究中最为常用的方法，它的产生丰富和发展了定性研究。

（三）教育人种志的类型

斯平德勒认为，教育人种志研究的特点注定了只能实行个案或有限场合的研究。深入的个案研究有利于收集可量化和可运用推断统计的信息，通过个案研究获得对某一情境深入精确的认识，比反映许多情境的孤立表面甚至可能歪曲的信息更有用，因而更具普遍性。

教育人种志研究虽然总是以某一方面、某一单位或某一问题为主，但仍然包括许多界定和诸多类型，在不同的研究中也会看到各种不同的表现。教育人种志研究存在着如下分析类型。

1. 按照人口、单位、研究重点来区分

海明斯（Hymes）在《教育语言》（1982）中把教育人种志分为三类：一是综合教育人种志，指的是研究者试图描绘某一社区、阶级或学校的教育生活方式，目的是对如风俗、仪式、信仰、组织、活动及人群生活等教育整体文化作出全面描绘。二是主题性教育人种志，即研究某一教育主题而不是整体；三是假设检验教育人种志，指为检验某一理论假设而进行的研究。沃尔科特认为，教育人类学家通常更喜欢"发现所存在的是什么，而不情愿去热衷于探究那些事实上只是存在于调查者头脑中的预定问题"。

2. 宏观人种志与微观人种志

威尔科克丝在《论作为方法论的人种志及其在学校教育研究中的应用》（1982）一文中，把教育人种志划分为宏观和微观人种志：宏观教育人种志，适用于尽可能大的单位，如用来研究整个国家、地区的教育系统和学校制度。奥格布在 1974 年对美国加州黑人社区学校的研究就属于此类研究；微观教育人

种志研究的人口单位和环境则比较小，如单个学校、教学班，或者某校职员、某科学业成绩或教学问题等。此外，还有人提出一种构造或追踪教育人种志，注重研究特定教育事件或行为，深究其来龙去脉，多用于交际场合，这种研究一般对课堂等场合的交往过程进行录像，再进行反复比较分析，从而弄清楚问题。实践证明，不同层面的教育人类学研究是必要的，因为教育问题是纷繁复杂的，每种研究方法都有其适用的对象，并且每种方法揭示问题的角度也不尽相同。

3. 依据理论范围划分

海明斯将人种志归纳为三种：综合取向人种志，描绘某一社会中人们总体的生活方式；主题取向民族志（如废除种族隔离、文化传播和语言），集中研究所研究人群的若干主题；假设取向民族志，从解释先前研究中得到的假设开始。

4. 依据研究者的研究"意图"或"立场"划分

在丹曾（N. Denain）和林肯（Y. Lincoln）等人看来，"意图"即研究者从事研究时所采取的"立场"，表现为政治态度和价值取向。以此为依据可分为：批判人种志、后现代主义人种志、女性主义民族志、历史民族志四种。

一是批判人种志。主张研究是一种社会批判，不仅应考虑个人的行动，还要改变社会的权力结构，应特别注意弱小人群所关心的事情，通过自己与他们的平等对话，使他们获得批判社会不公的力量。

二是后现代主义人种志。从批判现代主义观点出发，强调对权力和理性进行解构，特别讲究使用精致的操作技巧。这类研究者在衡量研究结果方面缺乏权威和意义权威，把现实作为一种"游戏"来对待。

三是女性主义民族志。基于一种新的世界观，崇尚感情，反对过分理性化。重视研究中的情感关怀和批判性交流，认为研究者应该对自己的行为进行认真反省，被认为是对社会的鼓励，帮助受压迫的人获得精神上的解放。此种研究不是对"客观现实"的了解，而是对生活世界的重新解释。

四是历史民族志。强调历史在研究中的重要性，主张将历史与理论和社会实践结合起来进行考量，认为任何理论和实践的形成都有其历史渊源和发展历程，研究应该放到历史发展的过程中进行。

此外，依据研究者的具体目标，民族志研究还可分为：基础研究、应用研究、行动研究和比较研究。

（四）教育人种志研究的特征

教育人种志研究没有固定的框架，但仍然存在某些基本特征，了解这些特征，对我们完成研究任务具有重大意义。

第一，强调研究过程的自然性。在教育人种志研究中，研究者不是企图操纵、控制研究情境，而是直接"走进田野"，"渗透"到某一教育团体的"疆域"内，成为这一团体的一分子，"参与"正在进行的活动，"观察"自然情境中发生的事情，尽力避免对研究情境抱有偏见和预设，避免受其他研究者的影响。在研究方式上倾向于采用自然观察和无结构的访谈。

第二，强调对微观问题的整体把握。教育人种志研究主要研究学校、班级团体内部微观性的问题，研究过程中需要采用一种整体论的方法，仔细、完整地捕捉一个团体的重要特征及其相互关系，否则呈现的景象可能受到歪曲。因此，强调研究者要沉浸在特定的文化之中，以获得关于某一具体的微观问题的整体画面。

第三，强调对研究问题的定性分析。教育人种志是一种质的研究，强调对研究问题的定性分析。具体表现为：研究资料搜集途径的多元化，包括参与性观察、无结构性访谈和文本分析等；研究主题不是控制和操纵研究变量，借此来验证假设、解释结果，而是探讨问题在某一团体情境中的复杂性；研究者本人直接参与研究对象的活动；对研究资料的分析主要是靠文字的描述，而不作统计性的推断。

第四，强调研究程序的弹性化。教育人种志不采用严格的实验设计和正式的访谈，也不使用标准化的研究工具，研究程序极富弹性。研究者在设计研究计划时，问题的形成及其定义是可以随时加以修正的；研究步骤也非直线的过程，资料的搜集和分析是可以同时进行的；资料的分析不是支持或拒绝假设，而是在资料搜集的过程中发展概念和理论。

（五）教育人种志研究的质疑与批判

1."那又怎样？"

这是许多学者针对人种志学者提供详细的描述时经常提出的问题。人种志的一个主要目的就是对所研究群体的社会生活予以解释或描述，在研究过程中，从某个特定社会群体中所获得的特殊现象的材料和意义，究竟能够在多大程度上推论到其他社会群体中去？换句话说，人种志研究究竟达到怎样细致的程度才能算是清楚地描述了一个学校的活动甚至一个班级的课堂生活，以及人种志研究的结果能够提供多少与所研究群体先前的经验相联系的内容，能够提供多少未来预测的价值？这些都关系到人种志研究结果的普遍性和概括性，实际上这也正是其他教育研究工作者对教育人种志研究方法和效果的根本质疑。

2. 如何做到客观

教育人种志研究者大多宣称，"他们要研究每一件事情，并且客观地研究"（to do everything and to do it with objectivity）。他们试图完全客观地揭示所研究群体中的每一件事情，但这不太可能，事实上，没有任何一项整体的文化研究存在，而且这种完整主义的研究根本做不到。人种志研究者不可能在研究过程中再造一个文化的整体。另外，人种志研究者也不可能在研究过程中随时做到客观，完全摒弃价值观念的影响，完全客观地描述或揭示群体生活，只能成为人种志研究者所追求的终极目标。而且，在追求这个目标的过程中给人种志研究带来了另一个缺点，即研究者很少能做到对所研究群体的价值、道德及伦理方面的内容作详细的揭示。

3. 理想与现实的差距

教育人种志研究追求的是在客观描述群体生活的同时，发现具有普遍性的客观结论。在人种志研究之前，一般并不存在某种特定的假设，研究者试图通过一定的方法尽可能详细描述他们所见到的、观察到的所有细节的真实面貌，而在这一过程中，人种志研究容易被看作群体生活过程的简单重复，而不会得出具有普遍性的结论。

四、田野调查法

对教育人类学研究方法的介绍和反思，主要表现在对民族志与田野调查的介绍、学理探究与运用方面。众所周知，从事民族志研究的活动是"田野工作"，而田野工作的具体方法就是我们常说的参与观察和深度访谈。下面将主要介绍在民族志研究中田野调查这一基本研究方法。

（一）何谓田野调查

"田野调查"作为教育民族志的核心，是指研究者长期深入到某一社区或某一群体，同当地人一起生活，学习他们的语言，参与他们的各项活动，通过参与观察、访谈、体验等获取第一手资料的方法。其中"参与观察"和"访谈"是民族志田野调查方法中最基础、最重要的方法。（陈学金，滕星，2013）

通过田野调查，研究者获取某一群体的相关资料并进行整理、分析和解释，从中提炼出观察研究的精华，撰写民族志，继而完成定向理论证明。这三个研究步骤的结合是英国人类学家马林诺夫斯基在《西太平洋的航海者》（1922）一书中提出并加以完善的，至今仍被认为是人类学研究的典范。除上述特征外，田野调查强调研究者没有预设立场，正如马林诺夫斯基所说："先入之见在任何学科中都是有害的，但预拟问题却是科学思考者的主要禀赋，这些问题是通过观察者的理论学习发现的。"[①] 此外，值得注意的是不要用自身的价值观去衡量当地人。从整体上讲，田野调查并没有一个标准的模式，每位研究者根据所研究的问题选择独立的研究环境，并针对研究对象的不同，选择不同的研究计划和不同的研究方法。（樊秀丽，2008）

对于什么是田野？费孝通先生指出：人文世界，无处不是田野。[②] 从这个意义上说，田野不仅仅是地理坐标，而是超越时空的存在；不再是一个地点（site），

---

①〔英〕马林诺夫斯基.西太平洋的航海者 [M].梁永佳，李绍明，译.北京：华夏出版社，2002：6.
② 荣仕星，徐杰舜.人类学本土化在中国 [M].南宁：广西民族出版社，1998：12.

而是一种方位（location）。这样，田野研究就要摆脱功能主义的范式，自觉地把讨论的问题放在一个更大的社会中，包容不同的社会力量，体现民间或地方模式与官方超地方模式的交错。在格尔茨（Geertz）看来，人类学者不能"现象主义"式地观察一个眨眼的动作，眨眼是值得深描的民族志对象。因而现代的田野研究正成为一种灵活的机遇性策略，通过关注来自不同社会政治场域的不同知识形式，以多种方式综合性地去了解不同地点、不同群体和不同环境，而不只是一条通向"另一种社会"的整体知识的捷径。[1] 作为一位敏锐的田野研究者，只要存在与自己的不同，就是人类学工作的田野。（朱敏，2009）

（二）田野调查的意义

古语云："纸上得来终觉浅，绝知此事要躬行。"以人类学的视角采用规范的田野工作开展教育研究，至少可以在以下三方面给教育研究以有益启示。

1. 扩大教育研究的对象和范围

传统的教育研究主要研究现代社会的学校教育，而人类学视野中的文化传承和文化传播不仅限于学校的正规教育，它还包括非正规的家庭教育、社区教育等；特别关注文化传统代际传递的"濡化"和不同文化接触交流的"涵化"。20 世纪 60 年代以后，西方人类学家开始较多地关注工业化社会中的学校教育，教育人类学研究在现代学校教育中得到广泛的应用。教育民族志及田野工作的研究领域包括语言和其他正式的符号系统、少数群体教育、废除种族隔离政策、学校和社会分层、社会结构、课程过程和文化传播；其研究主题也在不断变化，如事业史和生活史、班级或学校中的小群体、单一班级、课堂情景和语言活动，以及学区、学校及社区的关系等。[2]

中国是一个存在着巨大区域差异、城乡差异、族群差异、阶层差异、宗教差异、语言文化差异的多元文化社会，其核心是文化差异。其中，各民族由于

---

① 〔美〕古塔・弗格森. 人类学定位：田野科学的界限和基础 [M]. 骆建建，等译. 北京：华夏出版社，2005：45.

② 〔瑞典〕T・胡森，〔德〕T・N・波斯尔斯韦特. 教育大百科全书（第 2 卷）[M]. 张斌贤，译. 重庆：西南师范大学出版社，2006：108.

历史、政治、经济、语言文化等多方面差异，在学校教育领域也表现出各自的独特性。在探索文化多样性与教育的田野工作过程中，教育人类学的研究对象和范围也随之扩大，从而发展出一些新的研究主题，如教育领域的国家主义与民族主义之争、经济文化类型理论与教育变迁、文化传承与教育选择、文化变迁与教育发展、文化差异与教育公平、社会流动与移民教育、地方性知识与课程建构、文化认知与双语教育、经济全球化与多元文化教育等。

对教育人类学而言，"田野"的含义不限于少数民族社区，也可以包括日常的学校、课堂、操场、家庭、社区、仪式活动等。田野工作的研究对象，既包括少数民族地区的学校教育，也包括同质性较高的汉人社会的学校教育，还包括少数民族地区和汉人社会的家庭教育及社区教育等。随着教育人类学及其田野工作的发展，研究者可以更好地探索多元文化背景下的人文世界之美，这将有助于提高研究者对文化多样性的尊重和理解，进而对不同民族和文化产生更加积极、包容的态度，实现不同文化的"各美其美""美美与共"。人类学的田野工作方法使研究者得以走入日常生活世界的广阔"田野"中，设身处地地参与实践，感悟真实的教育教学生活，并把它与更广阔的社会—文化背景联系起来，从而更好地体验和理解教育者和受教育者的思想、行为及其文化意涵。

2. 充实教育研究的方法与视角

人类学田野工作有一整套严谨成熟的方法和技术，如何将田野工作的方法和技术有效地运用到教育、教学研究领域，这是当前教育学界应思考的一个重要问题。人类学田野工作方法的核心是"参与观察"，通常采用"以小见大"的微观研究方法，通过深入研究对象的生活，在研究对象所生活的文化背景中深刻理解各种教育现象和教育事实。参与观察需要掌握一定的技巧，"在任何案例中，民族志知识和理解的获得都是一个周期性的过程。它开始于对该社区的全景式观察，移近至对细节进行微观聚焦，然后再次淘选出更大的图景——但这一次嵌入了微小细节以形成新的洞察"。① 这种参与观察式的实地调查，既能增加收集资料的深度，又能借着深入实地的观察与无拘束的深入谈话，使研究者摆

①〔美〕大卫·费特曼.民族志：步步深入 [M].龚建华，译.重庆：重庆大学出版社，2007：30.

脱"本文化"先入为主的偏见，从"当地人"的观点来看待事物。

参与观察和访谈（包括正式访谈和非正式访谈、口述史研究）是田野工作的主要研究技术，但通常需要其他质的研究和量的研究技术来补充，这些技术如制图、制表、问卷调查、文献分析和物品分析、生活史分析、叙事和实验。[①]田野工作还包括：整体性视角与跨文化比较的方法，宏观与微观、社区与个案、量的分析与质的分析、专题与综合等研究角度。

人类学家在广泛的田野实践中，逐渐形成了文化相对论的立场，发展出主位（emic）和客位（etic）的研究方法。[②]在田野工作中，研究者可以采用主位与客位交叉的方法综合研究教育问题，一方面从"当地人的视角"（native's point of view）出发，力图真正理解"他者"文化的意义；另一方面又以研究者的角度进行观察。这两种视角反复转换，才能层层接近教育研究事实的真相。滕星教授的学术专著《文化变迁与双语教育——凉山彝族社区教育人类学的田野工作和文本撰述》，便是这一研究方法的典范。他遵循解释人类学的理论范式，采用主客位研究视角，一方面通过大量观察、访谈并辅以问卷调查开展主位研究，揭示了文化负荷者（当地教育主管部门、各级一类二类双语教育模式学校、教师、学生及学生家长）的观点和态度，充分展示了彝族作为少数民族力图融入主流社会、分享现代化成果与权利的同时，试图保留自己传统语言与文化的两难困境；另一方面从教育人类学研究者的客位角度，对所观察到的教育事实和现象进行了充分解释，对凉山彝族社区学校、彝汉双语教育个案的人类社会意义予以积极的评价与肯定，并对双语教育在当代人类社会面临的理论与实践困境的根源，从人类文化的共性与差异性、文化的普世主义与文化的多元主义、

---

① 〔瑞典〕T·胡森，〔德〕T·N·波斯尔斯韦特.教育大百科全书（第2卷）[M].张斌贤，译.重庆：西南师范大学出版社，2006：106.

② 参见滕星、张俊豪主编的《多民族文化背景下的教育研究》（民族出版社2009年版）和《教育的人类学视野——中国民族教育的田野个案研究》（民族出版社2009年版），这两部论文集主要收录了中央民族大学教育人类学方向研究生基于实地调查的个案研究报告，提供了一种多元文化背景下教育学田野调查研究的新模式，是中国教育人类学本土化的一个初步尝试。

机会均等与文化差异等相关领域进行了尝试性探讨。① 在田野工作中，主位与客位视角是互为补充的。

3. 丰富教育研究的解释意义

从根本上说，人类学是一门通过研究"他者"来达到跨文化理解和沟通目的的学问，它要求研究者深入具有异文化性质的"田野"中去做艰苦的实地调查，并利用所获资料和亲身经历来解说文化与人性。因此，对文化的解释是民族志研究的最大特色，也是人类学田野工作不同于其他社会科学定性研究的一个显著标志。人类学家格尔茨认为："任何事情（一首诗、一个人、一段历史、一种礼仪、一个制度、一个社会）的一个好的解释使我们理解事情的中心，这便是解释。"② "人类学者的工作就是选择一项引起他注意的文化事项，然后以详尽的描述去充实它并赋予说明性，以便告诉他的读者理解他所描述的文化的意义。"③ 教育人类学作为一门解释力极强的学科，提供了解释和研究主体民族和少数民族文化多样性的有力理论工具。在教育人类学的田野工作中，研究者可以深入到研究对象的生活情境中，采取多种角度去了解、观察研究对象并对其进行充分诠释，从历时的深度和共时的广度进行"深描"，力图揭示教育现象的深层次意义。教育人类学把人类学的成熟概念、理论和方法应用到教育领域，从人类发展的高度描述和解释教育现象、教育事实和教育问题，探讨教育与文化、教育与人、文化与人之间的相互关系，进而达成对教育作为一种文化现象的深入理解与解释。

（三）田野调查的类型

教育人类学田野工作包括如下几种类型：

其一，根据调查内容，分为综合调查和专题调查。

---

① 滕星. 文化变迁与双语教育——凉山彝族社区教育人类学的田野工作与文本撰述 [M]. 北京：教育科学出版社，2001：4-10.

② 黄淑娉，龚佩华. 文化人类学理论方法研究 [M]. 广州：广东高等教育出版社，2004：381.

③〔美〕乔治·E·马尔库斯，米开尔·M·J·费彻尔. 作为文化批评的人类学：一个人文学科的实验时代 [M]. 王铭铭，蓝达居，译. 北京：生活·读书·新知三联书店，1998：52.

综合调查内容丰富广泛，如"云南省民族教育发展调查"，可能涉及云南的民族基础教育、民族中等教育、民族高等教育、民族师范教育、民族职业技术教育；民族教育经费、民族教育师资、民族教育政策、民族教育基础设施等诸多方面。专题调查的内容比较单一和集中，仅就某一民族或某一民族地区教育的某一方面进行调查，如"内蒙古民族中小学蒙汉语文师资现状调查与对策研究"，主要是针对师资现状进行的调查。

其二，根据调查对象范围，分为全面调查和非全面调查。

全面调查是指对全部调查对象进行调查，非全面调查是指对调查对象总体中有代表性的一部分进行调查，例如，典型调查、重点调查、抽样调查、个案调查等都属于非全面调查。

教育人类学与教育学关系十分紧密，在研究方法上常常相互借用。自20世纪20年代开始，教育人类学开始注重田野调查（field investigation），不少教育人类学学者通过大量的田野工作，获取了丰富的田野调查资料，在教育学研究方面取得了极大成就。教育人类学研究的不断发展，必将与田野工作研究方法的运用及所取得的成果紧密联系在一起。

（四）田野调查必备的素质

教育人类学研究看似简单，实则复杂。为了顺利地开展田野研究，需要研究者具备以下基本素质和能力：

一是具备广博的知识。

首先，研究者必须熟悉并牢固掌握教育人类学的专业知识，掌握教育学和民族学的专业知识。其次，研究者应尽量了解社会学、历史学、语言学、人类学、地理学、统计学、宗教学、心理学、采访学、文化学等相关学科知识。教育人类学研究是跨学科的综合性研究，需要有关学科知识的融合，研究者的知识面越是宽广、知识越是广博，研究就会更顺利、更有深度、更有价值。此外，研究者还需要及时掌握国内外相关研究动态，注意收集和借鉴国外的有关研究信息。

二是树立正确的研究指导思想。

研究者必须及时了解并掌握党和国家的有关教育、民族及其他相关政策，掌握科学的方法论。在田野工作过程中，研究者必须做到调查的客观性和公正性，尊重各民族风俗习惯，避免发生不必要的失误。

三是掌握必要的调查技术和手段。

研究者通常需要运用的技术和手段包括：照相、录音、摄像、绘图、制表、设计调查问卷、统计、测量等。随着互联网时代的到来，新的科学技术在研究中的运用会越来越广泛。

四是具备吃苦耐劳的精神和健康的体魄。

教育人类学研究常常需要深入边远的、条件艰苦的地区，如果研究者没有良好的身体和心理素质，调查往往难以持续和深入。

五是具备良好的人际交往能力。

教育人类学研究者应善于同各种调查对象打交道，并同他们建立起相互信任的友好关系。

（五）田野调查的研究反思

1. 研究田野的选择标准

李政涛在其《论"教育田野"研究的特质——兼论田野工作中人类学立场和教育学立场的差异》一文中提到，地域和地点的选择对于人类学实践的重要性在于：人类学知识体系的建构或许比其他任何学科都更依赖于地域专业化……正是存在于不同地域的文化差异的移入，促使人类学成为一门地域性科学。同时也使人类学具有了远足的内在必要性：人类学只能通过远足他乡进入"田野"才能体验文化的差异性。这种远足，就成为传统人类学选择"田野"并进行田野实践的前提，通常的说法是"离我远去"；人类学研究工作所经历的磨难与艰辛都来自一个"离我远去"的过程。总而言之，"田野"最好是一个"非家乡"的地方；换言之，越是"非家乡"的地方，就越适合做田野，也更"像田野点"。这一切，当然是因为人类学家想要"离我而去"。（李政涛，2007）

这就是传统的田野想象，总是想把心目中的"田野点"描述为遥远的异域的"地方社区"。这样就产生了一种困惑，即教育田野也具有同样的等级性吗？

是不是非得到远离中国文化的地方？如果选择我们所生活的地方，按照人类学的等级标准，这些地方甚至算不上"田野"？选择田野点的标准究竟是什么？教育人类学有没有与人类学不同的选择标准？本文认同费孝通先生对田野的观点，认为人文世界无处不是田野。研究者与研究田野是相互建构的，没有研究者，就没有研究田野。[①]

2. 研究者与研究对象关系的建立

在人类学的田野研究中，人类学家有对田野点原住民的研究需要，但是原住民并无对人类学家的需要。对他们来说，强行进入其生活圈的人类学家只是匆匆过客，与自己的日常生活无关，因而不会产生根本性的影响。但在教育人类学家的田野里，研究者和实践者的需要应该是双向的。实践者需要进入其田野的研究者帮助他们发现问题、解决问题；他们期望得到的不只是研究者提供的各种资料和信息，还要有改进其日常工作的价值性判断和有针对性的建议，进而从根本上改变其生命质量、提升其生命意义。

3. 评价对象、评价标准的确立

人类学立场下的评价主体只是研究者即人类学家，田野作品一般不会被研究者所阅读；人类学家没有必要也不会把他的田野作品交给被研究者（如那些不通文字的原始人）。被研究者能否阅读以及会作出什么样的评价，对人类学家来说无关紧要，因为这毕竟不是其价值感的来源。换句话说，对于人类学研究成果的评价主要是"业内评价"，基于这样的评价主体，其评价内容主要有二：一是田野本身是否符合传统的等级标准。二是对田野作品的评价，是否真实地呈现了社会事实？以及对于这种社会事实作出了什么样的解释？越新颖奇异，越能体现异域文化的特殊性。总之，评价对象和评价标准最终落到文本上，而不是人上。

教育学立场下的评价主体则是多维的。研究者和实践者（在人类学家那里被命名为"被研究者"）都是主体；田野文本的阅读者可能是同行，也可能是校长、教师、行政官员。这些主体的关系具有"互为主体性"的特征。与人类学

---

① 齐学红. 成人之思：一位中国教育人类学者的田野回望 [M]. 重庆：重庆大学出版社，2022.

主张的"文化互为主体性"不同，教育学立场下的田野则是"理论者与实践者、观察者与被观察者、研究者之间、实践者之间的多重多层次的互为主体性"，这种"互为主体性"具体体现在田野文本的交互阅读上。基于这种多元化的互为主体性，教育学立场下对于学校田野研究的评价内容主要有三：一是"田野之事"做得如何；二是"田野之人"生成与发展得如何，人与人互动的质量如何；三是田野之事与田野之人的成长之间有没有建立内在的互动关联。之所以如此，是因为教育人类学的最终目的是改变被研究者的文化及其生活在文化中的人本身。

五、教育民族志

（一）相似概念辨析

1. 民族志与教育民族志

众所周知，中国的学术体系和知识体系中很多是舶来品，人类学就是其中之一。"民族志"是英文"ethnography"的意译，词源出自希腊文"ethnos"（民族）和"graphein"（记述），经过近年来对英文学术文献中相关术语的仔细揣摩，杨圣敏认为，"ethno-"意为"族裔的""常人的"，"-graphy"意为生动地"记述"或"描绘"，[①] 近年的"ethnography"最常用的意思是"对常人的生动记述或描绘"。尽管人类学家王铭铭指出："ethnography 指对社会和文化的全面描述，它的对象可以是民族、部落、氏族、地区、都市和社区。国内原来译为'民族志'，只适用于 ethnography 的民族部分，不能全面体现它的意愿。"[②] 但是包括他本人在内的人类学界和社会学界一直沿用"民族志"的译法至今。不过在学术界，特别是在教育研究界，至今还有很多人把 ethnography 译作"人种志"（暗含白人中心主义，早期译名，现已废弃）、"民俗志"（将人类学与民俗学混淆），这个细节折射出的可能是对人类学本体论的误解，也可能是对人类学

---

① 杨圣敏.中国民族志 [M].北京：中央民族大学出版社，2003：1.
② 王铭铭.溪村家族——社区史、仪式与地方政治 [M].贵阳：贵州人民出版社，2004：252.

知识的生疏。①②③

　　"民族志"一词在人类学中大致有三个层面的含义：一是指研究者对某一社区、族群或民族的文化所作的描述或解释的文本（text），是较常见的人类学家的工作成果之一。二是指研究者"运用参与式观察或访谈来了解社会行为，在一段时间内对民族和群体进行的直接研究。民族志研究寻求揭示那些社会活动背后的意义；这是通过研究者直接涉入互动之中而实现的，这些互动构成了被研究群体的社会现实"。④ 三是指传统的人类学者指导其研究的思想体系、研究程式和操作策略的总和，有时也称作"民族志学"（ethnography science）。

　　随着人类学学科的不断发展，作为其专业术语的"民族志"逐渐演化为集方法与文体意义于一体的学术规范，此种复义性对应于其内涵构成因素的多元性，提供了反思讨论维度的多种可能性。王建民在其《民族志方法与中国人类学的发展》一文中提出：田野民族志（ethnography）通常可以译为"民族志"。不过，按照景军等人的观点，这个英文词汇翻译为"田野"似乎更为妥当。这样可以避免与国内各地方志、政府机构组织的修志工作中的"民族志"相混淆。这一词汇的译法问题到目前为止依然没有能够引起更多学者的重视。本文依旧使用"民族志"作为"田野民族志"的略称。

　　教育民族志（educational ethnography 或 ethnography in education）是把"民族志"应用在教育研究领域中从而形成和发展起来的一个新术语，因此，教育民族志也具有民族志的三层含义。正如在整体上给民族志下一个精确的定义非常困难，要给教育民族志下一个精确的定义同样困难，实际上也没有必要给出一个"放之四海而皆准"的定义，因为在一项研究的实际操作中，每个研究者都可以根据项目的目标体系和工具体系给民族志或教育民族志下一个"操作性定义"，只要这个"操作性定义"在上述三层含义之中即可。

---

① 沈丽萍. 教育人种志：概念与历史 [D]. 上海：华东师范大学，2004：1-3.

② 冯增俊. 教育人类学 [M]. 南京：江苏教育出版社，2001：143.

③ 冯增俊，万明钢. 教育人类学教程 [M]. 北京：人民教育出版社，2005：88-90.

④〔英〕安东尼·吉登斯. 社会学（第五版）[M]. 李康，译. 北京：北京大学出版社，2009：66.

2. 民族志与民族学

民族学这个名称是从外文翻译来的，最初译为民种学或人种学。[①] 这个词在法文中有两个词：一是 ethnologie，一是 ethnographie。一般是将前者译为民族学，后者译为民族志。但法国的习惯用法是将前者当作广义的，包括体质人类学、考古学、语言学和民族学四门学科，后者是狭义的，仅指民族学。也有人认为，前者指理论民族学或比较民族学；后者指叙述民族学或民族志。一般说来，民族学是研究民族的科学。此处所说的民族，是就民族学一词的词根 ethnos 而言，亦即广义的民族，包括氏族、部落、部族和民族。因此，原始社会史的主要部分即除去人类形成阶段的原始群以外，都属于民族学研究的范围。民族志是用以研究他者社会与文化的方法概念，民族学则是以之作为基本方法的学科概念。

（二）教育民族志的类型

我们知道，分类学（typology）虽然是所有科学研究的一个重要组成部分，但分类本身并不能说明不同类型之间的差异，也不能说明各种类型彼此之间的关系。社会科学家们经常谈到一种情形，即所谓的"邦戈—邦戈主义"（Bongo-Bongoism），意思是说，对事物无论进行多么精细的分类，都不可能穷尽所有的类型，异常或例外的情况总是存在的。[②] 鉴于此，我们只是根据研究者的研究旨趣和文本本身显示的旨趣，将教育民族志的三种基本类型分述如下，并不期望建立完整的教育民族志的类型谱系。

1. 描述教育民族志（descriptive ethnography in education）

这一类型的教育民族志给人的印象是没有明显的目的性，体现了"麻雀虽小，五脏俱全"和"解剖麻雀"的研究理念，容易让人联想起自然主义的哲学倾向，但这是一种误解。自然主义往往是追踪事物表面的现象进行描述，而

---

① 见林纾、魏易于 1903 年所译《民种学》（北京大学堂官书局发行）一书及《奏定大学堂章程》内所列"人种学"一项。

② 董建辉. 政治人类学 [M]. 厦门：厦门大学出版社，1999：35.

民族志的特点则在于，更重视了解事物内部的结构或功能关系，以及事物的背景。①实际上，描述教育民族志常常暗藏着人类学结构这一功能论的旨趣。这一类型的教育民族志作品还体现了研究者科学主义的基本研究取向，这与下述两种类型的作品及其撰述者的人文主义取向是不同的。有时这一类型的民族志也被称作传统民族志（traditional ethnography）。

2. 解释教育民族志（interpretative ethnography in education）

这一类型的教育民族志的理论基础是解释学（也有学者称之为诠释学）。自从美国人类学家格尔茨将解释学引入人类学研究，开创了"文化解释学"以后，不仅扩大了人类学的研究领域，而且为民族志的方法开启了一条新的路径。这种研究追求的是"视阈的融合"，从"文化持有者的内部眼界"出发，同时赋予客位解释（人类学者的文化解释）的合法性，注重从"本土概念"和"地方性知识"中提炼人们如何赋予文化以意义及其方式。因此，这一类型的教育民族志偏重于探讨教育作为文化事项的意义。

3. 批判教育民族志（critical ethnography in education）

这一类型的教育民族志最初借鉴了批判社会研究（critical social research）的取向和模式，其理论基础是批判社会理论（critical social theories），是在批判质性研究（critical qualitative research）的模式中发展起来的。从事批判教育民族志研究的学者常常被称为或自称为"批判主义者"，通常被认为是社会文化的激进的变革者，隐含在批判教育民族志中的价值取向是：批判主义者发现当今社会有太多不公的事，对许多人有着或隐秘或公然的压迫存在；我们不喜欢看到这种情况出现，于是想加以改变。②

（三）民族志工作三阶段

民族志的田野工作包括准备、实施和撰写三个阶段。

---

① 杨圣敏. 中国民族志 [M]. 北京：中央民族大学出版社，2003：8.
②〔美〕卡斯皮肯. 教育研究的批判民俗志 [M]. 郑同僚，译. 上海：华东师范大学出版社，2005：9.

1. 田野工作之前的准备阶段

调查的训练、筹集经费、熟悉情况是基本的要素。首先，对现代人类学理论和方法的学习是必要的，在研究之前还应当熟悉你想要研究的某一领域前人的理论成就以及其论点中值得商榷之处。其次，田野工作经费的筹措和预算计划可能会对人类学家提出另外一种不小的挑战。再者，还要通过收集和熟读有关该地区或者族群的文献来熟悉调查点的基本情况，在此基础上，针对所要研究的问题拟定尽可能详细的调查提纲，尽管这个提纲可能在田野调查时不断得到修改。

2. 田野工作的实施阶段

人类学家进入田野之后会碰到很多意想不到的问题。这些问题可能包括：研究地点的选定、开始接触研究对象、开始学习语言。人类学家到达调查地之后，首先可能遇到的困难和问题是调查地点的确定问题。有些学者事先查阅了各种资料，选择了一个自己认为"合适的"田野工作地点；有的是先到调查地考察，然后发现一个自己感兴趣的地方；有些学者是到他人研究过的地点进行追踪研究；有时候接待人会帮助人类学家选一个地方作为调查点——但这种选择也许伴随着介绍人个人的考虑，也许这正是一个进一步深入了解该社区的突破点。总之，每一个族群或社区都有自己的特点，都是适合人类学研究的对象。

在田野调查中，对一个小社区进行挨家挨户的普查和绘制地图是人类学家采用的最基本的调查技巧。这种方法使田野工作者能够广泛接触调查对象，还常常能证实不确实的情况，使田野工作者熟悉环境；大范围的概况普查可以作为抽样调查的基础；收集系谱和生活史资料也是调查者通常会做的事情。语言学习对人类学家来说是十分重要的，通过学习特定族群的语言，对其文化才可能会有更深入的理解。而田野中的社会关系更应该引起注意和思考，当代民族志工作实际上是研究者与所研究的那些人之间建立两种主体间对话的过程；记录情况是每个田野工作者的中心工作，传统的办法就是把谈话和访问的情况尽可能详细地记录下来。一些田野工作者也坚持写日记，这些日记可以提供气候、事件，以及田野工作者的经历、情感变化等所有活动的资料。开始记录资料后，笔记要按话题和主题来规范化编排。随着田野工作的有效开展，资料急速增多，为了保证大量资料能够得到方便的利用，还要建立一个编排、整理资料的编码体系；这个体系对明确进一步调查的领域和日后整理材料是十分有用的。在田野调查中，人们也越来越多地使用照相机、录音机、录像机、电子计算机和全球卫星定位系统，帮助记录和整理资料，并不断丰富记录的手段。

3. 民族志撰写阶段

在这个阶段，人类学家的首要任务是如何将收集来的丰富资料转换成人类学的概念性语言。对人类学家来说，最终问题是如何将被研究社会的文化范畴翻译为人类学语言，用人类学语言进行描述。使用人类学概念，通过参与观察获得的材料有时辅以比较研究，说明在不同文化独特性的那些方面之上文化的普同性——田野工作的最终产品是一部民族志，其中，田野工作的结果和分析被整合在一起。丰富的、细节化的民族志描写已经成为人类学研究的目标，尽管人们正在探讨多种民族志的撰写形式，但是民族志撰写中资料的引用、地图和图片的利用等也都有一些应当遵循的规范。由此，人类学家对文化的解释得以与更多的人进行交流分享。

（四）教育民族志的整体性与局限性

1. 教育民族志的整体性

教育民族志的整体性可从两个方面来论述。

一是教育民族志学者本身就是研究工具。首先教育民族志学者如果没有一般人类学习文化的能力，此种研究就不可能做好。因为研究者本身就是研究的工具。在此必须强调的是，因教育民族志学者自身所具有的特征，诸如年龄、性别、性格、素质与天赋等，可以使一些别人难以获得的知识唾手可得。比如，《校长办公室的那个人——一项民族志研究》的作者沃尔科特就是利用自己所具有的作为研究工具的特质——自己的人际关系。在决定以艾德·贝尔（ED·Bell）为研究对象之前，他通过朋友的介绍和抓住自己在社交生活中的偶然机会认识了一些校长朋友。他先与这些校长成为朋友，一方面增进彼此的了解与信任，另一方面沟通研究目的。最后沃尔科特选择了贝尔，原因很单纯：贝尔愿意连续两年和一个人类学研究者一起工作。

二是注重整个社会文化环境。不同于一般的教育研究专注于检定变量间的关系，而未涉及整个社会文化环境；教育民族志研究者将教育看作是整体社会的更大范围中的一部分。在《校长办公室的那个人———一项民族志研究》一书中，沃尔科特采用民族志方法对美国学校体系中的教育行政人员———一位小学校长艾德·贝尔进行了长达两年的参与观察，研究这位校长的生活世界及日常行为所隐含的文化意义，以及美国社会所界定的校长对当事人的意义（Hsieh，1989：206-210）。在该书中，沃尔科特先将这位小学校长视为一个普通"人"，"校长"只是这个人的一个角色，也就是说，沃尔科特是以"人"为主体研究校长在学校体系中的意义功能，以及在整个美国社会文化脉络中的含义。

沃尔科特在田野调查的参与观察下，观察贝尔生活世界的每一个层面，即在各种情境中的言行举止。他跟着贝尔一起参加所有的学校活动和会议、学区内与学校行政人员的大小会议、地方性甚至全国性的教育会议、正式与非正式的职员聚会，不论是在校内或校外；观察贝尔的起居生活、在教堂的活动、作为校长的私人旅行、用餐、与朋友聚会等活动。简单说，沃尔科特观察贝尔在学校情境与日常生活情境中的种种行为，并将其所见所闻尽可能地记录下来，并将两年研究下来的成果撰写成了一本教育民族志著作《校长办公室的那个人———一项民族志研究》。

在书中他首先介绍了研究对象是怎样选择的、为什么选择民族志取向的研究方法。深入描述在一般学校中校长的生活，以呈现校长这个位置的文化意涵。接下来说明校长的个人生活、早年生活、家庭生活、社区生活以及校长这个职位如何影响贝尔这个人。同时描述了贝尔所处的学校与所居住的社区，并比较家庭和学校两种不同社会情境如何影响贝尔的行为。以此来说明校长在正式与非正式的人际场合所反映出的校长角色，以及校长的主要功能在于维持学校系统的运作，贝尔如何成为一个校长、如何扮演好校长的角色、如何评鉴老师并使老师进入学校体系、当面临问题与危机时如何处理等。沃尔科特的结论是，作为一个学校校长最重要的品质是耐心与谨慎，学校校长在美国学校体系中主要扮演的角色是仲调者，而非创新者或命令者，这也正是大多数美国人对校长所持有的印象，换言之，校长的角色所反映的正是美国文化的价值与期望。

从上述例举的描述中，可以了解到教育民族志研究需要本着参与观察、深入描述和整体性原则，将教育视为一个以行动者为主体的社会文化体系，并将教育现象放在整个社会文化的脉络中来解读教育活动、教育过程、教育媒介的深层意义。无论研究者研究的重点是什么，民族志研究通常都应考虑到一般社会文化环境、生活特性在当地的形式——角色与社会地位的类型、权利与责任、资源的不同控制、传递下来的价值、环境的限制等。要把当地的情况放入时间、空间与形态中，发现为维持社会秩序与满足表达的需要，当地人发展出来的特殊形式。

2. 教育民族志的局限性

教育民族志方法无法做到绝对的完整性，唯一的解决方法就是要面对它，并尽可能补偿它，在诠释中允许它。例如，沃尔科特为了获得对贝尔生活的整体性了解，弥补不可或缺的部分，他访问了贝尔的妻子和母亲，以进一步了解贝尔的家庭生活；还访问了13位学校的老师和职员，以了解他们对贝尔的看法；并请所有五、六年级的学生写下他们印象中的校长。当然，贝尔是主要的报道人，每次正式访问贝尔之前，沃尔科特会事先规划一下所要问的问题，访问都是以开放式的结构进行，并将之录音，包括贝尔的生活经验、个人情感、理想的世界，以便了解贝尔的世界观与价值体系。沃尔科特同时也收集有关学校的所有公文、信件、报告等文献性资料，还绘制了学校的地图，将学校四周临近的照片存档。

另外，民族志研究无法在短时间内达到教育研究在方法论、格式或结果方面的标准。在现有的研究中如果没有可作比较研究的成果，它也无法从一个环境推论到另一个环境，更无法完全吻合现代快餐式、讲究效率、企业式的教育研究方法的需求，也无法明白分清可以导致改善学校或学生的个别非脉络的因素。[①]

总之，教育民族志方法还有需要完善之处，而其对自身局限性的觉察及超越为教育研究作出了独特贡献。其重要贡献之一是解决了将教育过程与更大范

---

① 曾守得.教育人种志研究方法论 [M].台北：五南图书出版公司，1989：54.

围的社会文化环境分离的状况；在教育民族志研究过程中关注离散的变量和整体的各部分之间的互动过程和相互之间关系的复杂性。

（五）未来发展方向

和所有的研究方法论一样，对研究方法的严密性不断地进行评价，遵守有关研究质量、研究设计、资料搜集、资料整理和资料分析的规范，将会促进和改善民族志的研究。厘清各种研究传统、发展历史、不同视角、分析层次和理论框架，也将促进民族志研究的开展。当研究的方法论和研究问题出现多样化时，研究方法无疑将会发生变化并会更加完善。特别是来自美国和英国之外的一些学者的研究和贡献，将会使这一研究方式不断扩大和丰富。相信在未来具有多样性和开放性的全球化背景与多元文化背景的教育民族志研究者之间将会产生更多思考与对话的空间，同时科学技术手段在教育人类学研究中也将扮演越来越重要的角色。

第四章　民族教育研究

　　教育人类学作为我国民族教育的重要研究范式，从 20 世纪 80 年代中后期开始被引入国内。[①] 在我国，民族教育一般指除了汉族之外的 55 个少数民族的教育。中华人民共和国成立以来，我国民族教育取得了较大发展，其中，以教育人类学为视角的民族教育研究逐渐发展起来，并取得一定的研究成果。本章重点介绍教育人类学视角下民族教育研究的发展概况、研究现状和未来走向，旨在及时了解民族教育研究的进展，为推动民族教育实践和改革提供理论依据。

一、民族教育研究的发展概况

　　20 世纪 80 年代以来，教育人类学视角下的民族教育研究从"无"到"有"逐渐发展起来，其涉及的研究对象越来越广泛，研究主题也越来越丰富。通过文献研究发现，以教育人类学视角对民族教育进行研究，研究对象主要涉及：裕固族、瑶族、藏族、傣族、苗族、彝族、回族、蒙古族等多个少数民族；研

---

① 陈浩，袁同凯. 从文献资料看中国民族教育研究的几次理论转向和发展趋势 [J]. 西北民族研究，2015（2）：67.

究主题主要涉及：学校教育、双语教育、女性教育、学前教育、高等教育、职业教育、文化适应、文化传承、宗教教育、民族认同与团结等多个方面。

（一）概念界定

何为民族教育？目前国内学术界和教育界对此有不同的观点。

一种观点认为：民族教育有广义和狭义之分。《中国少数民族教育学概论》（1990）将民族教育的定义分为广义和狭义两种：广义的民族教育是指"跨文化教育"，所谓的跨文化教育是指"对于具有不同文化背景的受教育者的一种教育"；狭义的民族教育是指"在一个多民族国家里对少数民族受教育者的一种教育"。[①] 滕星也将民族教育的概念分为广义与狭义两种：广义概念是指对作为有着共同文化的民族或共同文化群体的民族集团进行的文化传承，培养该民族或民族集团的成员在适应现代主流社会以求得个人更好的生存与发展的同时，继承和发展本民族或本民族集团的优秀传统文化遗产的社会活动；狭义概念是指少数民族教育，就是对在一个多民族国家中人口居于少数的民族成员实施的复合民族教育，即多元文化教育。

另一观点则不区分广义和狭义概念，认为民族教育即狭义的民族教育。例如《中国大百科全书·教育卷》中提到："少数民族教育（education for nation minorities）就是在多民族国家内对人口居于少数的民族实施的教育，简称民族教育。在中国指对汉族以外的其他民族实施的教育。"《教育大辞典·民族卷》也认为："民族教育是中国少数民族教育的简称，特指除汉族以外，对其他 55 个民族实施的教育。"其他较为常见的定义还有："民族教育是一个民族培养其新一代的社会活动，是根据本民族的要求而对受教育者实施有目的、有计划、有组织、有系统的影响活动，以便把受教育者培养成一定社会的人，为本民族服务。"[②] 以及还有国民教育说（national education），多重含义说（ethnic education, education for nationalities, ethnic minority education, national minority education,

---

[①] 孙若穷，滕星，王美逢.中国少数民族教育学概论 [M].北京：中国劳动出版社，1990：12.

[②] 李红杰.民族教育学研究对象和体系浅见 [J].北方民族，1992（1）：53-55.

native education，immigrants education），[1] 等等。

在本书中，不对"民族教育"与"少数民族教育"作区分，都是指我国除汉族以外的 55 个少数民族的教育，而民族教育研究包括对少数民族教育和民族地区教育的研究。[2]

（二）年度数量

笔者以中国知网数据库（CNKI）为平台，以"民族教育"为主题检索词，对截止到 2019 年 12 月 31 日期间的相关文献进行中文文献检索，共检索到 8043 条结果；以"教育人类学"为主题检索词，共检索到 799 条结果。以"民族教育"并含"教育人类学"为主题检索词进行文献检索，相关文献共有 157 篇。在排除硕博士论文、会议通知、机构简介、重复稿件以及主题相关度较小的文献之后，以教育人类学视角进行民族教育研究的期刊论文共计 77 篇，本文以此为对象进行统计分析。

从论文发表年度趋势（图 4-1）来看，在 2005 年之前关于教育人类学视角下的民族教育研究很少，平均每年的论文发表量约为 1 篇。可以说，从 20 世纪 80 年代到 2005 年，教育人类学视角的民族教育研究基本处于起步阶段。从

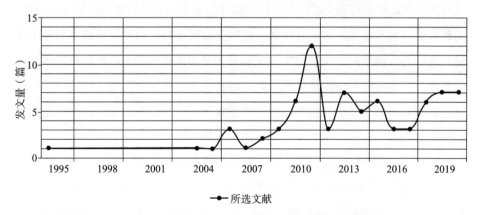

图 4-1　1987—2019 年教育人类学视角下民族教育研究发文量

① 张京泽. 新中国民族教育发展回顾和若干显示问题研究 [D]. 北京：中央民族大学，2005.
② 罗银新. 2013 年人类学视角下的民族教育研究 [N]. 中国民族报，2014-05-23（6）.

2006 年起，教育人类学视角下的民族教育研究进入缓慢发展阶段。随着 2008 年《国家中长期教育改革和发展规划纲要（2010—2020 年）》研制工作的启动，我国学者越来越关注民族教育的研究，在 2009—2010 年发布的论文数量达到了历史新高。这也可以说明随着经济的发展和社会的进步，国家越来越重视民族教育的发展，教育人类学视角下的民族教育研究拥有较大的发展空间。

值得注意的是，20 世纪 80 年代，我国有少量的以教育人类学视角研究民族教育的文献资料，但是真正提出以教育人类学视角进行民族教育研究的是李燕在《西南民族学院学报》（哲学社会科学版）上发表的《中国民族教育借鉴教育人类学的思考》。她提出，我国在实施民族教育的同时，应引进"文化"和"人"这两个因素，从这两个基础出发发展民族教育。[1] 此后，以教育人类学视角研究民族教育日益受到我国学者的关注。

（三）研究对象

从已有文献中可以发现，以教育人类学视角对民族教育进行研究，其研究对象主要涉及：裕固族、瑶族、藏族、傣族、苗族、彝族、回族、蒙古族等多个少数民族。其中，裕固族是分布于我国甘肃的少数民族，有着悠久的历史和独特的文化。我国瑶族支系众多，针对瑶族的研究以女童教育研究居多。藏族、苗族和傣族的教育受宗教影响较大，这些少数民族地区的教育宗教色彩较为明显。彝族是我国第六大少数民族，主要聚居在中国西南的云、贵、川三省，支系繁多。回族是我国分布最广的少数民族，也是我国少数民族人口较多的民族之一，该族人民信仰伊斯兰教。蒙古族是我国的一个少数民族，同时也是蒙古国的主体民族，他们以游牧为生，"逐水草而居"。

巴战龙主要对裕固族进行了一系列的专题研究，其研究成果主要包括：《两次裕固族语言教育试验失败的归因分析与相关政策探讨——基于两项教育民族志研究》（2009）、《裕固族文化融入国家基础教育课程体系问题的调查研

---

① 李燕. 中国民族教育借鉴教育人类学的思考 [J]. 西南民族学院学报（哲学社会科学版），1994（4）：37–41，52.

究》（2010）、《试论裕固族教育研究的对象与功能——基于教育人类学的视角》（2012）、《学校教育与地方知识关系探究——基于一项裕固族乡村社区民族志研究》（2012）、《人口较少民族地区学前教育发展的教育人类学研究——以甘肃省肃南裕固族自治县为例》（2012）、《试论裕固族教育研究的性质与定位——基于教育人类学的视角》（2013）、《裕固族学校舞蹈教育发展刍议——以乡土教材〈裕固族舞蹈〉为中心》（2014）、《如何打造双语家庭——裕固族语言文化遗产传承问题研究》（2016）、《追寻族群性——裕固族双语教育改革发展根本动力的探索性案例研究》（2019），以及硕士论文《社区发展与裕固族学校教育的文化选择》（2005）。

（四）研究主题

从 1987—2019 年教育人类学视角下民族教育研究论文关键词分布情况（图 4-2）来看，教育人类学视角下的民族教育研究主题主要涉及：学校教育、双语

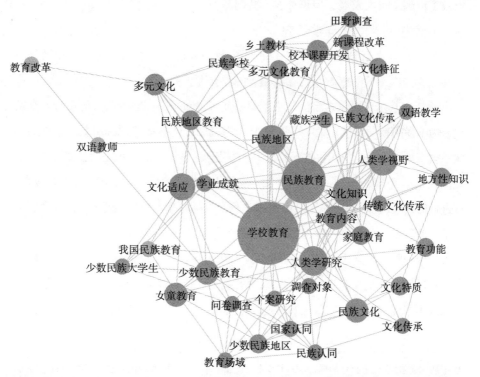

图 4-2　1987—2019 年教育人类学视角下民族教育论文关键词共现网络分析图

教育、女童教育、多元文化、文化适应、文化传承、学业成就、教育内容、教育改革、课程改革、校本课程开发、民族认同等多个方面。

二、民族教育研究议题

尽管教育人类学作为一种研究范式在 20 世纪 80 年代才被引入国内，但是以教育人类学视角对民族教育进行研究的领域十分广泛，其研究内容主要包括：民族教育的现状、存在的问题、解决策略和发展趋势等，涉及学校教育、双语教育、女童教育、学前教育、高等教育和职业教育等多个方面。

（一）学校教育

学校教育是少数民族地区教育发展中最主要的内容，目前少数民族地区学校教育得到了很大发展，但仍存在一些问题。

1. 学校教育的差异性研究

通过已有文献分析发现，不仅不同少数民族地区的学校教育各不相同，而且同一族群内部的学校教育也存在很大的差异性。

哈斯木其尔对内蒙古自治区正蓝旗牧业区吉布呼郎图嘎查进行的田野调查发现，为了提高教学质量，集中高效管理学校，从 20 世纪 90 年代末开始，该地陆续撤销嘎查级别小学；现代化教育已在少数民族地区逐渐形成较稳定的教育模式，主要体现在"双语教育"模式上。在蒙古人的传统教育中最重要的部分是幼儿教育，没进过幼儿园的孩子是没资格上小学的。但是，随着教育现代化的发展，教育也出现了一些问题：从经济角度来看，学生的费用开支很大；就心理方面而言，"三语教育"课程和教学模式对学生心理造成了很大的压力，导致有些学生厌倦甚至放弃学习；同时，他们面临着使用民族语言的挑战。针对以上问题，哈斯木其尔提出多民族国家面临的首要问题是如何处理好文化现代化与多元化的矛盾冲突问题。[①]

---

① 哈斯木其尔. 现代化教育的现状——内蒙古正蓝旗吉布呼郎图嘎查的调查 [J]. 内蒙古医科大学学报，2014（S2）：714-716.

石门坎是西南地区最早接受现代教育的苗族聚居区。罗银新、黄宁宁、周青山针对贵州石门坎地区的教育现状进行了调查研究。[①] 石门坎教育逐步形成了以石门民族学校为中心辐射整个石门乡的学前教育（学前班）和基础教育网络，在发展过程中遇到的瓶颈主要表现在以下三个方面：学前教育没有独立的幼儿园，主要依托小学办学前班完成；石门坎地区存在生源流失问题，优质生源向县城流动、低学业成就生源流向社会，以及进城务工子女随迁入学；学校缺乏现代化的教学设备和师资。

刘华芹、马青凤对两个不同村落的回族学校教育现状进行比较研究，发现同一族群内部的学校教育存在很大的差异性。其中生计模式、族群关系、教育结果、社区资源等因素对村民教育观念和行为产生了重要影响，是影响少数民族学校教育的重要因素。[②]

2. 学校教育的影响因素研究

教育与政治、经济、文化等因素密切相关，学校教育的发展离不开政治、经济、文化的支持。少数民族学校教育作为中国特殊的学校教育形式，与内地学校教育相比，其发展情况更为复杂。近些年来，一些学者针对少数民族学校教育发展问题做了调查研究，探讨了少数民族学校教育的发展状况及其影响因素。其中，经济是影响少数民族地区学校教育发展的最重要因素。

袁同凯以生活于广西贺州地区大桂山脉深处的土瑶族学校教育与其社区经济发展状况为调查对象，探讨了地方经济与学校教育之间的关系，认为"穷根子在教育"。纵观土瑶族学校教育的发展历程，落后的经济模式制约当地经济的发展，由此带来的贫困经济问题影响着学校教育的发展；同时，学校教育的滞后又制约着经济的发展，经济与教育之间相互影响、相互制约。因此，"少

---

① 罗银新，黄宁宁，周青山.贵州石门坎教育的现状、困境与对策探究——基于教育人类学的视角 [J].民族论坛，2014（9）：99-102.

② 刘华芹，马青凤.西部农村回族学校教育的现状及影响因素分析——基于两个村落的比较研究 [J].西北民族大学学报（哲学社会科学版），2013（4）：126-131.

数民族地方经济的着眼点应建立在发展少数民族教育的基础之上。"①

马效义在《回族社区的家庭教育投资理念与学校教育关系研究——山东莘县朝城镇回族社区个案研究》中，分析了家庭经济收入状况和失辍学之间的关系。其分析结果如下：一是家庭收入高，家长觉悟高，不惜一切代价供孩子读书；二是家庭收入较高，不重视孩子教育；三是家庭收入一般，孩子成绩一般，考学有困难；四是家庭条件不好，是否继续上学由孩子成绩决定。马效义认为"人们在教育方面的花费是一种投资行为，而不是消费行为，教育投资是一种长期的投资，并不一定获得即时的回报，而是在未来的社会活动中逐渐显现其内在的价值和意义"，人口素质比人口数量更重要。为此，他提出，首先应更新传统的教育观念，重视家庭教育投资。其次，关注孩子的学习，创造良好的学习氛围。最后，兼顾回族社区特殊的经商文化传统，加强学校、社区和家庭三者的联系。② 总之，经济因素在很大程度上影响着民族地区教育的发展，要想发展民族教育，需要做到以民族社区经济的发展带动民族学校教育的发展。

胡牧君的研究发现，白裤瑶聚居区通过发展基础教育、完善资助体系、开展职业培训等举措，在教育精准扶贫方面取得了较大的成绩，但与周边其他民族相比仍有较大差距，只有从科学布校、建设适宜白裤瑶子弟就读的学校，采取特殊的教育扶贫、职业培训与文化扶贫相结合，制定白裤瑶聚居区教育精准扶贫政策，才能最终实现白裤瑶聚居区的精准脱贫。③

（二）双语教育

"双语教育通常是指使用两种语言进行教学的一种教学方法。在双语教育教学中，语言的使用有几种模式：在某一特定时间或学科中使用某一种语言（如

---

① 袁同凯. 土瑶学校教育与社区经济发展状况调查——文化教育人类学的视角 [J]. 湖南师范大学教育科学学报，2009（4）：15–20.

② 马效义. 回族社区的家庭教育投资理念与学校教育关系研究——山东莘县朝城镇回族社区个案研究 [J]. 湖北民族学院学报（哲学社会科学版），2005（5）：63–67.

③ 胡牧君. 白裤瑶教育精准扶贫现状及对策探析 [J]. 广西民族大学学报（哲学社会科学版），2019（5）：132–137.

每隔一星期或一天），可以同时进行翻译；或者先用一种语言进行讲解，再用另一种语言进行总结。在一些情况下，先用某一种语言进行几年教学后才开始引用第二种语言。"[①] 今天，少数民族地区的双语教育已经不再仅仅是为适应多元文化社会的需求而存在，而是生成多元文化社会的系统设置。[②]

黄桥在《教育人类学视角下新疆南部地区的双语教育》一文中，对新疆南部地区的双语教育现状进行了描述，并提出了解决问题的对策。[③] 努尔巴哈提·吐尔逊和玛力亚·霍加的《探析教育人类学视野下的学校双语教育及其传统文化传承》也对少数民族双语教育问题作了相关论述。[④]

对少数民族双语教育进行实证调查研究的主要有：孙东方的《达斡尔族达汉双语教育现状及分析——对内蒙古呼伦贝尔盟莫力达瓦达斡尔族自治旗的调查分析》；龙藜、巴登尼玛的《试析康巴和安多方言区双语教育面临的挑战——基于四川省丹巴县双语教育的教育人类学考察》；巴战龙的《追寻族群性——裕固族双语教育改革发展根本动力的探索性案例研究》。

孙东方主要针对内蒙古莫力达瓦达斡尔族自治旗进行实地调查，获得了该地区达斡尔族双语及双语教育现状与问题的新近资料。研究发现，由于新近社会文化变迁，其双语教育现状呈现出多样性特点。首先，双语使用情况呈现出区域差异：在双语形成区，人口主体是农民，文化较为传统，达斡尔语水平非常熟练，汉语水平相对较差，双语使用者主要是为数较少的小学教师、学生及个别村干部。在双语发展区，达汉双语相对于双语形成区已有了较大发展，该区人口结构复杂，不同年龄、不同职业、不同文化层次的人使用达汉两种语言的多少和熟练程度、准确程度是不同的。在双语成熟区，已与汉族形成了较大范围的达、汉杂居格局，汉语使用范围十分广泛，达斡尔族居民的汉语修养普

① 〔美〕J·U·奥格布. 教育人类学 [M]. 石中英，译. 重庆：西南师范大学出版社，2011：7.

② 巴战龙. 追寻族群性——裕固族双语教育改革发展根本动力的探索性案例研究 [J]. 青海民族研究，2019（1）：62–70.

③ 黄桥. 教育人类学视角下新疆南部地区的双语教育 [J]. 边疆经济与文化，2012（1）：79–80.

④ 努尔巴哈提·吐尔逊，玛力亚·霍加. 探析教育人类学视野下的学校双语及其传统文化传承 [J]. 教育教学论坛，2014（46）：114–116.

遍较高，能够熟练地使用达汉两种语言。在双语衰弱区，达语的使用范围十分狭窄，逐渐演变为单一的语言，即汉语。其次，不同年龄层次间存在差异，年轻一代比老一代的双语使用更加熟练。再次，不同水平教育者间也存在差异，文盲在日常生活中以达语为主，达语熟练，汉语较差；小学、初中程度的达斡尔族人能够比较熟练地使用达汉两种语言，且使用频率相差不大，但他们的汉语发音通常不太标准；高中文化程度的达斡尔族人均能熟练地使用达汉双语，通常汉语的熟练程度高于达语。[①]该研究对内蒙古达斡尔族达汉双语教育现状作了详细论述，清晰地展示了该地区人民在双语使用上的差异。

孙东方还做了一项阿尔哈浅村小学和尼尔基民族实验小学学生对教学用语的期望调查，调查显示，学生语言能力不同，对教学用语的期望也不同，提出对达斡尔地区的学校教学语言使用问题应根据达斡尔地区双语发展的不同情况区别对待，同时采取对策解决达斡尔语作为母语所面临的生存危机。[②]

龙藜、巴登尼玛在《试析康巴和安多方言区双语教育面临的挑战——基于四川省丹巴县双语教育的教育人类学考察》中，分析了四川省丹巴县双语教育的现状，并对康巴和安多藏区双语教育作了思考。研究发现，藏区双语教育有三类模式：第一类模式是以藏语文授课为主加授单科汉语文的模式，即藏语文教育，这一模式比较适合卫藏方言区的学校采用；第二类模式是以汉语文授课为主单科加授藏语文的模式，即汉语文教育，这是丹巴县主要采用的模式；第三类模式是一种与内地中小学教学模式相同的双语教育模式，即英语文教育（普通模式）。

通过分析丹巴县双语教育现状，龙藜等人认为，目前康巴和安多藏区双语教育主要存在三方面问题。一是学生学习压力大，学业成就低。二是学生可能产生认知困难问题，原因是藏族学生很难同时接纳由三种语言系统编写的三种教材的知识结构，从而出现不适应、不喜欢、不愿意学学校课程等现象。三是

① 孙东方. 达斡尔族达汉双语教育现状及分析——对内蒙古呼伦贝尔盟莫力达瓦达斡尔族自治旗的调查分析 [J]. 中南民族大学学报（人文社会科学版），2007（5）：35-39.
② 同①.

学生可能产生认识混乱的问题。德·索绪尔（De Saussure）指出，"语言是一种表达观念的符号系统"，学生要学习三种新的语言就意味着他们要接受除本地方言以外的三种符号系统。对于身心正处于发展阶段的孩子来说，如果得不到成年人的及时正确指导，容易形成混乱的价值观，最后成为游离于各种文化的边缘人。为此，龙藜等人提出，该地区的双语教育需要注意以下几点：首先，双语教育的实施应充分考虑当地的社情民愿；第二，双语教育应明确其阶段性教学目标；第三，加强学校与社区的联系，发挥家庭社区的文化传承功能。此外，应妥善处理藏族方言区的语言与拉萨话的关系问题。[①]

巴战龙在甘肃省裕固族聚居区进行了跨越 21 年（实际调查时长约为 3 年）的田野调查，就双语教育改革发展的根本动力问题作了探索性案例研究的尝试，提出在流动频繁、族群与文化不断离散与聚合的今天，少数民族双语教育究竟如何不断改革发展，才能既保证其本身的良性运行，又能为多元文化社会的良性运行提供现实基础，更多地取决于少数民族群体如何在经济政治与社会文化变迁频仍的背景中不断重构其族群性。[②]

纵观以上研究，目前以教育人类学视角研究双语教育的论文并不多。从研究内容上看，研究较为零散，针对双语教育问题提出的解决对策太过宏大，缺乏实际可操作的具体建议。从研究方法上看，研究多以一般性的事实归纳、基本情况论述和现象描述为主，缺乏实证研究和深层次的理论分析。

（三）女童教育

少数民族女童教育研究主要集中在女童教育现状调查研究，以及女童教育观分析两个方面，其研究对象主要涉及傣族、瑶族、彝族、东乡族等少数民族。

1. 女童教育现状调查

一般而言，少数民族女童受教育程度普遍偏低，女性受教育水平低于男性。

---

① 龙藜，巴登尼玛. 试析康巴和安多方言区双语教育面临的挑战——基于四川省丹巴县双语教育的教育人类学考察 [J]. 西藏研究，2010（2）：113-120.
② 巴战龙. 追寻族群性——裕固族双语教育改革发展根本动力的探索性案例研究 [J]. 青海民族研究，2019（1）：62-70.

从现有研究来看，造成少数民族女童受教育水平低的原因主要有三个方面：一是受传统文化影响，"男尊女卑"的观念根深蒂固；二是少数民族地区经济落后，民族教育水平总体低下；三是民族学校教育与当地基本情况脱节，远离生产和生活实际。

吕晓娟、王嘉毅运用教育人类学的田野工作法，进入东乡族学校、家庭和社区三个场域，对东乡族女童的成长历程和生存境遇进行了主位呈现和客位分析，探究东乡族女童辍学、失学的根本原因。从某种意义上讲，东乡族女童教育不平等现象是中华民族传统文化与东乡族文化相结合的产物。父系社会男尊女卑、女子无才便是德的性别歧视观念，以及在当地自然环境与经济发展状况影响下形成的特殊民族文化对女童教育产生了深远影响。同时，也是世俗与宗教（伊斯兰教）相冲突，教学内容与当地生活实际相脱节的产物。①

玉时阶、胡牧君研究发现，当前瑶族女性受教育程度整体偏低，瑶族女性受教育程度不仅低于瑶族男性，而且也低于全国女性平均水平以及周边少数民族女性。传统"男主外，女主内"的性别文化使得瑶族女性的家庭和社会地位不如男性重要，这是瑶族女性受教育程度偏低的精神桎梏。"现行的应试教育制度是瑶族女性厌学、失学的重要原因。"目前，我国瑶族地区基本采用的是城市教育模式和应试教育模式，其教育宗旨、教育导向、教学语言、教学内容以及教学方式都以城市学生的学习水平和学习能力为依据，盲目追求升学率，忽视对瑶族基本生活、生产技能等方面的培训及个体的社会化过程，这种教育模式造成的结果是大量的瑶族学生初中毕业后不仅升学无望，而且缺乏工作技能，进而形成一种"读书无用论"现象。从经济学角度看，女性教育投资收益的不确定性影响了家庭对女性教育的支持：首先，"收益主体不确定，女性受教育后的收益可能主要由夫家获得"。其次，"收益的获得具有不确定性，即女性受教育后不一定能够获得预期的回报"。②以上种种原因造成了瑶族女性受教育程度

---

① 吕晓娟，王嘉毅. 失落的声音——东乡族女童成长历程的教育人类学考察 [J]. 西北民族研究，2009（1）：192-199，182.

② 玉时阶，胡牧君. 瑶族女性受教育程度的教育人类学分析 [J]. 贵州民族研究，2010（3）：170-175.

普遍偏低。

针对瑶族女性受教育程度偏低的问题，玉时阶等提出，要把瑶族女性教育发展问题作为一项系统的社会工程加以解决，综合考虑家庭、学校、社会环境的整体优化。加强依法治教，保障瑶族女性的受教育权利；提高瑶族地区的社会经济水平，为女性教育发展提供基础性条件；对瑶族女性这一弱势群体的教育发展采取倾斜政策与补偿措施；深入推进教育改革，提高瑶族女性受教育水平；加强对瑶族女性干部的培养使用，提高瑶族女性的社会地位。[①]

从传统意义上看，少数民族女性一直处于弱势地位，其教育程度普遍低于男性。但欧群慧、潘翔在《文化人类学视角下的傣族女童教育——以孟波镇中学为例》中得出一个相反的结论，即相对于男童来说，孟波镇中学的女童是学校场域中的强势群体。调查发现，孟波镇中学女童入学率高于男童入学率，女童成绩好于男童成绩，老师对女童寄予了更高的期待，女童在课堂上与教师的互动更多等，是造成女童教育程度高的文化成因。[②]

欧群慧等人的研究发现，这种现象的出现不仅仅是一个性别教育的范畴，更是一个文化研究的范畴。孟波镇中学的女童在学校场域的表现与她们所处的文化环境有很大关系。首先，傣族传统文化对傣族女童的受教育状况产生了较大影响。傣族女童在学校中的地位与傣族女性在社会中的地位密切相关，受傣族婚姻制度等传统文化的影响，妇女在婚姻、经济生活中有相对较高的社会地位，因此女童也有相对较高的社会地位。其次，佛教文化对傣族女童教育产生了影响。傣族社会全民信仰小乘佛教，而在佛教教义中充满了对女性的歧视，在这种叠加式的历史文化背景——亦受尊重亦受歧视的双重文化背景下，傣族女童在文化心理层次上形成了既开朗自尊又注重礼仪教养的性格。在课堂上傣族女童的开朗、热情、听话，受到老师的喜爱与器重。再次，以汉族教师为代表的汉族文化对傣族女童产生了影响。邱开金的调查表明：从性别上，老师认

---

① 玉时阶，胡牧君.瑶族女性受教育程度的教育人类学分析 [J].贵州民族研究，2010（3）：170-175.
② 欧群慧，潘翔.文化人类学视角下的傣族女童教育——以孟波镇中学为例 [J].广西师范大学学报（哲学社会科学版），2009（4）：64-68.

为男童优于女童的占 2.8%，认为女童优于男童的占 74.4%。傣族女童在学校场域中受到老师们的重视，一方面与前面所探讨的几种原因有关系，在一定程度上也可以说与傣族男童在学校教育中的不积极表现有关，导致老师们迫不得已把关注的重点和焦点迁移到女童身上。[①]

欧群慧等人对于傣族女童教育的调查研究，提供了一个女童在学校场域中处于强势地位的案例，为性别平等教育提供了一个极好的例证。其所探讨的问题并非仅仅是性别范畴的问题，还与该族信教传统相关，反映了教育与文化之间的密切相关性，以及传统民族文化传承与现代国民学校教育之间的内在张力。它提醒我们，应注意加强对于学校教育背后的文化分析。

2. 女童教育观

教育观是人们对教育者、教育对象、教育内容、教育方法等教育要素的认识和看法。这里说的女童教育观主要是指少数民族人民对民族地区女童接受教育的观念和看法。少数民族地区人们的女童教育观在一定程度上影响了少数民族地区女童的受教育水平。杨军提出要以教育人类学方法来研究女童教育问题。[②]

在《民族村寨家长的女童教育观分析——基于凉山彝族 L 乡的调查》一文中，丁月牙通过对四川凉山彝族 L 乡的田野调查发现，彝族家长的女童教育观具有复杂性，其女童教育观是教育观和女性观的交织结合。女童教育观不完全等同于女性观，但其女性观对教育观产生了深刻影响。在彝族的传统文化中存在着对"男性优先的性别排序标准和对女性的习惯性排斥和限制"，[③]这种传统的女性观根深蒂固，减少了女童受教育机会。因此，"在 L 乡彝族家长的教育观中，既有本土化的基调，也有城市化的晕染；既保留有对教育实用性功能的肯定，又表达了对发展性功能的认可"，显示出一种"工具性和人本性认识的交

① 欧群慧，潘翔.文化人类学视角下的傣族女童教育——以孟波镇中学为例 [J].广西师范大学学报（哲学社会科学版），2009（4）：64-68.
② 杨军.用教育人类学方法研究广西龙胜红瑶女童教育 [J].辽宁行政学院学报，2008（6）：170-171.
③ 刘明新，马吟秋.凉山彝族女性教育管窥 [J].民族教育研究，2006（6）：81.

互、实用性和发展性价值取向的交织及传统性和现代性的糅杂"，[①] 进而提出了理解彝族女童教育观的另一种框架。首先，在村寨的现实环境下，女童教育观的发展及其影响教育实践的逻辑路径呈现出继承的、从众的和可塑的特点；其次，以自主发展权为核心的现代女性观对于女童教育机会获得的作用力在村寨的现实生活中得到了凸显。为了更直观地呈现 L 乡家长的女童教育观，丁月牙建构了 L 乡女童教育观的解释模型（图4-3）。

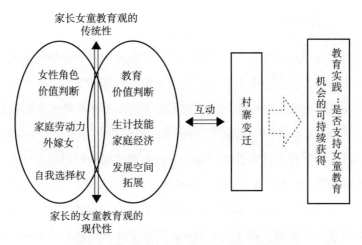

图4-3 L 乡家长的女童教育观的解释模型

通过对 L 乡 17 位家长个体的女童教育观的解构与再建构，发现家长的女童教育观不是静态的、单一的，而是动态的、复杂的，并且"从女童教育观到教育实践的逻辑路径也不是直线型的，而是糅杂于变迁中的村寨内外环境及个体的认识差异之中"；传统研究常用"重男轻女"或者"贫困"等单一因素来线性解释女童教育问题，显得过于简单化和表面化。[②]

涉及少数民族女童教育研究的还包括一些书评，主要有陆俊勇的《少数民族女童教育研究之力作——评〈多元文化社会的女童教育：中国少数民族女童

① 丁月牙. 民族村寨家长的女童教育观分析——基于凉山彝族 L 乡的调查 [J]. 民族教育研究，2014（5）：67–73.
② 同①.

教育导论〉》（2011），程方平的《教育人类学研究应该这样深入——读杨红〈拉祜族女童的教育选择：一项教育人类学的回访与再研究〉一书有感》（2014），等等。

综上所述，少数民族女性教育问题和女童教育问题非常复杂，不仅仅是教育问题，更是与当地的文化背景、经济发展状况、宗教因素、政治状况等紧密相连。因此，研究和解决少数民族女性教育问题是一个长期而艰巨的过程。

（四）学前教育

学前教育关系到亿万儿童的健康成长，关系到国家和民族的未来。学前教育是我国基础教育的重要组成部分，促进少数民族地区学前教育的发展是我国教育事业发展的一项重要任务。由于地理环境的限制和经济水平的落后，少数民族地区的学前教育水平远远落后于经济发达地区。

以教育人类学视角对少数民族地区学前教育状况进行的调查研究，主要有李静、杨亮英的《民族村落学前教育变迁的态势与内在逻辑——基于云南白族 S 村的人类学考察》、于洁的《西部农村学前教育现状与远程培训的思考——以甘肃某县的调查研究为例》和巴战龙的《人口较少民族地区学前教育发展的教育人类学研究——以甘肃省肃南裕固族自治县为例》，三篇文章分别从不同角度展现了我国少数民族地区学前教育的现状。

李静、杨亮英在《民族村落学前教育变迁的态势与内在逻辑——基于云南白族 S 村的人类学考察》中描述了 S 村学前教育的变迁情况：S 村学前教育大致经历了私塾（1949 年以前）、现代幼儿园的形成（1994—2005 年）和现代幼儿园的发展（2006 年至今）三个过程。研究发现，该民族村落学前教育变迁形成了三种态势：内在嵌入型（乡土社会的学前教育）、外驱型悬浮（国家主义的学前教育）和外驱型嵌入（多元主义的学前教育）。在对 S 村学前教育变迁历程和发展态势分析的基础上，杨亮英提出了学前教育变迁的内在逻辑，即以村落社会需求为导向，以文化互动为动因，以民间力量为依托。通过对民族村落学前教育变迁的考察和研究，呈现当地学前教育发展的现实情况，可以帮助政府在民族村落学前教育发展中更加科学、合理地制定相关政策。①

于洁的《西部农村学前教育现状与远程培训的思考——以甘肃某县的调查研究为例》，采用田野调查方法，对甘肃省某县的 40 所小学进行了实地调研。研究发现，自《国家中长期教育改革和发展规划纲要（2010—2020 年）》实施以来，当地学前教育入园率、学校硬件环境、各级教师培训、政府财政支持等均有所改善，但也存在教学点学前班的教育资源不足、教育软件资源空置、远程教育培训缺乏等问题。②

肃南裕固族自治县是西部少数民族地区基础教育发展较快的县域之一，其学前教育在人口较少民族地区学前教育中代表着基础较好、发展较快的县域类型。巴战龙在《人口较少民族地区学前教育发展的教育人类学研究——以甘肃省肃南裕固族自治县为例》一文中，将肃南裕固族自治县的学前教育发展历程分为畸形发展的学前教育（1958—1961 年）、稳步发展的学前教育（1980—2008 年）、普及免费的学前教育（2009 年至今）三个阶段，认为该县的学前教育发展与国家、省市相关政策的颁布和调整密切相关。从"教育与分殊文化"关系探究的视角出发，结合田野资料，对肃南裕固族自治县学前教育发展面临的挑战及可能的应对措施加以分析和讨论，旨在促进民族文化课程改革和教师专业成长。③

石林红在《彝族俐侏人家庭教育及其现代学前教育启示》一文中，从生活常识、生活技能和宗教传承三方面揭示了俐侏人的家庭教育现状以及俐侏人家庭教育的积极意义，为少数民族地区的幼儿家庭教育提供理论借鉴。④

从以上研究来看，我国少数民族地区学前教育较之前有了很大发展，但也

---

① 李静，杨亮英.民族村落学前教育变迁的态势与内在逻辑——基于云南白族 S 村的人类学考察 [J]. 湖南师范大学教育科学学报，2015（3）：84-88，103.

② 于洁.西部农村学前教育现状与远程培训的思考——以甘肃某县的调查研究为例 [J]. 中国远程教育，2015（4）：68-73，80.

③ 巴战龙.人口较少民族地区学前教育发展的教育人类学研究——以甘肃省肃南裕固族自治县为例 [J]. 当代教育与文化，2012（6）：18-23.

④ 石林红.彝族俐侏人家庭教育及其现代学前教育启示 [J].临沧师范高等专科学校学报，2013（2）：51-54.

不可避免地存在许多问题。由于历史和现实原因，在少数民族地区发展学前教育困难重重。但是，作为基础教育的重要组成部分，推动少数民族地区学前教育发展是不可逃避的一项重要任务。

（五）高等教育

自中华人民共和国成立以来，我国少数民族高等教育取得了初步进展，民族高等教育学科专业设置日趋丰富，学科体系逐渐成形。从中华人民共和国成立初期到现在，民族高等教育在经历了干部培训、单一文科、文理兼备到多学科综合办学等发展阶段后，目前共设有文、理、农、工、医、师、财经、政法、体育、艺术等本专科专业 100 余种。[①]肖雪在《对我国西部少数民族高等教育发展的认识》一文中，对我国西部少数民族高等教育取得的成就和发展过程中存在的问题作了详细论述，并对其发展提出了建议。[②]

西部少数民族高等学校规模越来越大，高等教育类型越来越多，层次结构也越来越高，西部少数民族高等教育较以往有了长足发展，但其发展仍相对滞后，具体表现在三个方面：第一，西部少数民族高等教育发展思路与社会发展之间存在矛盾，即培养目标局限大、学校规模小，教学方式生搬硬套，不重视非学历教育、远程教育和成人教育的建设等。第二，西部少数民族高等教育办学条件与高校自身发展和学生求学之间存在矛盾；西部民族院校的专业设置与民族地区的经济发展和学生的求学要求之间存在矛盾。长期以来，西部民族地区高等教育的资金投入远远低于全国平均水平；西部民族院校的教学内容和课程体系虽几经改革，但内容陈旧、结构不合理、人才培养模式落后的状况依然存在。第三，西部民族院校的并轨、扩招、降分与民族地区经济能力、学校发展之间存在矛盾。高等教育变为有偿教育，实行缴费上学，是国家在高等教育领域的一项重大改革；西部民族院校的大规模扩招使民族院校的学生长期处于

---

① 谌蓉.民族高等教育发展与西部开发 [J].贵州民族研究，2006（6）：134-138.

② 肖雪.对我国西部少数民族高等教育发展的认识 [J].西昌学院学报（人文社会科学版），2005（2）：111-114.

"低进、低出"的恶性循环状态。为了解决这些矛盾，肖雪提出，西部院校要更新办学观念，转变教育经费筹措的观念，调整民族院校学科专业设置，努力在传承民族传统文化和实现现代化之间找到平衡点。[①]

申大魁从教育人类学视角出发，分别从自然生态环境、社会生态环境、文化生态环境三个方面探讨了我国少数民族高等教育与生态环境之间的关系。在自然生态环境方面，教育既建立在自然生态环境之上，又在当地自然环境中创造、保持和传承文化。在社会生态环境方面，影响高等教育发展的社会生态环境主要有民族环境、政治环境、经济环境，对于民族教育的研究要综合考虑各种环境。在文化生态环境方面，每个少数民族都有自己的文化传统和文化体系，研究民族高等教育离不开对民族文化的研究。总体来说，少数民族高等教育的发展与生态环境紧密相关，研究少数民族高等教育的生态环境，有利于实现少数民族高等教育的现代化。[②]

总之，少数民族地区高等教育的发展与政治、经济、文化、生态等息息相关，是多种因素共同作用的结果，少数民族高等教育的发展必须综合考虑多种因素。

（六）职业教育

《国家中长期教育改革和发展规划纲要（2010—2020年）》明确规定，要大力发展民族地区职业教育，加大对民族地区中等职业教育的支持力度。从文献资料来看，我国学者对于民族职业教育的研究还很少涉及，对于少数民族地区职业教育进行论述的内容不多。

还格吉对四川藏区"9+3"职业教育内地办学的相关问题进行了思考，认为藏区职业教育内地办学要注意以下四个方面：第一，借鉴藏族传统教育的积极理念；第二，教育目标突显"以学生为本"；第三，注重民族文化的力量；第

---

① 肖雪. 对我国西部少数民族高等教育发展的认识 [J]. 西昌学院学报（人文社会科学版），2005（2）：111-114.

② 申大魁. 我国少数民族高等教育生态环境研究——教育人类学视角 [J]. 贵州民族研究，2013（2）：174-177.

四，多元文化整合教育应成为未来教育的发展方向。[①]

民族职业教育的发展对于带动少数民族地区发展具有重要意义。为此，应加强对民族职业教育的研究，为民族职业教育提供理论基础和发展方向，以促进民族繁荣与进步。

三、民族文化与民族教育

文化是一个国家和民族的灵魂，保护和发展民族文化是教育的一项重要任务。我国是由 56 个民族组成的多民族国家，每个民族都有自己独特的文化，每个民族的文化都是人类智慧的结晶。进入 20 世纪以来，我国少数民族地区的教育事业与文化事业都得到一定发展，如何处理好民族文化与教育之间的关系，是许多学者重点关注的问题。这一部分内容主要涉及民族文化适应、文化传承、文化变迁、文化选择四个方面。

（一）学校教育和少数民族学生的文化适应问题

当少数民族传统文化与内地文化产生矛盾冲突时，会出现文化适应问题，解决文化适应问题是促进民族教育发展的重要途径。关于少数民族文化适应问题的研究主要涉及现代学校教育的文化适应和少数民族学生的文化适应两个方面，其中，对民族地区学生文化适应的研究，其研究对象涉及不同年龄阶段的学生。

1. 学校教育的文化适应

关于现代学校教育的文化适应，贾荣敏和张志方对青海高原藏族游牧区学校实施的"普适化"教育模式与藏族游牧文化的文化适应性进行了分析，以教育人类学视野研究游牧区藏族学校教育对文化的选择，将游牧区的学校教育置于整个游牧社会文化背景中去考察，从文化主位审视游牧区现代学校教育的社

---

① 还格吉. 四川藏区 "9+3" 职业教育内地办学的思考 [J]. 中国藏学，2016（3）：235-237.

会和文化适应性问题。① 游牧区藏族学校的教学模式基本套用了内地学校的"应试教育"模式。因其自然环境、教育相对落后等客观原因，使得升入大学的学生只有极少数，大部分学生在毕业后仍然回到家中放牧。在课程设置方面，游牧区中小学以原国家教委规定的义务教育课程计划为依据，酌情增减某些学科，基本上套用了内地普通中小学的课程结构和科目设置。同时，该区移植了相应的课程管理体制，一些主要科目的内容结构都有明显的模仿成分。除藏文、汉文课本外，该区其余课本均使用全国统编教材。贾荣敏等指出，该区课程内容设置主要是以内地汉文化为背景，教材中列举的许多事例是藏族学生所未见过的，严重脱离了藏族学生的认知经验。内地模式下的藏族牧区学校教育缺少本民族特色文化，脱离学生的生活实际，导致学校教育水平低下，学生学业成绩低、辍学率高等现象。为此，应该建立多元化课程体系，开发地方课程、校本课程，使教材内容民族化、本土化。

2. 少数民族学生的文化适应

由于少数民族文化与汉族文化的差异，在少数民族学校教育适应内地学校教育模式的同时，少数民族学生产生了文化的不适应。语言、价值观、风俗习惯、饮食等差异使得少数民族学生在接受教育的过程中面临着许多困难，影响了学生的价值取向和自我发展。张霜在《少数民族学校教育中的多元文化与课程——贵州威宁石门坎百年苗族教育人类学考察》一文中指出，解决学生文化适应问题才是解决民族学校教育的关键所在。②

目前，不同学者针对少数民族地区不同年龄段的学生文化适应问题进行了相关研究。李怀宇、钱春富对云南省综合、理工、民族、师范、医学等五类院校的在校本科少数民族大学生（不包括专科生和研究生）进行了问卷调查，调查对象涉及 26 个少数民族。通过对不同民族、性别、生源地、学校、专业、年级的差异分析，探讨了不同背景下少数民族大学生在文化适应方面的不同，以

---

① 贾荣敏，张志方.青海高原藏族游牧区现代学校教育的文化适应性分析 [J].青海民族研究，2009（4）：37–40.

② 张霜.少数民族学校教育中的多元文化与课程——贵州威宁石门坎百年苗族教育人类学考察 [J].贵州民族研究，2010（3）：160–164.

及影响其文化适应能力的因素。研究结论如下：第一，影响民族大学生文化适应能力的因素在程度上依次为"学校—生源地—专业—性别—年级—民族"，其中学校和生源地对民族大学生文化适应能力影响最大，专业、性别、年级有一定程度影响，民族是影响最弱的因素；第二，少数民族大学生的文化适应能力没有呈现出随年级增加而随之提高的趋势；第三，民族院校大学生的文化适应能力普遍低于其他高校的大学生；第四，少数民族大学生文化适应能力与学校生活满意度呈正相关，即学生的文化适应能力越强，学生的人际关系和学业成绩越好，对学校的满意度和对校园生活的满意度也就越高。①

根据何志华等对成都某高校彝族在校大学生的文化适应状况进行的调查显示，高校应在教育管理过程中引导彝族学生应对文化适应障碍，提出可操作性的策略，从而使少数民族学生群体解决文化适应问题，提高学业成就，成为民族文化的有力传播者和民族区域发展的合格建设者。②

李玉琴对就读于成都市小学的藏族儿童在内地学校教育中的文化适应进行了初步研究。在内地就读的少数民族学生面临多方面的问题和挑战。由地理环境差异带来的生活适应问题，由身份认同带来的焦虑和危机，学习压力大和成绩不佳，以及心理适应的困难等问题，都不同程度地影响了学生的身心发展状况和文化适应情况。影响藏族儿童在内地文化适应性的因素可以分为内部因素和外部因素，外部因素主要包括家庭和社区的支持因素、学校的支持因素、时间因素、文化距离，其相互关系如图4-4所示。

通过分析藏族儿童跨文化适应的影响因素，李玉琴提出了促进在内地求学的藏族儿童文化适应的教育策略：创设多元文化的学校情境，增强学校的文化包容力和文化整合功能；结合藏族儿童的认知特点开展教学，切实提高其文化素质；倡导多元评价，发挥教育评价的激励作用；完善学校的心理服务功能，有针对性地开展各种培训，增强孩子的适应能力；转变教育观念，科学理解素

① 李怀宇，钱春富.少数民族大学生文化适应能力研究——基于云南省五所高校问卷调查的实证分析 [J].湖南师范大学教育科学学报，2010（3）：22-27.
② 何志华，叶宏.教育人类学视阈下的少数民族大学生文化适应——以成都某高校彝族学生为例 [J].学术探索，2012（5）：178-181.

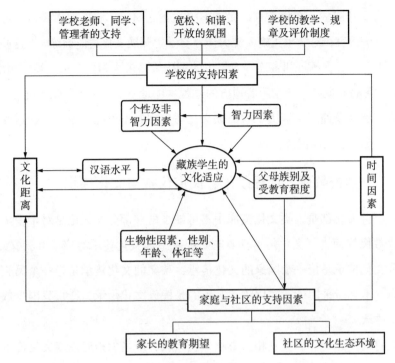

图 4-4　藏族儿童跨文化适应影响因素的框架分析图

质教育的意义等。[①]

　　李辉、胡金连等人在分析少数民族小学生学校适应性低于汉族小学生时，提出学校教育是少数民族学生文化适应的一个重要阶段，而文化适应问题是导致少数民族小学生学校适应性低于汉族小学生的一个重要原因。由于文化差异带来的文化价值和行为规范的不同，使少数民族学生出现文化适应困难和学校适应性差等问题。为了提高少数民族小学生的学校适应性，解决少数民族小学生在适应学校文化中面临的实际问题，开展多元文化整合教育是必要的。[②]

　　在如何解决少数民族文化适应问题方面，张广裕提出，提升藏族学生文化

① 李玉琴. 藏族儿童在内地学校教育中的文化适应状况及教育对策——以成都市为例 [J]. 四川民族学院学报，2012（5）：83-87.
② 李辉，胡金连，方晓义，蔺秀云. 少数民族小学生学校适应性状况的分析——以云南为例 [J]. 云南电大学报，2009（3）：21-24.

适应能力要开展多元文化教育，促进不同文化之间的了解；加强汉语学习的同时重视母语教育；对学生实施人文关怀；对学生开展文化适应训练。[①] 这些解决策略与李玉琴、李辉、胡金连等人提出的解决策略极为相似。从人类学角度看，跨文化学习过程既是一个学习者适应的过程，也是一个"文化"化的过程。[②] 文化适应问题涉及面广，解决少数民族文化适应问题不可能一蹴而就，需要多方面的相互配合，共同促进。

（二）学校教育、课程改革、民俗仪式与文化传承

每一种文化都是人类文化宝库中不可缺少的一部分，无论是对于中华民族还是少数民族而言，文化传承都具有重要意义。文化传承有广义和狭义之分，广义的文化传承是指一个国家的文化传承，狭义的文化传承是指一个民族的文化传承，本文所采用的"文化传承"指的是民族文化传承，特指我国少数民族的文化传承。

教育与文化相伴而生且相互影响，民族教育应当承担起民族文化传承的重任。教育作为人类文化传承的重要途径，在民族文化传承过程中起着重要作用，而民族文化传承的教育路径主要有三个：家庭教育、学校教育和社区教育。[③]

1. 学校教育与文化传承

学校教育在民族文化传承过程中起着重要作用。阿拉塔提出，蒙古民族教育是蒙古民族社会文化传承的方式；蒙古民族学校教育是蒙古民族文化传承的主要渠道；蒙古家庭教育、蒙古社会教育等也是重要渠道。[④] 这就说明，民族文化传承需要依靠教育，尤其是学校教育。

① 张广裕. 中国藏区教育文化适应研究 [J]. 贵州民族研究，2013（2）：182-185.

② 李玉琴. 藏族儿童在内地学校教育中的文化适应状况及教育对策——以成都市为例 [J]. 四川民族学院学报，2012（5）：83-87.

③ 谢红雨，肖荷. 文化教育人类学视野下民族文化传承的教育路径研究 [J]. 民族高等教育研究，2017（1）：23-31.

④ 阿拉塔. 民族文化在民族学校的传承研究——以内蒙古阿拉善地区小学为例 [J]. 赤峰学院学报（汉文哲学社会科学版），2016（8）：232-233.

张飞、曹能秀对云南省寻甸回族、彝族自治县六哨乡学校教育中少数民族文化传承现状、存在问题等的调查研究发现，目前该地学校教育中民族文化传承存在的问题有四个方面：一是缺少制度保障，造成先前已制订好的民族文化活动计划无法开展；二是教育经费投入不足，使得围绕民族文化传承开展的各项活动只能从简；三是师资力量薄弱，导致民族文化传承在学校教育中无法深入开展；四是主流文化的强烈冲击，使得民族文化传承在学校教育中步步维艰。这也是少数民族地区在文化传承与学校教育发展上普遍存在的困难和问题。[①]

满都玛以甘肃省肃北蒙古族自治县为例，研究了该地区在城镇化趋势中面临的传统文化传承困境。他认为，现代学校教育嵌入该地后还未发挥出传统文化传承的功能，使当地人面临着生产生活知识传承、语言文字传承、人生礼仪习俗文化传承、宗教信仰文化传承等诸多现实困境。[②]这是少数民族传统文化传承存在困境的主要原因。

2. 课程改革与文化传承

为了更好地在学校教育中传承民族文化，应充分挖掘民族文化的教育资源，开发校本课程，形成以学校教育为中心，家庭教育、社区教育共同支持的文化传承体系，以多种形式保护和传承民族文化。

（1）民族文化融入基础教育课程体系

自 2001 年我国实行新课程改革之后，许多少数民族地区开始了民族文化融入国家基础教育课程体系的改革。国内学者开始对民族文化融入国家基础教育课程体系问题进行研究，以促进民族文化和民族学校教育的发展。有关研究主要包括：巴战龙的《裕固族文化融入国家基础教育课程体系问题的调查研究》和郑丽洁的《赫哲族文化融入国家基础教育课程体系问题的调查研究》，两位学者以实地调查的方法分别针对裕固族和赫哲的民族文化融入国家基础教育课程体系的现状、问题进行了相关论述，并提出了一些意见和建议。

---

① 张飞，曹能秀.学校教育中的少数民族文化传承研究——以云南省寻甸回族、彝族自治县六哨乡为例 [J].云南农业大学学报（社会科学版），2008（1）：61-64.
② 满都玛.浅论肃北蒙古族传统文化传承与学校教育策略 [J].内蒙古教育（职教版），2016（7）：16-17.

巴战龙描述了裕固族文化融入国家基础教育课程体系的历程与现状，分析了裕固族文化在融入国家基础教育课程体系中存在的问题，其探索性实践主要集中在裕固语教学试验和与民族文化传承有关的校本课程开发上。比如，学校教育中"惟分数主义"的导向明显；地方政府和教育部门对学校工作的管理和评价简单化、数量化倾向明显；民族文化融入学校课程事宜未得到明确的政策支持；民族文化融入学校课程的校际差异明显等。针对这些问题，巴战龙提出了可能的对策，即转换视角，从整体观出发观察、分析和解决问题；加强交流，借鉴国内外相关课程改革经验；制定政策，明确政府职责并建构课程改革的社会支持体系；均衡发展，全面推进课程改革等。[①]

郑丽洁以街津口赫哲族乡中心学校民族文化校本课程开发与实施过程为个案，采用文献研究与实地调查方法，对赫哲族民族文化融入国家基础教育课程体系的历程、现状进行了描述。赫哲族文化融入国家基础教育课程体系存在的问题主要体现在两个方面。一是从学科教学和课程内容层面看，校本课程开发有待进一步发展：课程设置水平有待提高，课程内容与当地自然生态、人文社会环境逐渐脱离。二是从教育生态层面看，学校校本课程作为民族文化传承的载体具有局限性：原有的民族文化社会教育部分让渡给了学校，使传承途径单一化；缺少真实生活环境，语言课程只是课程；乡中心学校逐渐萎缩，学生分流严重。

针对以上问题，郑丽洁分别从课程、教师、评价系统等几方面提出具体建议。第一，重视采纳学校内部意见和建议：进一步改善办学条件，尤其是软实力（即提高课程水平），正确对待少数民族学生，积极发挥本民族名人作用，专家引领，增加发展性评价；第二，增强文化氛围：加强班级和学校中的赫哲族民族文化建设，增强教师的民族文化素养和文化认同感；第三，从制度、政策层面予以支持：对学校开展民族文化课程给予合适的评价和激励；对学校提供额外的公共服务配比和额外的公共资源投入；增强同类学校间的相互交流，积

---

① 巴战龙. 裕固族文化融入国家基础教育课程体系问题的调查研究 [J]. 湖南师范大学教育科学学报，2010（2）：6-12.

极开展对外交流。针对民族文化的传承与教育问题，提出了"在社区和社会层面让自下而上产生的社会动力与自上而下的政策倡导相结合，同时兼顾自然与人文社会环境变迁"的民族文化教育与传承发展策略，以促进文化传承和社会发展。[①]

（2）多元文化与课程开发

张霜通过对贵州省威宁县石门坎苗族百年教育起伏的考察，用人类学理论分析少数民族学校教育中文化与课程的关系，以此来探讨学校文化与课程对少数民族学生学业成就的影响。石门坎学校在课程与教学上与汉族学校使用统一教材和相同的教学方式；家庭语言与学校教学语言存在差异，认知习惯与认知差距使学生学业成绩不佳；学校课程远离学生实际生活，学校传播的知识是主流文化的体现，主流汉文化知识与少数民族学生的生活相去甚远。"目前的多元文化课程和地方课程并不能从根本上解决少数民族学校教育的文化问题，也不是解决问题的最佳方式，解决学生文化适应问题才是解决民族学校教育关键所在。"[②]

（3）校本课程开发

"校本课程开发"（School based Curriculum Development，简称SBCD）思想源于20世纪60、70年代的西方发达国家，主要是针对国家课程开发的弊端，要求以学校为基地进行课程开发，实现课程决策的民主化。[③]民族学校的校本课程开发研究主要包括如下内容。

海路、李芳兰在《京族学校校本课程开发的影响因素分析》一文中指出，京族是我国人口较少民族之一。2002年以来，广西东兴市京族学校开设了"京族乡土教材""越南语听说"等校本课程。京族学校的校本课程开发主要受政策

---

① 郑丽洁.赫哲族文化融入国家基础教育课程体系问题的调查研究 [J].湖南师范大学教育科学学报，2010（2）：13–19.

② 张霜.少数民族学校教育中的多元文化与课程——贵州威宁石门坎百年苗族教育人类学考察 [J].贵州民族研究，2010（3）：160–164.

③ 苏德，冯跃.文化教育人类学视野下的校本课程开发 [J].中央民族大学学报（哲学社会科学版），2004（4）：78–82.

执行、课程管理、教材使用、师资水平及社会参与等内外因素影响。在此基础上，提出要制定配套措施、制定《校本课程标准》、开发新编《京族乡土教材》、提高教师的课程开发能力、鼓励社会各界积极参与等建议，以推进人口较少民族地区的校本课程开发。^①

赵北扬介绍了肃南二中和勐罕镇中学两所学校以人类学经济文化类型为理论依托开发的校本课程，提出民族地区学校的校本课程开发要依赖于政府和社会各界对学校给予的资金、技术支持，使用教育人类学的理论方法进行教师培训，同时要积极整合社区文化资源。^②

海路、滕星在《文化差异与民族地区校本课程开发——一种教育人类学的视角》中提出，在民族地区建立一种尊重差异、和谐共生的多元文化课程的设想。^③任何课程开发策略都不是尽善尽美的，无论是校本课程开发还是国家课程开发，都不可能解决所有的课程问题，它们各有优势，又有各自的局限。^④少数民族地区的校本课程开发，需要不断总结已有经验教训，充分发挥国家课程、地方课程、校本课程的各自优势，促进国家课程、地方课程和校本课程的有机融合。

（4）地方知识与地方课程

地方知识作为少数民族地区特有的知识，是一种具有本体地位的知识，承载着民族的精神文化，应将优秀的地方知识纳入地方课程体系，以保护民族地区的传统文化，促进民族文化的传承。

侯馨茹等指出，地方性知识是当今加强道德教育的文化源泉，只有以深度挖掘地方性知识中的道德教育理念为切入点，才能基于地方性视角帮助学生逐步认知道德思想，筛选地方性知识作为道德教育的课程内容，帮助学生内化道

① 海路，李芳兰.京族学校校本课程开发的影响因素分析 [J].湖南师范大学教育科学学报，2010（2）：20-23.

② 赵北扬.社区背景下的校本课程开发——肃南二中和勐罕镇中学的个案研究 [J].民族教育研究，2008（5）：38-43.

③ 海路，滕星.文化差异与民族地区校本课程开发——一种教育人类学的视角 [J].中南民族大学学报（人文社会科学版），2009（2）：1-7.

④ 苏德，冯跃.文化教育人类学视野下的校本课程开发 [J].中央民族大学学报（哲学社会科学版），2004（4）：78-82.

德观念，最终回到地方性知识生产和践行的原生"场域"，达到践行道德品质的目的。①

陈雪英在《苗族服饰符号的教育价值诠释——基于西江的教育人类学考察》中提出，苗族服饰作为一种文化符号传承着本民族的精神文化内涵。苗族的服饰符号是苗族人自己建构的地方性知识，是图腾崇拜、祖先崇拜、历史记忆及生殖崇拜的载体，将这种地方性知识纳入苗族地方课程具有重要的文化意义。②

刘冬梅、扎西松保、着尕措毛运用人类学视角考察了玉树县第一民族中学的"综合实践活动课程"的开设现状。玉树县第一民族中学根据学校特点和地方特色，将地方传统知识如藏式腰带、唐卡、藏文书法、藏族舞蹈等引入课堂，充分挖掘藏族地区传统资源，甚至将民间艺人请到学校为学生传授知识。除此之外，学校根据教学需要自编教材，将一些地方传统知识编入教材供学生学习。将地方传统知识纳入学校教育中，不仅使素质教育落到实处，更有利于学生的文化适应和自我发展。同时，极大地促进了地方传统知识的保存和传承。③

总之，民族文化传承的途径是多样的。致力于民族文化传承的教育人类学研究，应紧紧围绕文化传承对人有哪些影响、是怎样影响的，以及文化传承的途径和机制，站在教育人类学角度对民族文化及其传承加以重新审视。④

3. 民俗仪式与文化传承

我国少数民族大都有自己的仪式活动，这些仪式活动是少数民族人民生产生活方式、娱乐、祭祀、礼仪等的综合体现。综合民俗仪式功能的研究可以发现：随着社会经济的发展和历史文化的变迁，一些传统的民俗仪式逐渐从过去单一的宗教仪式功能转变为多元的教育功能，它们不仅具有道德教育、智

---

① 侯馨茹，祁进玉.地方性知识融合学校道德教育教学的初步探讨——以甘肃省甘南藏族自治州 Z 藏族中学为例 [J].民族教育研究，2019（4）：84–93.

② 陈雪英.苗族服饰符号的教育价值诠释——基于西江的教育人类学考察 [J].贵州民族研究，2010（5）：58–63.

③ 刘冬梅，扎西松保，着尕措毛.地方传统知识在中学素质教育中的应用——以玉树藏族自治州玉树县第一民族中学"综合实践活动课程"为个案 [J].西藏科技，2012（3）：38–42，48.

④ 王军.民族文化传承的教育人类学研究 [J].民族教育研究，2006（3）：9–14.

力教育、美感教育、劳动教育的功能，更具有增加民族自信心与民族认同感的功能。[1]

例如，青海藏区的"六月会"仪式，不仅是当地传统宗教祭祀仪式的重要符号，更是当地社区实施教育、教化的重要途径。[2]苗族鼓舞具有独特的文化特质，是苗族先民勤劳勇敢、顽强拼搏的精神载体，在苗族人民培养民族情感、构建和谐文化等方面具有重要的精神文化价值。[3]湾桥白族的本主行像仪式具有道德教育、价值观教育以及促进村落儿童社会化等教育功能。[4]仫佬族依饭节仪式同样具有道德教化功能。[5]

此外，苏水莲、孙亮的《民俗仪式性舞蹈的教育人类学分析》、河尔伦等的《蒙古族安代舞的教育人类学研究》、赵红梅《关于加绒藏族锅庄舞的教育人类学研究》，分别对壮族"蚂拐节"蚂拐舞、蒙古族安代舞、加绒藏族锅庄舞的教育功能、文化价值和社会意义进行了解读。

在民俗仪式的传承方式研究方面，潘聚仟认为，仫佬族竹球传承的模式有三种：家族血缘传承、节庆活动传承和学校教育传承。[6]

（三）文化变迁与文化选择

1. 文化变迁

文化变迁指文化内容结构的变化，通常表现为新文化的增加和旧文化的改变，亦即文化与文化之间的传播或文化自身的创造。随着现代化的发展，少数

---

① 苏水莲，孙亮.民俗仪式性舞蹈的教育人类学分析——以壮族"蚂拐节"蚂拐舞为例 [J].贵州民族研究，2018（11）：111-114.

② 英吉卓玛，张俊豪.少数民族民间仪式的教育功能——青海省 W 村落"六月会"仪式的教育人类学分析 [J].三峡大学学报（人文社会科学版），2017（5）：41-43.

③ 赵真.苗族民间游戏的教育人类学解读——以苗族鼓舞为例 [J].佳木斯职业学院学报，2018（6）：183，186.

④ 李秀芳.湾桥白族本主行像仪式的教育人类学解读 [J].教育与教学研究，2018（10）：12-18，123.

⑤ 张艳敏，谢唯唯.仫佬族依饭节的道德教化思想与功能研究 [J].民族教育研究，2019（4）：94-99.

⑥ 潘聚仟.仫佬族竹球传承的教育人类学探析 [J].兰州文理学院学报（自然科学版），2017（3）：96-100.

民族文化正在发生深刻的变迁。在文化变迁过程中，民族文化大部分都是通过家庭代际相承的方式得以保留下来的。但是，由于年轻人对本民族文化似乎不感兴趣，使民族文化在年轻一代中出现断层的危险。

侗、瑶两地民族的文化变迁具有一定的差异性，总体而言仍属于自发的变迁（即无意识的变迁），教育对文化的能动作用能使这种无意识的文化变迁转向有意识的文化变迁，尽量使其进入一种发展性而不是消亡性的文化变迁。为此，孙杰远等认为，实施民族教育应选择优秀民族文化要素作为教育资源以传承传统文化，重塑适合民族成员生命成长的学校文化场域，注重文化适应性教学。①

罗利群、张洁的研究发现，传统彝族家支中的"尔普"是团结互助道德观念的体现，而现在凉山彝族家支尔普文化出现了消极的变迁——即将消失，是违背这种道德观的，需要教育加以引导；但是，"尔普"文化跨宗族和跨族群的变迁，说明凉山彝族人民已经战胜自我封闭、家支械斗、敌我矛盾时期，与其他宗族或族群产生了和谐交往，人们之间的感情更加融洽。同时，"尔普"帮助范围的扩大，也是积极的变迁。② 总之，在文化变迁过程中，教育要发挥积极引导、传承优秀传统文化的作用。

2. 文化选择

文化选择实际上表现为教育变迁过程中选择主体的文化决策和文化认同。③因此，在文化适应、文化传承和文化变迁过程中，必然会产生文化选择。

李静和路宏选取甘南藏族自治州拉卜楞地区为田野点，以教育人类学视角对其学校教育的文化选择及其实践进行分析，认为文化选择是民族教育文化变迁的重要机制，文化认同是民族教育文化选择的前提及目的，文化共生则是新

---

① 孙杰远，黄李凤.民族文化变迁与教育选择——对广西龙胜侗、瑶民族地区的田野考察 [J].西北师大学报（社会科学版），2007（5）：55-60.

② 罗利群，张洁.教育人类学视野下凉山彝族家支尔普文化变迁分析 [J].西昌学院学报（社会科学版），2011（1）：85-87.

③ 李静，路宏.变迁、认同与共生：拉卜楞地区藏族教育的文化选择 [J].西北师大学报（社会科学版），2018（6）：68-76.

时代民族教育文化发展的必然走向，而在文化选择的执行过程中，需注重从文化适应到文化超越的主动转变。[①]

（四）宗教因素与民族教育

在少数民族地区，宗教深深地根植于少数民族的政治、经济和文化生活中，同时宗教对少数民族教育也产生了深远影响。在中国 55 个少数民族中，受宗教影响较深的有藏族、苗族和傣族等，宗教因素在很大程度上影响了这些少数民族地区的教育。

其中，苗族是受基督教影响的少数民族之一。石门坎教育是随基督教文化的传入而产生的，石门坎学校具有特殊宗教历史背景，即石门坎学校教育的兴衰与基督教有密切的关系。张霜在《贵州石门坎苗族教育人类学田野考察》中描述了石门坎的基督教传播历史、基督教教育以及社区教育，揭示了基督教与石门坎学校教育之间的兴衰联系。[②] 同时，基督教对苗族社会教育观念也产生了重要影响。

"傣族和尚生"是宗教和教育相结合的产物。在西双版纳傣族地区，傣族普遍信仰南传上座部佛教，按照传统，傣族男童到了七八岁以后，必须出家到佛寺中过一段时间的僧侣生活。由于正处于入学适龄阶段，成为僧侣的傣族男童同时要进入学校接受九年义务教育，因此出现了和尚披着袈裟进校园的独特现象，这些特殊的傣族男童被称为"傣族和尚生"。这是政府协调处理宗教和教育之间关系的一项重要举措。[③]

罗吉华在《权威与挑战——对西双版纳勐罕镇中学傣族和尚生的教育人类学分析》一文中，采用田野调查法，以云南西双版纳州景洪市勐罕镇中学的"傣族和尚生"为案例，对和尚生的教育问题进行了分析。调查发现，学校的规范和权利受到了来自和尚生群体的挑战，许多和尚生在学校里不遵守纪律，漠

---

① 李静，路宏.变迁、认同与共生：拉卜楞地区藏族教育的文化选择 [J].西北师大学报（社会科学版），2018（6）：68-76.

② 张霜.贵州石门坎苗族教育人类学田野考察 [J].教育文化论坛，2011（3）：101-108.

③ 罗吉华.教育人类学视野下傣族和尚生低学业成就归因分析——以西双版纳州勐罕镇中学为个案 [J].湖南师范大学教育科学学报，2010（3）：31-34.

视管理，公然对抗课堂秩序，"师道尊严"在这里成为一句毫无意义的古训。他认为和尚生的"反学校文化"的形成主要是由于文化差异导致的，"和尚生的文化与村寨的、宗教的、少数民族的文化相关，这些文化反映在个体上的价值观念和情感态度在很大程度上与学校文化相异。和尚生这种反学校文化的存在并非是集体性、有组织的策划，而是一种以零散的方式普遍存在于个体与教师之间的互动中"。① 可以说，傣族和尚生的教育问题，已经成为傣族教育中最棘手的问题之一。

此外，罗吉华对傣族和尚生的低学业成就进行了主位和客位分析，指出傣族和尚生低学业成就主要表现在学生流失率高和学生学业成绩差两个方面。从局内人或当地人的观点出发，对傣族和尚生低学业成就进行主位分析，认为其学业成就低既有作为学生的共性原因，也有作为和尚生的特殊原因；对傣族和尚生的低学业成就进行客位分析，认为和尚生学业成就的失败是家庭、社区、学校乃至自身因素共同导致的结果。在多种因素影响下，傣族和尚生出现了学业成就低的现象。②

宗教因素深深地影响了一些少数民族地区教育的发展。对于石门坎地区的苗族人民来说，基督教在历史上促进了当地学校教育的产生，然而现在却成为制约当地教育发展的重要因素。"傣族和尚生"无疑是宗教与教育相结合的产物，佛教对傣族地区"和尚生"的观念以及学生的自我发展产生了深刻影响。只有正确处理好宗教与教育的关系，才能促进我国民族教育的进一步发展。

（五）民族认同与民族团结

1. 民族认同

民族认同有广义和狭义之分。广义的民族认同是指对某一主权民族国家的认同，即国家认同；狭义的民族认同是指一国内的各个民族对各自民族文化

① 罗吉华. 权威与挑战——对西双版纳勐罕镇中学傣族和尚生的教育人类学分析 [J]. 广西师范大学学报（哲学社会科学版），2010（1）：98-102.
② 罗吉华. 教育人类学视野下傣族和尚生低学业成就归因分析——以西双版纳州勐罕镇中学为个案 [J]. 湖南师范大学教育科学学报，2010（3）：31-34.

的认同，即族群认同。① 李红香对滇黔川边的石门坎苗民的国家认同进行了研究，认为边地国家教育作为边民国家认同建构的重要方式，在任何时候都不可缺场。② 一般来说，民族认同指的是狭义的民族认同，即一个民族中的人们对于自己所属民族的归属意识，即对"我"自己属于哪个民族的看法。③ 卡拉（J. Carla）和雷格奈德（J. Reginald）把民族认同界定为个体对本民族的信念、态度以及对其民族身份的承认，认为群体认同包括群体认识、群体态度、群体行为和群体归属感四个基本要素。④

陈昱岿的研究发现，云南彝族阿细中学生具有强烈的国家认同和民族认同，且两种认同之间呈正相关关系，说明少数民族的国家认同与民族认同可以和谐共生，而学校教育场域是构筑这些共同性基础的重要场所。⑤

张淑凤选取兴蒙乡 200 个蒙古族村民为调查对象，从民族认知、民族情感和民族意识三个方面对兴蒙乡蒙古族村民的民族认同现状进行调查，调查显示：年龄、受教育程度、成长环境变迁等是影响民族认同的显著因素。兴蒙乡的老年人是民族认同的中坚力量，起到承前启后和传承文化的作用。92% 的蒙古族人有明确的感情指向，他们以身为蒙古族的一员而骄傲，并且大部分兴蒙乡蒙古族人崇敬先祖，热爱先祖创造的文化，民族向心力极强。⑥

此外，杨立红、巴登尼玛在《白族"绕三灵"的教育人类学分析》一文中提到，"绕三灵"（以唱白族调为主的白族歌舞节）作为云南大理地区白族人民

① 庄锡昌，等. 多维视野中的文化理论 [M]. 杭州：浙江人民出版社，1987：45-48.

② 李红香. 抗战时期石门坎边民的国家认同教育研究 [J]. 民族教育研究，2019（4）：100-106.

③ 郑晓云. 中华民族认同与中华民族 21 世纪的强盛——兼论祖国统一 [J]. 云南社会科学，2002（6）：53-57，64.

④ Carla J., Reginald J., Racial identity, African Self-consciousness and Career in Decision Making in African American College Women, *Journal of Multicultural Counseling and Development*, 1998, Vol. 26 (No.1).

⑤ 陈昱岿. 学校教育场域中民族认同与国家认同的共生——云南彝族阿细中学生的个案研究 [J]. 民族教育研究，2017（4）：121-129.

⑥ 张淑凤. 通海兴蒙乡蒙古族聚居村民族认同现状调查——以教育人类学的视角 [J]. 成都师范学院学报，2014（1）：73-77.

传统的民俗活动，在强化白族民族认同方面发挥了重要功能。[①]

2. 民族团结

民族团结是立国之本。我国是一个多民族国家，在这样一个民族众多的国家里，民族团结有助于促进民族繁荣，实现国家富强。民族团结教育是维护民族团结和社会和谐的重要途径。孔翠芳运用美国人类学家詹姆斯·A·班克斯（James A. Banks）的多元文化课程理论分析了现今民族团结教育的课程模式，同时以中国教育人类学家滕星教授的多元文化整合教育理论探视了民族团结教育的发展，从教育人类学视角解读了中小学民族团结教育，认为开展民族团结教育是培育下一代爱国主义情怀、宽容善良品德、全面知识能力和多元文化意识的重要途径，是推动各民族大团结永续发展，增强中华民族凝聚力以及建设和谐社会的战略工程。提出应将民族团结教育纳入中小学校教育和课程中去。[②]

四、民族教育研究的未来走向

自 20 世纪 80 年代教育人类学视角下的民族教育研究产生以来，研究呈现出以下特点：研究内容不断丰富，研究领域不断扩展。经过近 40 年的发展，民族教育研究取得了一些成就，但同时也存在一些问题。在 21 世纪新的时代背景下，民族教育研究面临许多新形势、新问题。根据历史研究与当前研究现状，对教育人类学视角下民族教育研究的未来发展方向作出如下思考。

（一）加强民族教育薄弱领域研究

纵观整个民族教育研究的发展历程可以发现，民族教育研究领域正在不断扩展。从当前民族教育研究来看，多数研究都是针对民族教育的现实问题展开，如"双语教育问题""学业成就低问题""女童辍学问题""文化适应问题""文化传承问题"等。这些问题都是当前民族教育过程中面临的重要现实问题。虽

---

① 杨立红，巴登尼玛.白族"绕三灵"的教育人类学分析 [J].民族教育研究，2012（3）：94-97.
② 孔翠芳.从教育人类学的视角解析民族团结教育 [J].文化学刊，2010（1）：55-58.

然民族教育研究领域不断扩展，但发展却不均衡。研究者大多注重对民族基础教育的研究，而对于民族特殊群体教育、民族成人教育以及民族职业教育的研究还很少涉及；注重对民族地区学校教育的研究，而缺少对少数民族家庭教育的关注等。因此，民族教育研究应不断拓展研究领域，不断丰富研究内容，为民族教育发展与民族文化振兴提供更多的指导。

（二）加强民族教育的跨文化研究

当今世界文化冲突不断，更要加强我国民族教育的跨文化研究，进而为我国民族教育改革与发展提供新的研究思路与方向。"跨文化研究强调，从人类世界的整体主义视野出发，通过与'他者'文化的'对话'与交流，以实地考察的感官经验为依托，通过对不同文化的比较分析，探求有关文化的科学概括。"[①]不管是教育人类学还是民族教育研究，都是一种跨学科的、跨文化的研究领域，都应体现开放的心态，包容不同类型的文化。

根据已有教育人类学研究成果，在对民族教育实地调查获得资料的基础上，有研究者提出了跨文化交际教育的概念。"普适化"教育理论要求学习者，特别是少数民族学习者单向地适应"普适化"的要求，跨文化交际教育概念则是不同文化的学习者之间多维度、多向度的平等交流；"普适化"教育实践用一种尺度规约教育的内容，教什么、怎样教等都要按照统一的大纲，而跨文化交际教育概念则强调在传授"普适"的科学体系的同时，各个民族的知识体系也应该是教育的内容，强调教育本身承担着传递各个民族传统文化的功能，既包括国家主体民族的文化传递，也包括各个少数民族文化的传递。[②]在当今世界全球化和信息化的背景下，单一民族教育已经不能适应时代的发展，跨文化交际教育可以促进民族教育与文化的繁荣和发展。

---

① 张涛.我国民族教育研究的现状与反思——基于 2000 年以来《民族教育研究》刊发论文的文献计量分析 [D].重庆：西南大学，2012.

② 崔延虎.跨文化交际教育：民族教育若干问题探讨——教育人类学的认识 [J].新疆师范大学学报（哲学社会科学版），2003（2）：67–73.

（三）科学合理地运用研究方法

自 20 世纪 80 年代末 90 年代初以来，我国开始以教育人类学视角研究民族教育问题。虽然民族教育研究几近成为我国教育人类学的代名词，但真正将人类学的研究方法运用到民族教育研究中的研究成果相当有限，民族志文本"打造"就是其中较为突出的问题之一；有研究者指出，部分研究选题避重就轻、方法生搬硬套、结论不合事实，使得目前的研究与人类学民族志文本"打造"的要求格格不入。[①] 为此，教育人类学视角下的民族教育研究应综合运用人类学、教育学、民族学等多学科视角，体现研究方法的跨学科性。研究者应深入到少数民族地区，进入当地人的生活社区、学校等获取第一手资料，关注民族教育中的真实问题，以局内人的观点描述民族教育现象、理解民族教育问题，为民族教育的改革与发展提供理论依据。民族教育研究者应具备更高的理论素养和实践经验，才能科学合理地运用多种研究方法，采用定性研究、定量研究相结合的方法研究"真"问题，从而将我国民族教育事业推向新的高度。

---

① 张善鑫. 民族教育研究的教育人类学省思——以民族志文本"打造"为例 [J]. 西北师大学报（社会科学版），2015（2）：69–75.

第五章　民族文化与传承

民族文化传承作为中国教育人类学研究的一个重要视角，具有多种维度，融合了多民族丰富的内容，研究内容广泛涉及民族传承的对策思考、民族文化与学校文化的联系、传统社会与现代学校的比较研究、民族教育的人类学解释、少数族群教育的存在之思、少数民族教育的整体探究。其中有大量篇幅关注民族文化传承中的风俗、体育及艺术文明，探求其各自独特的教育意义，联系现代教育，探索文化传承与今日教育之思。从20世纪60年代开始，人类学家对之前文化剥夺模式下少数民族群体学生学业表现研究进行批判，提出了新的理论视角，具体包括：文化连续性与非连续性理论、派生的文化非连续性理论、文化再生产理论、文化与认知理论，呈现出跨文化的视角。用人类学的跨文化视角研究学业失败现象，可以纠正一些文化偏见。文化与教育的关系是复杂的，不可能用单一学科视角进行分析。近年来，我国教育人类学研究受到越来越多的关注，教育人类学研究成果层出不穷。自2000年后逐渐出现了文化传承视角下的教育人类学研究，关注文化的历史性传承和少数民族文化的教育意义。

本文采用来源抽样的方式，在中国知网学术文献总库的期刊数据库中进行抽样，检索项为关键词，检索词为"教育人类学"及"文化传承"，学科领域为全部，来源类别为全部，发表时间为2003年至2019年：我国文化传承视角下的教育人类学研究现状如图 5-1 所示，在选取的 66 篇相关文献中，研究主题分布于文化传承、民族文化与学校教育，研究内容聚焦在风俗仪式、体育游戏和其他（艺术、才智）三个方面。

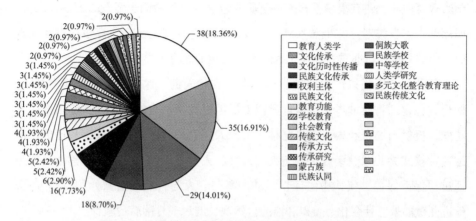

图 5-1　文化传承视角下的教育人类学研究主题分布

一、风俗仪式中的文化传承

民间有着纷繁多样的风俗仪式，风俗礼仪中的文化传承表现出重复性、持续性、象征性，并蕴含着一定的价值、标准和态度，对人的全面成长与发展、民族文化的认同都有重要意义。

（一）风俗仪式中的生命教育

民间风俗仪式中的生命教育多以民族舞蹈的形式体现，也涵盖祈子、剃头等多种特有的民族习惯，人们用这些礼俗期盼生命的降临、印记婚礼嫁娶、举行丧葬告别、庆祝孩子成人。彭海伦从教育人类学视角出发，选取广西环江毛南族自治县的下南乡作为研究对象，对毛南族"祈子"这一时间节点的礼俗文化进行教育审视，追溯其背后的文化根源。[①] "祈子"仪式给予毛南族人以生命

① 彭海伦. 教育人类学视野下毛南族祈子礼俗的教育审视 [J]. 现代教育科学，2011（10）：78-79，105.

观的洗礼，帮助其意识到自我及自我存在的价值和意义；"还愿"形式给予毛南族人一颗感恩的心，启发人们尊重他人，摆脱唯物质论，与人为善、与人为乐，以独具特色的感恩体验展开特别的情感教育，挖掘毛南族"祈子"这一礼俗文化的教育内涵。还有很多教育人类学研究包含着对生命的思考及人的健康成长，如徐莉、李春霞对达文屯黑衣壮人"保命保福"仪式的探析；郑雪松对壮族丧葬习俗的分析；黄亦君对湘西土家族丧葬文化的教育人类学探究。

徐莉、李春霞以广西那坡县达文屯黑衣壮人的"保命保福"仪式为对象，探析其包含的物质世界、精神世界两大层面以及所具有的象征性、实用性两大功能，折射出黑衣壮人关于人与神、人与人、人与自然关系的体察和信仰，通过这种仪式为儿童健康成长营造人与社会、人与自然的共生场域。具体表现为通过"保命保福"仪式中集体性活动的参与、人与自然和谐共处的自然方式，促进儿童的教育社会化、习得和谐的自然观、继承不甘落后的教育追求。①

马林诺夫斯基说："文化历程以及文化要素之间的关系，是遵守着功能关系的定律……世间并没有'自然人'，因为人性的由来就在于接受文化的模型。"②郑雪松对壮族丧葬的报丧、打斋、盖棺等习俗的分析揭示其蕴含的教育功能。文化生态环境是丧葬习俗得以产生和发展的民众心理基础，而其所承载的教育功能则从实用角度强化了壮族丧葬习俗的传承。作者从三个方面分析了壮族丧葬习俗的教育功能——传承民族文化、发展个体、保护生态，强调了丧葬习俗作为死亡教育的一种方式，给儿童带来的深刻体验和无限思考，使得教育者得以从死亡事件入手，帮助儿童揭开死亡的神秘面纱、认识死亡的本质、启发其思考死亡的意义和生命的价值，促其以积极的态度对待人生、对待死亡。

黄亦君对湘西土家族丧葬文化的教育人类学探究关注丧葬习俗中的生命教育。敬畏生命是"世界中的大事"③，体验生活是生命得以存在的重要基础。事实上，湘西土家族人的丧葬仪式并非简单地下葬，它具有强大的生命教育意义：第

---

① 徐莉，李春霞.达文黑衣壮人"保命保福"仪式的教育人类学探析 [J].西北师大学报（社会科学版），2010（1）：75–79.

② 黄淑聘，龚佩华.文化人类学理论方法研究 [M].广州：广东教育出版社，1998：118–119.

③〔法〕阿尔贝特·史怀泽.敬畏生命 [M].陈泽环，译.上海：上海社会科学院出版社，1995：19.

一，对人类生命价值的观照；第二，爱的教育的阐发与弘扬；第三，中国传统孝道的教育与传承。通过对这种丧葬习俗的接触与参与，教育、警示世人生命可贵、珍爱生命、和谐相处、让生命存在的价值得到极大程度的展现是人生的第一要义。

（二）舞蹈中的教育意涵

教育人类学主要研究教育是如何对人的形成产生影响的，而民族文化传承是教育的重要内容和手段。在关注民族风俗仪式的教育人类学研究中，除了对生命教育内涵的探究之外，还包括对各民族特有舞蹈的教育内涵挖掘，研究涉及花腰彝族、土家族、彝族、壮族、朝鲜族等多个民族舞蹈文化的传承，包括舞龙、摆手舞、葫芦笙舞、扁担舞、烟盒舞、农乐舞等纷呈的舞蹈形式，紧紧围绕舞蹈文化对人有哪些影响、如何影响来进行，着重探析这些舞蹈形式所蕴含的诸多教育意义。

彭艳云、刘梅芳探讨花腰彝族舞龙文化对人的影响，即舞龙的功能：文化功能、社会功能、审美功能，具体从智力因素和非智力因素两个方面加以阐述。在智力因素方面，作者认为舞龙中的音乐和舞蹈动作的对应记忆对提高人的记忆组块进而提高记忆力有积极影响；其次，舞龙要求舞者"眼观六路、耳听八方"以保持整体的默契配合、动作协调，正是这种长期锻炼对舞龙者的观察力的培养起着极大的促进作用；再次，花腰彝族的舞龙在传承过程中，舞者在其原有动作、跳法的基础上不断创新，从而使其舞龙颇具特色，培养了创造性思维。在非智力因素方面，首先，作者认为花腰彝族的舞龙作为花腰彝族世代相传的文化载体，深深打上了民族文化性格的烙印——在春节、火把节、祭龙节等进行的舞龙表演让民众陶醉于舞龙技艺之中，充分反映出花腰彝族热情奔放、乐观开朗的性格；其次，花腰彝族的舞龙文化系该民族特有，各村人聚集在一起进行舞龙活动，无形中增进了人与人之间的感情，培养了花腰彝族人民的民族认同感和凝聚力；再次，舞龙的基本功需要长期训练，在练习过程中能够锻炼人的意志。[①]

[①] 彭艳云，刘梅芳. 花腰彝舞龙文化的教育人类学初探 [J]. 恩茅师范高等专科学校学报，2009（2）：50–52.

杨君同样从智力因素、非智力因素两个方面探究了葫芦笙舞传承中所蕴含的教育意蕴：在葫芦笙舞的活动过程中培养观察力、记忆力、想象力以及增强民族凝聚力、塑造民族性格、抒发真挚情感。[①]

赵红梅也从相同维度对加绒藏族锅庄舞进行教育人类学研究，认为加绒藏族的锅庄舞能够促进学生收获人文知识、培养想象力和视觉记忆力（智力因素）、塑造民族性格和提高审美能力（非智力因素）。[②]希望从教育人类学视角重新审视锅庄舞独特的教育功能，解决如何实现学校与锅庄舞文化寻求互动关系、建构加绒藏族文化的传承机制、重构锅庄舞新的传承理念及模式等重要问题。

吴爱华以流传和盛行于土家族聚居区的民间舞蹈摆手舞为对象，从对教育形式的考察来探讨摆手舞的教育功能，强调民族保护与传承意识。一方面作者对土家族摆手舞强烈的趣味性、形象性的舞蹈动作中蕴涵的民族精神加以考察，提出在摆手舞代代相传的过程中，教育对文化的选择功不可没；另一方面作者认为土家族摆手舞是土家族独特的文化与家族历史的核心，在其产生、发展、流传至今的过程中，毫无疑问经历了不断地积淀、更新和创造。教育的文化创新功能，也就是教育本身对文化的更新作用：对文化进行积淀、传播和优化，就摆手舞的文化创新而言，教育起到了不可替代的作用。在传统文化、民族精神的传承上，摆手舞的社会功能是由教育的本质属性"传递性"所决定的。土家族传统文化是土家族各个历史时期的文化积淀，集中反映了土家族人民的劳动创造、精神追求和土家族劳动人民的智慧。土家摆手舞不仅有狩猎舞、农事舞、生活舞，还包括军事舞如"枕戈""弯弓射敌"和三摆一跃向对方冲击的"插花摆"等，反映了先民迁祖的历史。参与摆手舞的舞者与观众在这种特殊的民俗活动中能够感受民族历史，潜移默化地接受民族教育，汲取精神力量，使土家人积累的文化、精神代代相传。[③]

民族文化是一个民族生存、发展的根基，教育对人的形成和发展具有深刻而

---

① 杨君.彝族葫芦笙舞文化的教育人类学初探 [J]. 文山学院学报，2011（5）：37-39.

② 赵红梅.关于加绒藏族锅庄舞的教育人类学研究 [J]. 文化产业，2019（5）：22-23.

③ 吴爱华.试析土家族摆手舞的教育功能 [J]. 湖北民族学院学报（哲学社会科学版），2009（4）：21-23.

长远的影响。普丽春从教育人类学视角对中国云南彝族"烟盒舞"进行研究，围绕彝族"烟盒舞"对人的影响以及传承的途径和内容等，探索彝族"烟盒舞"的文化传承在人的教育形成中的特殊价值。作者在对"烟盒舞"传承的途径、内容的分析中提出烟盒舞的教育功能——传递文化知识和技能；在"烟盒舞"的传承中，民族文化得以继承，彝族人民得以学习生产劳动的知识、培养生存生活的技能，不仅有较好的娱乐审美意义，也具有特有的教育意味。[①] 民族文化传承是教育的重要内容和手段，在舞蹈文化的传播途径和内容方面，很多民族存在着共性。

张铃铃、董旭明从教育人类学视角对中国东北地区朝鲜族的"农乐舞"进行研究，围绕"农乐舞"的传承途径和内容探索"农乐舞"的文化传承在人的教育形成中的作用。作者提到，"农乐舞"通过自娱活动、舞台表演、学校协会、节日活动演出以及 DVD 等现代媒体工具传播。作者认为舞蹈文化的传播内容包括民族文化的传承、生产劳动技能的传授、生存和生活技能的学习，教育内涵涉及人的观察力、想象力、注意力、身体协调能力、思维创新能力的提高，并有利于兴趣爱好、民族凝聚力、民族情感、团队合作精神力量的培养。[②]

除关注仪式的教育价值外，还有研究者探索如何促进民族文化的传承与发展。孟林在其硕士论文中对基诺族的大鼓舞进行了教育学的解读，分析了大鼓舞存在的教育价值及功能。从个体层面来看，内容包括道德教育、智力教育、体育教育、美感教育；从社会群体维系层面来看，涵盖形成民族认同感、增加族群联系、增强民族自豪感。作者通过人类学的调查阐述了基诺族大鼓舞传承的成功经验，并从大鼓舞传承过程中的教育者、受教育者、教育影响三方面探寻民族文化传承的途径与方法。[③]

（三）民族习俗的教育功能

在关于风俗仪式的教育人类学研究中，除了最常见的舞蹈文化之外，还包

---

① 普丽春. 云南彝族烟盒舞及其教育传承的特殊价值 [J]. 民族教育研究，2007（2）：86–91.

② 张玲玲，董旭明. 朝鲜族"农乐舞"的教育人类学探究 [J]. 文学教育（中），2013（2）：86–87.

③ 孟林. 基诺族大鼓舞传承的教育人类学研究 [D]. 昆明：云南师范大学，2018.

含各民族形形色色的习俗礼仪，如嫁娶、成人、祈福等特别的民族行为，以及整体的教育民俗模式，如对彝族"玛木"的解读。

1. 婚娶风俗

从教育人类学范畴来看，嫁娶风俗是民族社会教育的重要方式，将习俗视为民族社会教育方式的思考，受到社会人类学研究的启发。民族生活是在一定场域中展开的社会实践活动，民族社会教育是实践活动总体中的一部分，需要将社会教育活动还原到民族生活的现实情景中去。在民族生活中，嫁娶风俗作为一种经验内容的传递，能够满足个体认同的需要，为个体自我发展和价值判断注入新鲜血液，有助于实现个体社会化与民族认同。而这种经验的传承和丰富难以依赖学校教育渠道完成，只能依靠民间社会教育来实现，习俗在民族认同和经验传承教育中承担了极其重要的作用。

班杜拉的社会学习理论把行为、个体与环境看作是一个交互的、双向影响的、联结在一起的系统，三者之间不仅彼此融合，也会因活动、主体和环境条件的不同而不同。何秀丽对于维吾尔族"居宛托依"的"开面""换装""拜麻扎"的特有妇女出嫁风俗进行人类学考究，探寻嫁娶中少妇礼的教育意义。作者从教育学角度分析少妇礼的直观、生动、鲜活、情感等多种特点，挖掘少妇礼具有的教育价值与深刻教育内涵。

梁明光、罗江华以土家族的哭嫁习俗为对象，将"哭嫁"作为非制度化教育形式，揭示其对实施制度化教育、学校教育发展以及学校课程设置的影响。对于土家族姑娘而言，哭嫁不仅起到了婚前教育的作用，教化、训诫了新娘，使其顺利完成角色转换，而且也为参与哭嫁的人提供了宣泄复杂情感的良机，作为一种独特的社会教育活动，哭嫁蕴含着深刻的教育学意义。首先，土家族哭嫁独特的组织形式使参与主体自主选择，具有高度自觉性；其次表现为有序性，哭嫁内容从母亲十月怀胎到孩子呱呱坠地，直到成年出嫁，通过这样的过程来宣泄情感，使参与者循序渐进地进行交流与学习，其结构有序化、系统化，为整个仪式有条不紊地开展起到积极作用；再次，丰富多样的哭嫁内容蕴含着"生活即教育"的思想，哭嫁内容源于土家族的日常生产生活，内容变化多样，新娘通过对日常生活中客观事物的描述并结合内在感受，借物抒情、以情言物。

这种源自生活的哭嫁不仅是特殊场域中的情感交流，而且作为一种教育资源和教育手段，也是土家族民族文化传承的重要媒介。[①]

2. 祭祀风俗

在祭祀类风俗习惯中，历代传承的传统以及贯穿在仪式中的传说、歌舞、服饰等一系列文化符号都对人具有重要的教育意义。"绕三灵"作为白族独特的民族文化传统，与白族人民日常生产和生活有着紧密联系，是白族文化核心层的重要载体，发挥着重要的教育功能。

杨立红、巴登尼玛立足白族"绕三灵"背后蕴含的独特价值取向、白族的生活环境和长久的实践经验，从四个方面对其教育功能加以揭示。首先，"绕三灵"礼俗集白族的歌舞、服饰、民间故事和传说等文化元素于一体，具有重要的教育功能，包括文化传承、民族认同、和谐的审美教育以及身心健康的维护。文化传承是通过主体亲身参与而实现的，"绕三灵"蕴含着经典的白族文化内容，其中白族的超验文化和世俗文化是其主要构成。作为一种重要的民间节日庆典，"绕三灵"扎根于民间，融入人们的生活之中，通过白族人民亲身经历的方式使其文化内涵世代相传，体现了文化传承的功能。其次，"绕三灵"是白族文化的一个符号，是白族民族认同的标志；这一符号保留在人们的记忆中，产生了历史认同，构建起民族认同的基础。实际上这种认同还是一种身份，当认同这种身份的时候，实际上也已表明了身份，因此，白族"绕三灵"也就成为白族区别于其他民族的一个标志并对白族的民族认同不断强化，实践着民族认同的教育功能。再次，美的内容。承载着白族历史文化的"绕三灵"具有美的性质，并折射出白族人民独特的美的情感、美的意识和美的心理结构。白族人民在长期的生产生活中，在将美赋予众多对于他们生产生活具有一定意义的事物的同时，也形成了特定的美的情感、美的意识和美的心理结构。"绕三灵"通过歌舞的形式，使其具有美的性质并在此基础上形成了白族人民独特的美的情感、美的意识和美的心理结构。总之，这一风俗中渗透着丰富多彩的与白族文化相关的审美元素，如体现人文之美和生活之美的民族歌舞、民族服饰、民族

---

① 梁明光，罗江华.论土家族哭嫁习俗的教育学意蕴 [J].贵州民族研究，2012（1）：75-78.

建筑，体现自然之美的苍洱风光。无论是精神层面的审美，还是这些独特的审美元素，都将人们引入了美的境界，以这种礼俗的形式促进了人们审美意识的形成，展示着生活真谛，体现其审美功能。最后，"绕三灵"满足了人们与神灵交往的需要、人与人之间交往的需要以及人们崇尚自然、返璞归真的心理需求，展示其深刻且丰富的教育功能。①

3. 剃头仪式

巴战龙以裕固族儿童的剃头仪式为研究对象，描述了仪式的过程，分析了仪式的教育功能；通过对"剃头"仪式的民族志剖析，对"剃头"仪式进行了教育人类学的阐释。人生礼仪是民族文化的基础性组成部分，是人们对世间生命的独特认识和人生历程的社会安排。裕固族在长期的社会发展过程中形成了富有特色的民族文化，有着建构在以畜牧业为主、定居农耕和狩猎采集为辅的传统生计方式基础上的文化观念。就"剃头"仪式而言，反映出的主要文化观念有：宗教信仰观念、珍爱生命观念、伦理道德观念、人生过渡观念。对于人口少、族体小的裕固族来说，"剃头"仪式从来不是家庭的私事，而是一个集体事件，是一个促进民族内部地方群体社会团结的时空过程：在仪式中，包括舅舅在内的亲戚甚至邻里关系及其相应社会角色得到一次"再分配"，以家庭为单位的社会关系得到了梳理和巩固。仪式为孩子在社会结构中建构和获取地位与身份，促进孩子的社会化，而孩子的健康成长从根本上保障小至地方社会群体，大至民族群体发展的持续性。再次，传统裕固人家居住分散，"剃头"仪式提供了社会成员之间活动与交往的时间和空间，人们在其中按照约定俗成的规则礼尚往来，友善互动，极大地增进了社会认同。仪式中蕴含的文化理念继承并促进了民族团结，显示着仪式作为非学校化教育的重要作用。②

---

① 杨立红，巴登尼玛.白族"绕三灵"的教育人类学分析 [J].民族教育研究，2012（3）：94-97.
② 巴战龙.裕固族儿童"剃头仪式"的教育人类学研究 [J].河西学院学报，2012（3）：21-26.

二、民族体育中的文化传承

少数民族传统体育文化是整个东方体育系统中的重要组成部分，它具有东方体育的特点，即"艺术化倾向、伦理化倾向、整体化倾向"，作为人类优秀文化的一部分，彰显着人类的智慧与潜能。从人类学角度看，少数民族传统体育文化代表并体现着文化的多样性，体育文化的传承与教育有着内在的必然联系。

（一）教育作为民族体育文化传承的重要途径

"教育是传递社会生活经验并培养人的社会活动。"[①] 传递社会文化、社会生活经验是教育的基本功能，这种功能是通过培养人的活动来实现的；教育通过培养具有少数民族文化传承意识和素质的人才来实现少数民族的文化传承，这也是民间教育的功能和使命。教育人类学把教育作为少数民族文化传承的主要方式，提倡人本主义的教育理念，认同文化多样性是人类的宝贵财富和资源的理念，提倡保护和传承文化的多样性，要与人类文化的共性相结合，提倡不同文化背景的少数民族成员学会融入主流社会的同时，也要了解并传承本民族的优秀传统文化，提倡每个文化群体成员都有其文化选择权，希望社会和政府能给这种选择权提供符合个体与群体要求的不同种类的教育资源。少数民族教育的目标是将"有着不同文化背景的群体与个体培养成为既有自我文化的认同感又有跨文化理念、态度与行为的现代人"[②]，从而实现少数民族文化的传承和创新发展。体育、游戏主题下的文化传承研究，肯定了教育作为民族文化传承的重要途径，研究者在运用文献资料、归纳分析、田野调查等人类学研究方法追溯少数民族文化中的体育、游戏内核时，多关注、阐释教育对体育文化的传播，体现了教育人类学认同文化及其文化的多样性的学科特色。

---

① 教育大辞典编纂委员会. 教育大辞典（第一卷）[M]. 上海：上海教育出版社，1991：3.

② 滕星. 回顾与展望：中国教育人类学发展历程——兼谈与教育社会学的比较 [J]. 中南民族大学学报（人文社会科学版），2006（5）：5-6.

张燕、党云辉从教育人类学视角调查分析了云南景谷县的社会教育、家庭教育及学校教育在陀螺传统体育文化传承中的现状和困境，着重分析了云南景谷陀螺传统体育文化传承中教育所起的作用：家庭教育是体育文化传承的沃土，家长通过言传身教使年轻一代的民族成员养成参与民族体育的习惯，并进一步熟悉、接受民族传统体育文化，掌握民族体育项目的各项内容。①

李因霞、顾晓艳在对少数民族体育文化传承的教育人类学研究中，从教育的本质和教育人类学两个角度论证了教育是实现少数民族传统体育文化传承的主要途径。少数民族传统体育内容丰富、形式多样，多与民族风格和民族风情紧密相连，是表现本民族文化特色的身体活动，拥有文化的共有属性和自己独特的价值。首先，民族传统体育文化具有精神文明建设的价值，是精神文明建设的重要内容。"民族传统体育所包含的精神文明建设内涵，如历史脉络、文化背景、审美情趣、娱乐功能、健身价值、产业化新思维、社会化新举措等，对精神文明建设再上新台阶具有重大的现实意义。"② 其次，民族传统体育文化具有凝聚人心、团结少数民族群众的价值。民族传统体育所具有的娱乐、健身、教育、竞赛等内容，高扬了民族传统体育文化的共鸣和凝聚作用，把少数民族群体团结在一起。由此可见，少数民族传统体育是少数民族文化不可割舍的组成部分，其传承也要依靠教育这一主渠道。③

（二）体育、游戏的教育使命

教育是少数民族体育文化传承的重要途径，在传承体育文化中也担负着塑造一代新人的使命。民族传统体育文化能促进人的全面发展，具有塑造新人的教育价值，可以提高人们的认知水平，改变过去"尚武强身""保家卫族"的旧思想，致力于改善劳动力资源，提高健康水平，丰富社会文化生活，促进人的

---

① 张燕，党云辉.云南景谷陀螺传统体育文化之教育传承途径探析 [J].搏击（武术科学），2015（3）：83-84.

② 芦平生，陈玉玲.少数民族传统体育的传承与演进 [J].成都体育学院学报，2003（3）：39.

③ 李因霞，顾晓艳.少数民族传统体育文化传承的教育人类学研究 [J].黔南民族师范学院学报，2008（3）：85-88.

全面发展。少数民族传统体育文化还能增加人的知识，改善人的观念，影响人的智力和非智力因素的发展，具有很强的教育价值。比如宗教礼仪和传统节日具有对年轻人进行教化和观念灌输的作用，身体活动则是两者的重要组成部分；学习围棋有益于人的整体观察；体育舞蹈对节奏智能、马术对动觉智能都有明显促进作用；进行游戏和对抗性体育运动，可以调动和激发获胜动机，是参与游戏和体育运动的原动力，使儿童对该项活动产生强烈兴趣，有利于将活动长期坚持下去。其中，在身体活动中获得的成功体验是增强和丰富儿童情感的必要条件，体验的挫折和失败则可以锻炼人锲而不舍的坚强意志。

梁日忠将红水河流域少数民族传统体育作为一种文化创造，揭示其文化底蕴，探索体育文化传承中的教育价值。红水河流域是以稻作为主的农耕文化，各民族人民的农业意识对传统体育的形成产生了深刻影响。许多特有的文化现象、生活习俗都与稻作农业有关，表现出多山地带擅长跑、跳、攀、爬的特色，山区人民把最原始、最简单的生产技术改造成体育活动。由于生产力低下，稻作农业对自然条件和生产对象有很大的依赖性，人们头脑中产生了各种超自然力的神化观念，并产生了对这种神化对象的崇拜，构成这一地区宗教活动的内容。作为社会意识形态的宗教，与体育有着相互渗透的关系，宗教活动隐含着原始民族体育活动的成分，体育活动中又保留了宗教的礼仪庆典。许多项目在产生与流传过程中还与动人的传说、神奇的故事结合起来，如壮族蚂拐舞、苗族爬坡杆、仫佬族凤凰护蛋等活动的来源都有深厚的文化底蕴，加上体育运动的力量美、动作美、节奏美等因素代代相传，构成独有的民族传统体育文化；这些体育文化更是包含着发人深省的教育价值。首先是多元文化一体的教育理念。一切文化的价值是相对的，不存在绝对的价值标准，各民族文化在价值上无先进与落后之别，每一个民族的文化价值应由该民族自己的价值体系来评判，不应把其他价值标准强加于人。红水河流域传统体育文化中的人文价值观和审美理想体现着世界体育文化的多样性，而其有效传承体现着多元文化一体的教育理念。其次，红水河流域少数民族传统体育文化作为教育的重要内容和手段，在实现塑造具有少数民族文化传承素质的新人中发挥着重要作用，体现了促进人的全面发展的教育功能。此外，民族文化传承是多元文化整合教育实行的基础，是实现民族团结教育的有效途径。①

滕星教授的多元文化整合教育理论提出：一个多民族国家的教育在担负人类共同文化成果传递功能的同时，不仅要担负起传递本国主体民族优秀传统文化的功能，同时也要肩负起传递本国各少数民族优秀传统文化的功能。多元文化整合教育的内容，除了主体民族文化外，还有少数民族文化的内容。红水河流域的少数民族体育文化为儿童学习本民族优秀传统文化提供了丰饶的资源，在智力、非智力因素的不同层面有助于提高少数民族青年一代的全面健康发展。②

崔英锦深入分析了朝鲜族摔跤的象征内涵，以此挖掘体育中的教育价值。作者提出摔跤作为朝鲜族的体育运动，历史悠久、文化特质明晰。它象征着朝鲜族男性勇敢、刚毅的气质，体现着征服自然、顽强生存的民族特性；"腿带"的独特规则包含着和谐共生的文化心理。摔跤这种传统项目的运动规则和技术要求并不复杂，没有太大的危险性和副作用，可以通过身体运动，激发肌肉的瞬间爆发力和弹力，提高敏捷性和耐久力等基本身体素质，并能够调动民族成员的文化传承意识，从而推进传统文化的普及。摔跤等传统项目在各民族和谐生存的价值观和理念的推动下，呈现出民族固有的传统文化心理特征，在民族社会发展过程中发挥着独特的教育价值，为构建和谐的人际环境和文化传承起着重要的内在动力作用。③

民间游戏精彩纷呈、丰富多样，具有较强的流传性，儿童可以对游戏进行编导、创造，因而具有不可取代的教育价值。以教育人类学眼光洞悉游戏也有很多新的发现。徐莉、吕娟的研究聚焦广西客家传统民间游戏的多方面社会功能，探讨了游戏对于个体生存、学习、生活、社会适应与文化习得的积极意义。作者提出，儿童作为一个人，从出生到成长都处在一定的文化环境中，受到其所处文化环境的制约和引导。广西客家传统民间游戏作为一种民间文化，

---

① 梁日忠. 红水河流域少数民族传统体育传承教育人类学思考 [J]. 体育科技，2010（3）：28-31.

② 哈经雄，滕星. 民族教育学通论 [M]. 北京：教育科学出版社，2001：124.

③ 崔英锦. 朝鲜族摔跤的教育人类学解读 [J]. 民族教育研究，2008（6）：56-58.

不仅是一种散发生命能量的实践活动，更是一种积淀深厚、意味深长的文化现象。它存在和流传于民众之间，成为儿童喜爱的娱乐活动之一，构成了儿童成长环境的一部分，更是寓教于乐的有效途径，其社会教育功能表现为：为儿童成长营造本族文化场域，规范着儿童的社会化发展，强化个体对故土的亲近感。体现了作者对儿童主体性与游戏天性的尊重，以及对游戏之于儿童发展价值的尊重。[1]

张新立对"斗鸡"游戏的来源、名称在儿童言语中的确定，说明儿童在名实关系上可以发挥自己的主动性和创造性，达到对概念的自然而深刻地掌握。在作者看来，"斗鸡"游戏反映了儿童对人类生活争斗的模拟。通过这种游戏，儿童以社会许可的方式，实现了某种心理上的宣泄和补偿，使儿童在生理和心理两个方面得到锻炼和发展。儿时的游戏对成年生活具有极大的影响，无论是陀螺、斗鸡还是其他游戏，儿童在游戏中得到了身体、智力、道德、意志、性格以及合作精神、组织策略等的锻炼，这种锻炼极有可能带给他们的成年生活以收益。[2]

（三）学校在传承民族体育文化中的作用

由于社会的变迁、人们生活环境的改变以及外来文化的渗透，传统体育文化、民间游戏的文化生态已发生变化，体育游戏所处的环境、体育游戏的工具、体育游戏的属性都发生了改变——高层楼房取代了平房小院、游戏工具从手工制作转向了金钱购买，传统体育、游戏从地域性、民族性趋向统一性、同质性，在这样的文化情境下，传统体育文化及民间游戏的走向值得关注。

国内关于体育、游戏传承的人类学研究大多从教育人类学视角切入，认为每一种文化都应作为独立形态而存在，多元文化在今天的时代需要不同文化之间的相互交融。通过对民族体育文化、民间游戏传承过程的重视、保护，实现

---

① 徐莉，吕娟. 广西客家传统民间游戏的教育人类学观察 [J]. 广西师范大学学报（哲学社会科学版），2014（2）：121–126.

② 张新立. 论教育人类学视野中儿童游戏"斗鸡"的内在价值 [J]. 内蒙古师范大学学报（哲学社会科学版），2005（4）：49–52.

少数民族文化的传承和创新，在文化发展中促进人的发展。在对体育文化的衰落及民间游戏消失的原因分析的基础上，结合学校教育在人的身心发展中发挥的主导作用，教育人类学研究者提出了如下建议。

1. 教师在体育文化传承中的作用

学校是专门的教育机构，拥有受过训练的专业人员，能有计划、有组织地实施教育工作，学校教育能对家庭、社会教育发生主导作用；在民族传统体育文化传承中要充分发挥学校教师的作用。首先，教师是专业人员，具备较高的综合素质，经过系统的学习和培训后，可以成为少数民族传统体育的承载者；其次，教师工作具有组织性、系统性、计划性和指向性，在传承过程中，所选择的内容是成体系的，教师作为专职人员，其时间是稳定而有保障的，所以，教师是少数民族体育文化最具潜力的传承者。

多元文化一体教育理念已提出多年，广大教师和教育管理者也认为该理念在教育研究领域意义重大，但对在具体教育教学活动中的运用上认识不够，多元文化一体教育理念并没有落到实处。梁日忠提出要推进多元文化一体教育，必须帮助教师和教育管理者清楚地认识多元文化一体教育开展的意义，定期举办以多元文化一体教育为主题的培训班，为他们提供更多有关多元文化的资料，提高他们对多元文化一体教育必要性的认识，贯彻执行多元文化一体教育的课程内容模式，探索适合民族地区学生的教学方法，使多元文化一体教育不仅在民族地区的学校教育中，而且在其他地区的学校教育中也获得成功。①

2. 学校作为教育文化传承场的作用

民族传统体育文化传承是一个人类文化教育的学习实践过程，学校教育是传承民族文化的重要场所，承担着民族文化传承的重任。学校课程不仅要传授现代科学技术知识，而且要传授优秀的民族传统文化；在继承民族优秀传统文化的基础上，吸收人类优秀文化成果。民族传统体育既是教学手段，同时也是重要的教学内容。在校本课程体系中应关注民族传统体育历史发展的基本脉络和基本情况，关注民族传统体育物质文化、精神文化和社会文化的基本知识。

---

① 梁日忠.红水河流域少数民族传统体育传承教育人类学思考 [J].体育科技，2010（3）：28-31.

教育除传播知识外，应有利于学生身心健康成长，培养学生健全的心理和人格。如果教学内容中缺失了民族传统文化的相关内容，隐含在背后的文化价值将失去意义，这既不利于激发学生的民族自信心、自尊心和自豪感，更不利于民族文化的传承。因此，在校本课程开发的同时，也要结合民族节日庆典活动，在学校开展经常性的民族文娱体育活动以及文化知识竞赛，在学校营造浓厚的民族文化氛围，充分发挥学校作为教育文化传承场的作用。梁日忠、张新立明确提出将民族传统的体育、游戏引入学校，使其相互交融，促进传承。

3. 民族传统体育课程的资源开发

学校是传承发展少数民族传统文化的中介，是原始文化形态走向规范化、科学化、普及化的必由之路，学校在文化传承中发挥的作用是不容忽视的。如何将学校教育的传承功能进行合理开发，构建一个科学的、具有可行性的民族文化传承体系，对于学校教育改革及民族文化传承会起到很好的双向促进作用。如何将民族传统资源作为课程资源，梁日忠从学校课程开设到学校氛围创设进行了阐述：首先，大力开发民族传统体育文化课程资源，使传统体育文化成为学校教育的重要内容。其次，营造校园传统体育文化氛围。作为学校教育的一种潜在课程，校园文化发挥着极大作用。校园文化是学校成员自己创造和选择的，具有很强的可重塑性；基于民族体育传承的校园文化建设有着广阔的发展空间。[1]

4. 促进民族文化传承的制度建设

从传播学角度分析，学校作为一种传播媒介所采取的传播形式是一种有组织的传播形式。学校教学活动必须在国家的教育制度、方针和政策指导下执行。教育部门应通过相应的制度安排，将文化传承转变为学校的实际教学行为。同时，应加大已有政策的贯彻落实力度，建立和完善适应社会发展需要的教育制度。尽管我国在民族文化传承方面制定了一些政策，如民族民间文化保护条例、继承和发展本民族优秀传统文化的权利以及民族民间文化进课堂等，也有不少学校在民族文化进课堂方面进行了尝试。毋庸讳言，这些制度或政策与整个教

---

[1] 梁日忠. 红水河流域少数民族传统体育传承教育人类学思考 [J]. 体育科技，2010（3）：28-31.

育体制衔接不够，学校在传统文化传承中并没有发挥其应有功能。因此，要把学校作为传承传统文化的重要阵地，加强在教育思想、制度和实施细则中贯彻宪法、民族区域自治法的基本精神，如对教育体制、教学大纲如何适应民族文化传承和人类文化多样性保护这一历史要求作出相应改革等。

总之，我国是一个多民族国家，民族传统体育数量和形式丰富多彩，既包括本民族独有的传统体育，也有各民族中普遍开展的项目，这些项目不仅具有很强的健身价值，而且还有很高的艺术价值和丰富的娱乐、教育功能。随着全球化浪潮的冲击和现代化建设的加快，很多原生态民族传统体育生存的条件逐步丧失，传统体育活动由于缺乏时代感而被广大群众冷落。在全球化背景下，如何在保持和发展民族性的同时，对民族传统体育游戏进行挖掘整理，使之适应现代社会发展及自身现代化发展的需要，将民族优秀体育文化融入大体育文化中，发挥传统文化的教育功能，是文化传承视角下教育人类学研究的一项重要内容。

三、艺术中的文化传承

世人历来重视艺术对人的影响，从东方到西方，从亚里士多德到孔子，都重视艺术对人的生成有着巨大的熏陶和感化作用。时至今日，越来越多的人重视艺术的教育价值，将美育视为素质教育的重要部分，以期通过美育提高学生的审美素养、促进学生的全面发展。任何脱离具体生动的审美经验过程的审美观教学，任何脱离个体审美趣味的审美观灌输，不可能取得应有的美育效果。[①]教育人类学研究尤其关注艺术在文化传承中不可取代的地位和作用，探索艺术教育如何符合学生实际，更好地发展、丰富学生的审美趣味，培养学生的审美素养。

---

① 杜卫. 论审美素养及其培养 [J]. 教育研究，2014（11）：24—31.

（一）民间传说的独特魅力

教育人类学关注在复杂的文化背景下人的发展和文化传递问题，探寻民族传统文化价值传承的内容及其途径，关注历史传说、童话故事作为一种文学形式包含的历史印记、生活气息，并通过一代又一代的流传，不断塑造着人，留下了宝贵的精神文化遗产。

王毅、倪胜利对藏族人类起源传说进行探析，深入挖掘其独特的教育价值。透过对藏族"称猴与罗刹女"传说的教育人类学解读，提出人的发展与其生存环境、生存方式息息相关，特定时空决定着族群特有的文化样态，特有的文化心理是每个民族对自身发展作出的远虑。基于此，作者对当代民族教育提出如下思考：第一，特定时空中人与自然环境相适应的过程是一个民族文化心理形成的过程；第二，文化心理的构成是复杂多样的，特有的族群文化心理决定其独特的文化形态；第三，当代民族教育不能忽视民族文化心理差异的存在。

周智慧、姚伟从教育人类学视角对蒙古族民间童话及其传承进行研究，从观念与知识、智力因素、非智力因素三个层面分析其教育价值。在观念和知识层面，通过对童话的讲述，可以使蒙古族儿童对民族的历史和传统有所了解，而蒙古族童话中一些关于家训、宗教、仪式、丰收祈祷、传统节日等的讲述，对祖先、族人及部落、天地自然、人生观价值观的叙述，实际上具有对儿童进行教化和灌输观念的作用。蒙古族童话是蒙古族各个历史时期的文化积淀，反映了蒙古族的历史和传统，作为蒙古族的文化载体，反映了蒙古族的观念和知识。在智力因素层面，蒙古族童话中大量关于自然的描述，能够培养儿童的观察力；蒙古族童话中关于人与人、人与动物和谐相处的故事有益于儿童情感的丰富；其中蕴含的哲理有助于儿童逻辑思维的加强，而学习蒙古族童话本身可以使儿童的语言智能、交流智能、想象力、记忆力得到培养和提高，实现了寓教于乐、潜移默化、润物无声的作用，而这样的教育方式正是现代教育追求的理想。在非智力因素层面，传承蒙古族童话对于儿童非智力因素的影响是十分显著的。蒙古族民间童话刻画的英雄形象，体现了蒙古族的民族个性，可以激发儿童顽强坚韧的情感；关于蒙古族人民朴实、善良、智慧的描述，有助于儿童健康性格的形成；关于人与动物和谐共处以及对于弱小动物同情和保护的故事，有助于儿童爱心和同情心的培养；蒙古族民间童话中赞美大草原，对大草原诗一般的描绘，可以帮助儿童形成对于大自然敬畏、崇拜的情感，养成宝贵的生态保护意识。这些优秀品质在蒙古族民间童话的传承中不是靠说教，而是在童话的讲述和学习过程中被铸就的。

（二）音乐的熏陶作用

虽然人们较多观察到音乐对人的情感和气质等的影响，但在至今的音乐教育中，却很少注意到音乐对人的智力因素的促进。国内外音乐教育大都把音乐练习的顺序建立在难易程度的逻辑上。比如近些年盛行于中国的器乐考级制度，也是以能否演奏哪一难度的曲目作为衡量的主要标准。器乐演奏确实在演奏技能和技巧上有难易之分，也是学习器乐时要加以合理考虑和安排的，但学习音乐并非只是为了演奏和演唱艺术作品，更具有促进人的发展的教育人类学意义。以此为出发点，练习顺序也可以从人的人格完善的逻辑加以考虑。如缺乏激情的孩子多练习感情丰富的曲目、懒散的孩子多练习快节奏和动感强的乐曲、好动的孩子多练习抒情优美的旋律等。音乐作为一种常见的艺术形式被不断地传递，民族音乐流传作为一种文化传承，对于这一文化传承教育功能的研究正是教育人类学关注的重点。

邓晴南运用教育人类学研究视角，分别对音乐文化、音乐文化传承、音乐文化教育的词源语义进行考辨和论述，通过对文化传承与教育关系的辨析，分析音乐教育与音乐文化传承间的互通关系，明确传承与教育的功能和属性。作者将教育与文化传承的关系界定为两个方面：一方面，文化传承是教育的文化目标；另一方面，教育是文化传承的主要表现形式。通过对音乐文化传承与教育关系的分析，提出音乐文化传承与教育并无天然鸿沟，二者相辅相成、互为因果，一定条件下可以互相转化。民族音乐文化体现出的文化传承属性，在讨论民族音乐教育时，不能简单套用学校教育的基本原理和方法，研究眼界和视角需更加开阔。

范婷婷、郭天红从教育人类学角度分析赫哲族伊玛堪的文化内涵及其教育功能。伊玛堪具有传承民族历史文化、体现民族审美、展现民族文化交流的教育价值，其传承模式有家族式传承、社会式传承和政府组织式传承。此外，作者立足当下，针对社会经济发展、多元文化流入、传统传承方式对伊玛堪传播的限制，提出了提升民族传承意识、健全政府监督管理机制、拓展宣传途径等保护和传承的有效方法。①

王颖、赵去非以黄龙戏为例，对民族音乐文化传承进行了阐述，认为民族音乐传承是满足人的需要的过程，是文化选择的过程，本身就是一种教育过程，蕴含着极大的教育功能：即人文知识的获得、智力因素与非智力因素的影响。②

唐茜结合多学科知识，深入探讨了童谣在文化传承中的作用及其教育功能，从种族文化的传承方面分析了童谣在儿童的语言启蒙、心智培养中不可忽视的教育价值，并提出了童谣课程开发的相关建议：通过利用现代化技术及教辅的开发，增强文化传承的有效性，传承和发展民族文化，挖掘童谣的教育功能。③

此外，还有研究者从课程开发角度，将人类学理论和研究方法引入课程和教学理论研究，以期做到以人为中心来研究教育教学活动，通过发挥教育行为的功能，提升人创造世界、改造世界的能力，最终促进人类社会和文化的发展。

事实上，文化传承视角下的教育人类学研究多聚焦于少数民族的仪式、运动、艺术等，这种跨文化视角对于教育者的真正价值在于改善学校实践工作，通过对文化多样性的保护，以确保社会的公平公正，即强调照顾到各种不同民族文化的差异性，尊重文化的多样性，以提高同一社会中所有群体的文化获得感。而最容易进行变革的则是学校教育，因此课程开发成了文化传承的重要途径。唐茜提出了课程开发的必要性，史一丰、倪升霞等人进一步提出了中学本土音乐课程建设的具体措施：第一，优化专业教师的知识结构，强调专业教师的主导地位。第二，编写本土音乐教材，倡导丰富多彩的本土音乐主题活动。第三，适时邀请本土音乐传承人进课堂开展传承活动，或者带学生到田野感受

---

① 范婷婷，郭天红.赫哲族伊玛堪传承的教育人类学解读[J].黑龙江民族丛刊，2014（1）：145-149.

② 王颖，赵去非.音乐人类学视野下传统音乐文化传承的意义与思考[J].艺术教育，2018（23）：53-54.

③ 唐茜.教育人类学视野下凉山彝族童谣功能再思考[D].成都：四川师范大学，2018.

本土音乐的乡土魅力。①

（三）才艺智慧的熏染作用

人类文明的历史汇集了人类的才艺智慧，这些才智的形成发展及其包含的教育文化功能也是教育人类学研究重点关注的内容之一。李秀利对壮锦的发展历程及教育价值进行了全面分析，其教育功能表现在如下几个方面。②

第一，精美绝伦的壮锦体现了壮族人对美的价值追求。壮族人用壮锦的形式表达自己与自然交往、与人交往的态度和价值取向，这是壮族壮锦的"神"，是一种与自然和谐相处的文化，蕴含于内容和形式之间，是壮族人对大自然的无限热爱和对美好生活的深切向往，壮锦上的图案被认为是壮族"文化"最直接的体现，代表了普遍出现在壮族人民生活中的一种文化特征，这种文化特征在壮族人民中不断延续，是壮族人民生活、习惯、心理的载体。

第二，壮锦文化是壮族人民活的家庭教育。自古以来织壮锦是壮族女子的必修课，因为在壮族地区一个会织壮锦的姑娘是最受欢迎、尊敬的，也就是最受喜欢的；在清初织锦就成为壮族女子必须学会的"妇工"。《归顺直隶州志》有云："嫁奋，土锦被面决不可少，以本乡人人能织故也。土锦以柳绒为之，配成五色，厚而耐久，价值五两，未莽之女即学织。"清初沈日霖的《粤西琐记》也写道："壮妇手艺颇工，染丝织锦，五彩灿然，与绎丝无异，可为姻辱。凡贵官富商，莫不争购之。"在民国时期，织壮锦为壮家妇女的家庭副业，为壮族女子阅世后必操之业。在壮族人民心里，人们对会织壮锦的人非常看重，对壮锦技艺的苛求，是关系到壮族妇女以后找对象难易的重大人生问题。织锦和刺绣对壮族家庭来说是一门真正意义上的家庭教育课。从教育人类学视野来看，织锦和绣锦背后蕴含着壮族人民的生活理念、人生价值的实现以及社会地位的认可。

第三，壮锦色彩显示出民族性格。"红配绿，看不俗"，体现了壮族织锦艺人对壮锦配色的一些要求：既要艳丽夺目，还要经久耐看。壮族多喜重彩，以

---

① 史一丰，倪升霞.教育人类学视野下中学本土音乐课程建设[J].艺术评鉴，2016（2）：167-169.
② 李秀利.教育人类学视角下的壮锦教育功能和传承对策的思考[J].学理论，2009（6）：187-188.

红、黄、蓝、绿为基本色，其余是补色，对比鲜明强烈；以红为背景，充满热烈、活跃、欢腾的气氛；用绿作烘托，有开朗的情调；以黄绿配置，则艳丽动人。一幅壮锦常常用几种颜色甚至是十几种颜色搭配组成，配置得当、斑斓绚丽、丰富统一、对比和谐、古艳深厚、华而不俗，在色彩上独具匠心，反映出壮族人民对外界事物的感受，并通过色彩的搭配和浓淡，体现自己与众不同的热情、爽朗、勇敢、朴素的民族性格特征。

卓嘎、廖伯琴对藏族天文历算这一沉淀下的才智进行教育人类学解读。古代藏族天文历算的传承经历了从朴素的经验传承到较为集中的巫师传承阶段。在经验传承时期，先民以自然为课堂，在活动情境中建构对于时空的理解；教育主体以长者为主，采取分散、自发、随机、简单的教学方式，教育内容、教学方法、教学组织形式处于一种与日常生产生活相融合的自然同一状态，教育主体与客体之间的界限并不十分明显，是一种早期的自在教育。大概在古象雄时代，藏族天文历算传承体系开始集中到少数人即能者巫之手里，天文历算的传承逐渐在巫师家族及师徒间得以传承，先民也在苯教巫师组织的各种仪式活动的参与中承接天文历算知识并实现个体的社会化。在这样波澜壮阔的历史发展中，天文历算中的时间观涵盖了特有的教育意义。

作者卓嘎、廖伯琴在对藏族天文历算的人类学研究中关注到：无论是代与代之间的传递还是同辈之间的学习，远古藏族主要文化内容的传承都是以先民创立的时间观作为其中轴串起来的，都离不开对于时间的认识和理解。而这个时间观往往是人们通过对时间的认识和总结来实现的。[①]

四、文化传承：教育人类学研究的发展趋势

（一）强调研究的生态学原则

文化传承视角下的教育人类学研究主要关注文化传承，因为文化传承包含

---

① 卓嘎，廖伯琴. 教育人类学视阈下的古代藏族天文历算文化传承方式探析 [J]. 民族教育研究，2011（3）：15-19.

着人与人、人与民族、民族与社会等各种联系。生态学理论强调人与环境之间的相互关系，为教育人类学研究提供了一个更为全面的视角。

杨艳涛以社会变迁为切入点，从社会变迁的视野出发，以汤阴县的"送羊节"为例，探讨经济变迁、生活方式变迁及价值观变迁对传统文化的影响，并揭示其内在的教育价值：送羊习俗是对子孙的一种孝道教育。中国自古以来就是礼仪之邦，"孝"是中国人十分重视的一种传统美德。送羊节的由来是舅舅为了让自己的外甥孝敬他的母亲，让他看羊羔吃奶的情景，以使他从羊羔跪地吃奶的现象中受到启发，要多体谅自己母亲工作及生活的艰辛，牢记孝敬自己的父母。每年的亲戚走访过程也是一次伦理道德观念强化的过程，既能增进亲戚之间的情谊，又能提升彼此"孝敬"的观念意识，具有鲜明的教育意义。[①] 吴洪亮、吕国光以青岛朝鲜族为个案，从家庭传承、学校传承、社区传承、市场传承、教堂传承等方面，对青岛朝鲜族的文化传承现状进行田野考察，提出教育中的"模仿"是少数民族迁移者群体文化传承的内在机制；文化"位育"是少数民族迁移者群体文化传承的基本价值取向，提出家庭、学校、市场、社区、教堂要协同参与，共同营造民族文化认同的生长环境。[②] 这些研究不仅关注文化传承中的特定的人，对其他群体、环境等也都有更多研究。文化传承视角下教育人类学研究的生态学原则不断凸显。

陈祥军运用教育生态学及教育人类学的理论与方法，对教育与教育生态之间的关系进行初探，发现二者之间关联性的断裂对当前民族传统文化教育与传承造成了一定影响。作者指出，学校教育已被看成一个人全部的教育，而最根本的生活世界教育却不知不觉地被遗忘了，现代教育只是机械地教授学生很多知识，而缺乏对生活和社会"常识"的培养。或者说，现代教育脱离了受教育者的文化环境。因为文化带有民族色彩、地域色彩和时代色彩，所以文化环境

---

① 杨艳涛.社会变迁视野下的传统文化的演变及其教育意义的探析——以河南省汤阴县"送羊节"为例 [J].科教导刊（中旬刊），2012（16）：247-248.

② 吕洪亮，吕国光.少数民族迁移者群体文化传承的教育人类学研究——基于青岛朝鲜族的田野考察 [J].民族高等教育研究，2016（4）：24-31.

的教育在本质上为民族精神教育。^①脱离民族文化环境的教育，必然会引发民族传统文化传承机制的危机。整体化、单一化、体系化的现代学校教育与民族传统教育是脱节的，其内容脱离于民族或地域文化环境。整个社会生态系统内部的子系统发生了失衡，引发更加激烈的矛盾只是时间问题。系统的稳定是建立在系统内各因子之间协调紧密的联系之中，每个民族都有自己独特的教育模式，现代教育和传统教育并不矛盾。教育的目的之一就是要传承和发展文化，无论是探讨社会变迁对文化传承的影响、探寻文化传承如何影响人，还是分析当下的教育环境，都体现了教育人类学研究的整体性、生态性思维。借鉴相关学科的经验，采用生态学原则研究文化传承下的学校教育，是教育人类学未来发展的趋势之一。

（二）探寻民族文化传承机制

基于民族文化传承的教育人类学研究，必须紧紧围绕文化传承对人有哪些影响，是怎样影响的以及文化传承的途径和机制来进行。民族文化蕴含着巨大的教育功能。如何认识和发掘这些民族文化的教育功能，研究文化对人的形成的作用与影响，是教育人类学的研究宗旨和中心任务。在探寻民族文化传承如何影响人的问题上，王军作出了富有代表性的阐释：^②

首先，民族文化传承对人的影响体现在知识和观念层面。各个民族的史诗、传说、童话、民谣、家谱等记录了大量的历史和人文知识；通过故事的讲述、史诗的诵唱、家谱的背诵，可以使年轻一代对民族的过去有所了解。而家训、宗教仪式、婚丧嫁娶、成人礼、丰收祈祷、传统节日等，具有对年轻人进行教化和观念灌输的作用。对祖先和父母、族人及部落、天地鬼神、世界万物、命运归宿、生死观念的态度和认识等，往往也在传承过程中逐步确立起来。当然，对于上述种种文化现象不可一概而论，有积极向上的，也有悲观消极的。研究民族文化传承要对其进行具体分析和筛选。

---

① 王连声. 教育人类学——理论与应用 [M]. 台北：五南图书出版公司，2002：111.
② 王军. 民族文化传承的教育人类学研究 [J]. 民族教育研究，2006（3）：9-14.

其次，民族文化传承对人的影响体现在人的智力因素形成上。众所周知，人的观察力、记忆力等各种智力因素并非先天形成，而是通过后天的社会实践逐步发展起来的。发展智力和形成独特的智力特征，不能不考察它所赖以形成的工具和手段，那就是具体的文化及其传承过程。如学习刺绣能够培养人的精细观察力，学习围棋有益于人的整体观察；背诵化学周期表可以培养人的抽象记忆，研习绘画能够强化形象记忆；学习音乐有益于情感的丰富，学习哲学有助于逻辑思维的加强；而绕口令对语言智能、踢踏舞对节奏智能、心算对数理智能、绘画对空间智能、马术对动觉智能、宗教对自省智能、山歌对唱对交流智能、中医诊断对观察智能等有着明显的促进作用。每一种民族文化具有什么样的教育功能，如何发挥这些功能促进人的发展，这些都是教育人类学研究的范畴。

再次，民族文化传承对人的影响还体现在人的非智力因素形成上。非智力因素一般是指人们对事物所持有的动机、兴趣、情感，以及人的意志和性格等。在传承民族文化过程中，人的非智力因素是十分重要的。如何调动和促进人的非智力因素的健康发展，不仅对民族文化传承具有重要意义，对于青少年人格的完善同样是重要的。以游戏和体育运动为例，在进行游戏和对抗性体育运动时，调动和激发其获胜动机，是参与游戏和体育运动的原动力；使儿童对该项活动产生强烈的兴趣，有利于将活动长期坚持下去；成功体验是增强其情感的必要条件；挫折和失败可以锻炼人锲而不舍的坚强意志。一个人的非智力因素的健全发展，必须通过长期的亲身体验、锻炼和实践才能获得；人格的健全需要有意识地和长期地磨炼才能形成。应该说，一个优秀的人能将人格中的两极完美地统一在一起。例如，将粗心和细心、注意力的集中和分配、出色的记忆力和忘却、性格的内向和外向、耐久力和爆发力、坚强的意志和柔软性等融于一身，可以说这是人的形成和教育的核心任务。但这些优秀品质绝不可能靠说教形成，只能在文化传承和社会实践的过程中被铸就。

总之，教育人类学作为一门研究教育如何对人的形成产生影响的学科，民族文化传承作为教育的重要内容和手段，实现教育与人的发展的和谐统一是教育人类学的发展趋势。

（三）研究内容的现实观照

文化传承视角下的教育人类学研究在对传承文化、民族传统等进行关注的同时，增强了对研究内容的现实观照，例如将民族传统中的仪式、风俗、游戏、体育等作为一种教育资源，探析渗透其中的教育意义，以此对学校社会教育形式化问题有所改变，增强课程内容的丰富性、开展特色校本课程建设等。有研究者在关注具体实践中的仪式教育问题的基础上，提出我国基础教育应借鉴西欧教育人类学对仪式研究的前沿思想和实践经验，在开展仪式教育方面进行改革创新。

陈学金通过对自然情景下日常生活中教育具备的三个基本条件的揭示，展示了在社会形态和文化模式多元化时代，现代学校教育与日常生活中的教育之间存在着差别，教育形态和逻辑是复杂多样的，现代学校教育模式是存在限度的，对现代教育提出了深刻思考：当前世界是一个多种社会与文化形态并存的时代，在同一个社会空间里可能具有多种社会组织形式和文化模式。不同社会中人与自然之间可能形成了不同的关系；不同社会中，人与自然、人与社会之间的互动模式并不完全相同。多种社会和文化的存在决定了教育具有多元的形态。在"农村文明"与"城市文明"之间，在人与自然、人与社会、人与自我三个维度内，同样存在着诸多差异，个体在社会文化生活中所受到的教育与学校教育系统中接受教育的逻辑也并不相同。[①]

谢红雨、肖荷着重分析了教育与文化传承的关系：教育作为文化传承的重要途径和手段，与民族文化传承互为依存、相互促进，教育的形式和方法会影响民族文化传承的质和量，需要积极发挥教育对文化传承的作用。在此分析下，观照现实教育，提出了文化教育人类学视角下民族文化传承的教育路径选择：通过对少数族群社会生活中教育逻辑的探究，从传统文化、传统社区村落教育中探究教育意蕴，将教育价值融入现代学校教育中，为现代学校教育提供某些

---

① 陈学金. 少数族群社区中的教育何以可能——基于《滚拉拉的枪》一个片段的人类学分析 [J]. 民族教育研究，2015（2）：108-112.

启示与借鉴。[①]

　　总体而言，我国文化传承视角下的教育人类学研究成果日益丰富，内容不断推陈出新。随着时间的推移，研究内容更加多元化：研究对象由少数民族逐步拓展至广义的民族教育；研究内容从一元的少数民族文化内容扩展至多元情境中的民族教育；从关注少数民族传统文化，逐渐拓展为学校中的少数民族文化教育研究；从学校教育中的民族乡土文化研究，拓展至更广阔的社会情境中。

　　基于文化传承的教育人类学研究仍有很大的发展空间。第一，研究领域的拓展延伸，如关注教育公平研究、中国传统文化研究、日常生活情景中的教育研究等。第二，研究理论的本土化建构。就研究视角而言，已有研究大都集中在文化的连续性与非连续性或文化再生产理论。应在运用西方相关理论的基础上，探索教育人类学理论的本土化应用。例如，王院成从地域文化传承的教育出发，重新审视和发现地域文化的价值和意义，试图有效整合和重建其传承发展的教育生态，积极探索和创新地域文化传承的教育机制，使其与地域民众日常生活有机对接，让地域文化在现代社会得到不断的重塑和发展。[②]第三，拓宽研究对象，目前相关研究对象主要是少数民族，但是对非少数民族地区的文化传承研究还有待深入。

---

① 谢红雨，肖荷.文化教育人类学视野下民族文化传承的教育路径研究 [J].民族高等教育研究，2017（1）：23-31.

② 王院成.地域文化传承发展的教育人类学研究 [J].焦作师范高等专科学校学报，2019（4）：51-54.

154　传承与创新：新中国教育人类学研究 70 年

第六章　教育人类学视野下的学校教育研究

一、研究概况

　　本章将教育人类学视野下的学校研究按照不同范畴进行梳理，从教师、学生、师生关系、课程四个方面呈现学校教育的研究现状。截止到 2019 年 12 月 31 日，以中国知网数据库（CNKI）为平台，以"学校"和"教育人类学"作为主题进行搜索，删除重复文献和无关文献，共得到 345 条文献。首先，从年度数量和主题两个角度，呈现当前我国教育人类学视野下的学校研究现状。

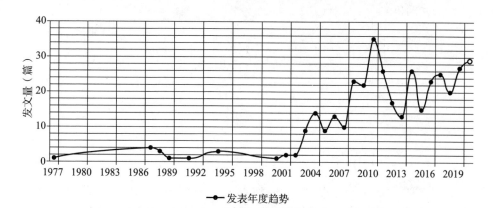

图 6-1　教育人类学视野下学校研究的文献年度分布统计图

从图 6-1 中可以看出，教育人类学视角的学校研究最早出现在 1977 年，在 2002 年呈现明显的上升趋势，从 2003 年开始，文献数量每年保持在 10 篇以上，2010 年研究数量达到最高峰。

利用 CNKI 中计量可视化工具对搜索到的文献进行分析，得到关键词共现网络分析图和主题词分布图。

从图 6-2 和图 6-3 来看，教育人类学视野下的学校研究中，田野调查和民族志的研究方法均有使用，其中，将民族志方法应用到教育研究领域中形成和发展起来的"教育民族志"这一术语也有所涉及；从研究主题来看，教育人类学视野下的学校研究涉及方方面面，具体包括：学校在乡土文化和民族文化传承中的作用发挥，以及不同文化背景的学生在学校教育中的适应状况。学校在教学功能方面的作用具体表现在：学生学业成就水平、不同文化背景引发的教育公平问题；教学内容的研究，如乡土教材和校本课程的开发与使用。总体来看，教育人类学视野下的学校研究中，学生仍是核心研究主题，文化是研究的重要范畴。

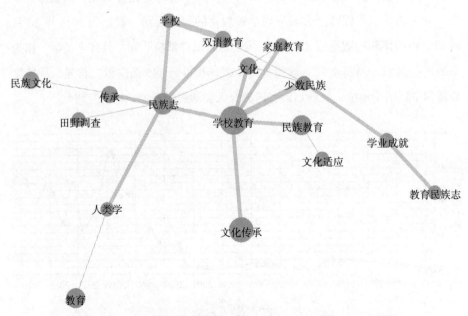

图 6-2　教育人类学视野下学校研究的关键词共现网络分析图

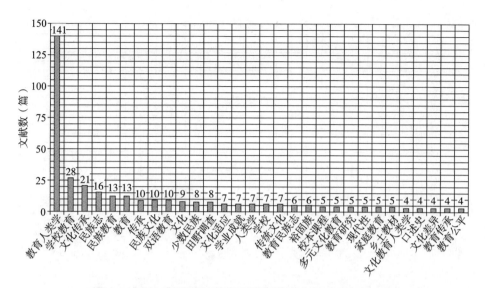

图 6-3　教育人类学视野下学校研究的文献主题词分布图

二、教育人类学视野下的教师研究

以中国知网数据库（CNKI）为平台，截止到 2019 年 12 月 31 日，以"教师"作为主题进行搜索，在得到的搜索结果中，以"教育人类学"作为"主题"搜索，排除重复文献和无关文献，共得到 155 条相关文献。借助于可视化分析工具，得到了年度分析图和主题词分布图。

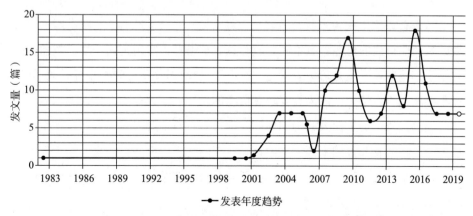

图 6-4　教育人类学视野下教师研究的文献年度分布统计图

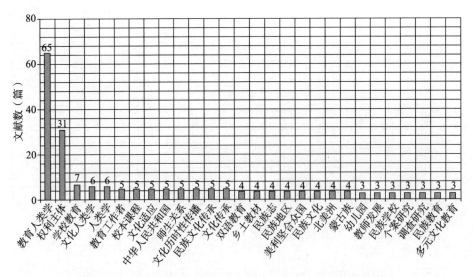

图 6-5　教育人类学视野下教师研究的文献主题词分布图

从图 6-4 和图 6-5 可以看出，教育人类学视野下的教师研究最早出现于 1983 年，文献以每年一篇的幅度增长，从 2000 年开始相关研究数量出现明显的增长趋势。教育人类学视野下的教师研究主要包含：教师角色、教师生存状态、教师行为与教师专业发展四个方面，而乡村教师是已有研究中关注较多的一类群体。

（一）教师角色的同一性与多重性

从教育人类学视角来看，教师角色具有同一性和多重性。[①] 在不同发展时期，教师所扮演的角色各有不同。教师具有教书育人的角色同一性。教师职业有别于其他职业的最显著标志就是"教书"，但教书并不意味着教师是教书匠，而是要融入教育情感，成为具有教育信念的教育家。教育不仅是知识积累与文化传递的过程，更是使人成为完整的人的过程。教育要以人为本，以学生的发展为本，将教育和人的幸福、人的尊严、人的终极价值联系起来。对于教师而言，在学生成长的不同时期，教师必须同时扮演多重角色，只不过角色的侧重

---

① 王建光.教师角色的同一性和多重性 [J].吉林广播电视大学学报，2009（5）：36-38.

面有所不同。

王建光（2009）从自身教学实践出发，指出对于幼儿园和小学阶段的孩子而言，教师更多的是扮演第二父母的角色，教师应树立先爱而后教的教育理念；对于小学生乃至中学生而言，他们开始逐渐具有独立精神，教师在这个阶段是辛勤的园丁，帮助学生改正不良的学习和生活习惯；对于进入中学阶段的学生而言，升学压力摆在面前，教师要担任督学的角色，引导学生学习，帮助学生提高成绩；到了大学阶段，学生开始进行专业知识的学习，教师在这一阶段应成为专业导师，帮助学生提高学术水平。[①]

（二）教师生存状况研究

田野研究作为教育人类学的主要研究方法，有助于对事物进行更加深入的了解。教育人类学视野下的教师研究主要聚焦民办教师和乡村教师两个教师群体，采用田野研究方法，试图全面勾勒出教师的生存状况。

1. 民办教师生存境况考察

王坤采用田野研究方法，对民办中小学教师生存境况进行了纵向呈现和横向扫描，呈现出生活在城市中的民办中小学教师的整体生存境况：教师大多丧失了工作热情，职业认同度较低，存在较强的职业倦怠，对自我发展充满了不确定性，只顾埋头教学，逐渐成为"为生产顾客满意的产品而生存的技术工人"。作者从教育人类学视角出发，认为影响和决定民办中小学教师生存状态的关键场域包括心理场、社会场、学校场、教育场四个场域，可以基于四个场域全方位地了解教师的生存状态，其中，心理场是教师的心理状态。已有研究发现，民办教师大部分感到自身职业的不稳定，随时作好离开岗位的准备；在社会场域中，民办学校的教师在任教资格、职务聘任、业务培训、教龄和工龄计算、表彰奖励、社会活动及社会保障等方面，与公办学校教师所享受的待遇存在很大差距；在学校场域中，民办学校教师工作压力大，工作任务繁重，升学率等压力使教师逐渐偏离了最初对教育价值的追求。由于民办学校多是自筹

---

① 王建光. 教师角色的同一性和多重性 [J]. 吉林广播电视大学学报，2009（5）：36-38.

经费，决策上以盈利为第一要义，这一背景因素导致民办学校教师普遍存在工作超负荷的状态；在教育场域中，民办学校教师缺乏学习进修和进行专业发展的平台；多采用教师内部听课、评课等形式进行专业发展，时间被教学过多占用、外出学习机会和发展平台有限，导致民办学校教师在教育场域中处于弱势地位。①

2. 乡村教师生活世界研究

关注"人"的现实态势和生命特质，是教育人类学的学科特点和学科关怀所在。张晓文等人着眼于乡村教师这一群体，基于教育人类学视角观照其真实的生活世界。基于对"人"生命特质进行探寻的学科属性与使命，揭示了当前乡村教师生活世界的现状：教师职业身份被"魔化"；教师专业发展被"施压"，乡村教师的类主体性被异化；教师教学生活被"撕裂"，乡村教师生命价值被分解；教师话语权利被"遗忘"，乡村教师自身真实诉求未受到关注。研究者提出要以教育人类学视角，关注乡村教师的生活世界、生存方式以及生命意义，回归乡村教师生活世界的本真。②

（三）教师行为研究

在学校教育中，教师采取恰当的教育行为对于儿童的健康发展十分重要。已有研究基于教育人类学视角和观念，从不同角度审视教师行为。

1. 非连续性教育下的教师行为

张启树（2003）、周强（2013）基于教育人类学中博尔诺夫的非连续性观点，从危机、遭遇、告诫与号召、唤醒与呼求等非连续性教育形式入手对教师行为进行分析。徐飞（2019）在其硕士论文中也从博尔诺夫"遭遇"这一概念入手，分析了教师应对课堂突发事件时的应然方式。

---

① 王坤.民办学校教师生存状态透析——基于教育人类学考察 [J].贵阳学院学报（社会科学版），2012（1）：34-38.

② 张晓文，吴晓蓉.乡村教师生活世界遮蔽与回归——基于教育人类学生命价值的视角 [J].教师教育研究，2019（4）：40-46.

（1）正确应对危机

博尔诺夫所说的危机是指那些突然发生的令人忧虑、中断了连续性生活进程的事件。在教育教学中危机实质上是一种重要的教育资源（张启树、陈修梅，2003），在面对危机时教师应端正态度，树立正确的教育观念，保持乐观心态，在学生面临危机时给予及时的鼓励，帮助学生走出危机。

（2）发挥遭遇的作用

遭遇是指能对人的发生发展产生非常强烈的影响，并有可能是一种人生的连续性中断、使人产生强烈震动的特殊经验。遭遇的发生大多是不可预料的，突发性强、破坏性大是其特征。教师在教育教学中要注意发挥遭遇的正向作用，引导学生在各种遭遇中走向成熟。（周强，2013）

（3）唤醒学生的"善"

学生在成长中会受到周围环境及其个人的影响，导致其认识产生偏见，教师要及时唤醒其内心深处正确的认知以及"向善的良知"（张启树、陈修梅，2003），推动学校德育发展，促进教师教育和学生自我教育的结合。

2. 空间观下的教师行为

空间观是博尔诺夫的《教育人类学》中的重要思想，旨在揭示人与空间的关系。詹小利（2009）从博尔诺夫的空间观出发，探讨其对教师的启示。

（1）创建稳定的班集体

在博尔诺夫的空间观中，人是"被抛"的，他被置于空间的一个任意位置上，人需要一个稳定的立足点，作为个体的中心，决定其他点的位置。教师应为学生营造稳定性的教育空间。一方面，学校是学生社会化的主要场所，教师要为学生创建稳定的班集体，正确引导学生，为学生提供稳定的社会化环境和条件；另一方面，教师在教育教学和日常交往中，要对学生充满爱心，形成互相关爱、信任的良好班级气氛，使每个学生在班集体这一空间中体会到安全感和稳定感。

（2）关注学生未来发展

博尔诺夫的空间观认为，个体必须走出内部空间、走向更加广阔的外部空间，即使外部空间充满挑战。这就要求教师在教育教学过程中关注学生的未来发展，注重学生冒险精神和胆量的培养；教师在课堂教学中要注意拓展知识，使学生具备未来发展的基本知识储备；要培养学生学会学习、独立获取知识的能力，使学生具备独立发展的素质；还要培养学生的竞争意识。

（3）培养相关品质

博尔诺夫的空间观还认为，个体时刻向往着建立与世界相适应的秩序来取得某一空间的稳定性，这要求教师在日常生活中关注学生相关品质的培养。一方面，教师要注重学生坚定性品质的培养，在教育教学中培养学生对真理的坚定信念，同时引导学生树立生活的坚定信念；另一方面，由于个体向往建立一定的秩序，教师在教学过程中要给予学生系统的知识，也要建立一定的生活秩序，引导学生遵守秩序。

（四）教师专业发展研究

20 世纪 70 年代初，联合国教科文组织出版的《学会生存——教育世界的今天和明天》中提出，加快教师专业化进程是提高教师质量的成功策略。80 年代以后，教师专业化发展逐渐成为世界性潮流，要求高质量的教师不但要具备专业知识和教学能力，而且要具有职业道德、职业理想和职业追求等素质。[①] 在我国，1995 年 9 月开始实施的《中华人民共和国教育法》首次从法律上确认了教师的专业地位，用"专业人员"来规定教师属性。实现专业化成为教师的发展目标，成为教育研究的重点。教师专业发展成为教育人类学重要的研究内容之一。

1. 教师专业发展的文化属性

教育人类学以人类学的概念、原理与方法来研究教育现象，关注成长中的"人"，关注人的成长本质、内在历程、自我超越，对教师专业发展研究有着重要启示作用。姜勇（2009）用教育人类学的个体成长隐喻解读教师专业发展的属性，孙晓蕾（2010）则用教育人类学的整体性视角与多方面的"背景分析"等方法分析教师的专业成长。通过对已有文献的梳理，可将教育人类学视角下的教师专业发展研究概括为以下几种属性。

---

① 孙晓蕾. 人类学视角下的教师专业化发展分析 [J]，学理论，2010（9）：117–118.

（1）教师专业发展的"境遇性"

"震撼"是教育人类学的重要隐喻，指促进个体发展的契机以及个体成长中的重要震撼经历；"遭遇"是教育人类学的重要名词，指能对人的发生发展产生强烈影响，并可能是一种人生的连续性中断、使人产生强烈震撼的特殊经验。遭遇的发生很多时候是不期而遇的，突发性强、破坏性大是其特征。

传统的教师观认为，教师专业发展是可控的、可量化的，外部力量可以有计划地进行控制。教育人类学视野下的教师专业成长具有境遇性，其成长是非线性的、与重大事件或者遭遇相关的，具有一定的突发性（姜勇，2009）。教育教学活动、日常生活中的潜在因素、教师自身的精神世界都是一种遭遇，都可能对教师专业发展产生影响。

（2）教师专业发展的"非理性"

教育人类学高扬个体的非理性精神，关注个体丰富的精神世界。从传统理性角度看，教师应是严肃认真、严谨睿智的教育工作者，教师和学生之间往往缺乏情感交流，课堂缺乏生命活力。从教育人类学角度看，教师需要有爱心，与学生进行心与心的交流，才能实现和谐的师生关系。教师在其专业成长过程中需要理性与非理性的结合，充分展现教育的魅力与艺术。（姜勇，2009）

（3）教师专业发展的"文化性"

教育人类学关注民族性，关注不同民族的文化背景。文化相对论是人类学的首要原则，每种文化都具有其独特性，其民族性的隐喻要求教师的专业发展具有文化性（姜勇，2009）。在此意义上，教育人类学丰富了教师专业成长的内涵，它不仅是知识与技能的提高，更有建立在文化基础上的专业精神。这种专业精神应是吸收我国历史文化并结合现代实际发展而来的现代中国教师的专业精神。在全球化进程中西方先进教育理论进入我国，在拓展了学术视野的同时，也让我们不自觉地放弃了民族特性和文化差异性。教师在专业成长中要注意对传统文化的传承，形成文化自觉，在学习历史文化遗产的同时，结合现代实际，发展现代中国教师的专业精神。

（4）教师专业发展的"超越性"

教育人类学关注个体自由，认为个体发展是不断摆脱外界束缚，进而超越自我不断走向自由的过程，这就要求教师的专业发展具有一定的超越性。

受教师的社会属性所限，教师容易成为公共世界和公共意志的忠实执行者，从而丧失自由。在教育人类学视野下，教师专业成长要不断摆脱束缚并走向内在自由。摆脱束缚，要求教师有对教育的敏感性和批评意识，能对自身教育活动进行深刻反思；内在自由意味着教师应充分发挥自我重建的能力，在生活经验中进行自我教育，进而得到自我成长。（姜勇，2009）

（5）教师专业发展的"整体性"

人类学采用整体性视角来审视事物发展过程。从人类学视角看，一方面教师专业发展与整个教育发展融为一体，兼具个人价值和社会价值，教师专业发展可以有效带动教育改革，而整个教育系统的革新也有助于教师专业成长。另一方面，教师专业成长不仅是接受专业知识，其受教育的历史、教育生活史、个人生活史都是专业成长的源泉；在实践中反思与研究，是教师专业成长的关键途径。（孙晓蕾，2010）

2. 教师培训与专业发展研究

已有文献对教师专业发展途径的关注主要集中在教师培训方面，进而形成了如下特点。

（1）注重民族特色

长期以来我国教师培训执行全国统一的教师培训计划，忽视了教师的特殊性，少数民族教师并没有专门的培训活动。教育人类学关注文化的多样性，一方面不同教师有不同的个性需求；另一方面我国是一个多民族国家，教师来自不同民族，有不同的文化背景，同时也要面对不同文化背景的学生。教育人类学视野下的教师培训应注重民族文化特色的传承，促进多元文化的对话与融合。教师需要学会了解不同民族、不同文化的知识，尤其是在民族地区，教师培训内容应包括不同民族群体的地方性知识，包括文化习俗、生活方式等，通过培训让教师了解少数民族学生，学会反思自己的文化。

曾煜（2017）提出边疆少数民族地区的教师培训存在着培训课程不适应多样性需求、缺乏少数民族专业培训、缺乏民族特色等问题。针对边疆地区的实际情况，提出相应的教师培训理念：提倡和保护文化多样性，建立适应边疆少数民族地区基础教育的教师队伍，开展有地方特色的教师培训。

（2）注重教育叙事

教师作为整体的人存在于教育过程，他们的生活史与受教育历史是教师专业成长的重要资源。教育叙事是教师教育的核心课程，叙事写作是教师成长的重要方式。对过去经验和历史进行体验与回顾，在反思中对实际经验进行重建，有助于建构切合实际的教育观念；教师专业发展应融入教师的日常工作中。（孙晓蕾，2010）

（3）注重多元文化教育

教育人类学倡导多元文化教育，要求教师的知识结构应具有丰富性。教师知识是从事教育实践活动所应具备的专业知识的总称，教师知识结构是具有多维度、多层次的动态知识体系。吴礼敬等（2014）对多元文化教育理论背景下大学英语教师的知识结构调整展开论述，认为大学英语教师除了专业知识、跨学科知识和人文基础知识外，还需掌握教育人类学、跨文化交际学、中国历史文化和英语教学方法的知识，实现从一元化的专业知识向多元化的复合知识转变。[①] 这同样适用于其他学科和学段的教师。面对我国多民族的文化背景，教师不仅要掌握教学知识，同时要加强民族学、人类学、心理学等学科的理论学习，增强对不同民族、不同文化的理解和认识，对多元文化持尊重态度，除此之外还要了解学生的生活经验，针对不同学生实践进行适切性的教育。

三、教育人类学视野下的学生研究

学生是教育的重要主体，也是人类学关于学校教育研究最重要的关注点。以中国知网数据库（CNKI）为平台，截止到2019年12月31日，以"学生""教育人类学"作为主题搜索，排除重复文献和不相关文献，共得到226条搜索结果。

---

① 吴礼敬，许俊农.多元文化教育理论背景下大学英语教师的知识结构调整 [J].合肥师范学院学报，2014（1）：97-100，118.

从图 6-6、图 6-7 中可以看出，基于教育人类学的学生研究最早出现在
1984 年，从 2002 年开始呈现上升趋势，2010 年共有 31 条文献，达到研究的高
峰期。在基于教育人类学的学生研究中，不仅涉及学校教育，同时也有家庭教
育和社会教育的相关研究。学校教育方面，主要关注学生适应性、学生学业成

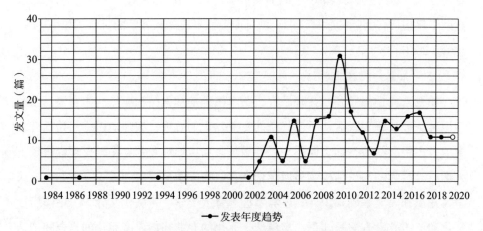

图 6-6　教育人类学视野下学生研究的文献年度分布统计图

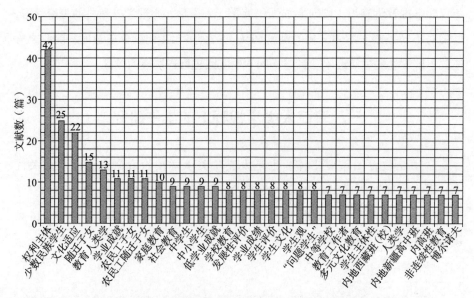

图 6-7　教育人类学视野下学生研究的文献主题词分布图

就、学生主体性等问题。由于教育人类学关注异文化的研究，不少学者将关注点放在农民工随迁子女和少数民族子女两类群体上。本章节以学生研究中的不同问题为线索，对文献进行了梳理。

（一）学生的文化适应性研究

20 世纪 30 年代美国人类学家将"文化适应"（acculturation）的概念引入文化人类学研究领域，自此文化适应理论成为文化人类学的重要理论之一。美国人类学家罗伯特·雷德菲尔德（Robert Redfield）认为：跨文化适应（也称文化适应）是指个体从一种文化转移到另一种与其当初生活的文化不同的异质文化中，个体基于对两种文化的认知和感情依托而作出的一种有意识、有倾向的行为选择和行为调整。教育人类学视野下的学生文化适应性研究主要聚焦文化适应理论，以及不同学生群体的文化适应问题研究。

1. 文化适应的相关理论研究

（1）文化的不连续性或"文化中断"理论

人类学视角下的教育是文化传递者、学习者进行文化适应的过程。"文化中断"（idscontinuliese）是 20 世纪后半叶由西方教育人类学者提出的一种对民族教育和文化传播进行分析和解释的理论，在文化与教育相互作用、互为条件的理论研究上具有突破性，对于我国进行民族教育研究具有借鉴意义。

我国是多民族国家，随着我国民族教育的数量和规模进一步扩大，民族教育出现了"文化中断"现象，既有隔断少数民族传统教育的一面，又有促进少数民族接受先进主流文化和外来文化的一面。一方面，以学校教育为代表的现代教育形式正在取代少数民族的传统教育形式，而中国正规教育体制以汉语文为信息载体，学校教育带有汉文化的符码（马茜、肖亮中，2002），这在一定程度上意味着，作为传承民族传统文化重要形式的传统教育逐渐走向衰亡，少数民族学生经历着两次文化中断（李怀宇，2004）：第一次是脱离原有的民族生活环境和文化背景，到异地接受"正规"的学校教育；第二次是毕业后回到原民族生活环境，重持本民族的生活方式。另一方面，民族教育中的文化不连续性影响着民族文化的深层内核，外来文化的传播使得少数民族学生从小形成的、具有民族特色的行为习惯和语言习惯等受到冲击，进而造成了民族文化教育的中断。

（2）多元文化教育理论

教育人类学家主张多元文化教育，要求打破单一文化的孤岛效应，用包容性来对待异质文化，既认同主流文化，又尊重其他文化。我国的多文化教育是指少数民族教育和民族文化教育，以尊重不同文化为出发点，促进不同文化间的相互理解。

2. 不同群体的文化适应研究

文化适应存在于异质文化之间，在我国，文化适应主要表现在城乡之间以及不同民族之间。学校教育中的学生文化适应问题突出表现为：城市化进程中农民工随迁子女文化适应问题，以及多民族背景下少数民族学生群体的文化适应问题。

（1）城乡文化适应问题

在我国城乡文化差异普遍存在，城乡之间在语言文化、生活环境、生活习惯和学校办学条件等方面都存在很大差异。我国正处于社会转型期，农民工随迁子女这一特殊群体随着社会转型而出现；他们跟随父母进入城市，不得不适应当地的文化。对于这一群体而言，城市文化是异质文化。

农民工随迁子女需要适应城市文化的不同层面，经历多个发展阶段。李红婷（2009）对城区学校农民工子女的文化适应过程进行研究，借鉴国外文化适应理论，结合中国实际情况和调研资料，将农民工子女的文化适应归纳为以下几个阶段：初步接触阶段，面对新环境、新同学，农民工子女流露出难以抑制的兴奋与新奇感；文化冲击阶段，农民工子女感受到来自城市学校文化的强烈冲击，出现无所适从的焦虑感以及自卑、孤独、恐惧等心理障碍；分化稳定阶段，农民工子女对城乡文化差异有了新的感受与体验，对城市学校规章制度与校园文化有了全面的认识，开始采取同化、分离、整合和边缘化等不同的文化适应策略，形成不同的人格特征。王红丽（2014）在其硕士论文中，通过田野研究发现，农民工随迁子女进入迁入地，需要适应当地在物质层面、制度层面和精神层面与迁出地的差异：物质层面的适应表现在衣着、卫生和语言方面；

制度层面的适应表现在学校管理制度、升学制度等方面；精神层面的适应表现在教育价值理念和身份认同方面。

李红婷（2009）为解决农民工子女文化适应问题提出如下建议。统筹城乡文化，加强城乡文化交流与融合，缩小城乡文化差异，在尊重城乡异质性文化的基础上协调发展；在学校层面进行城乡文化整合教育，将学校文化、学校规章制度列入校本课程内容中，加快农民工子女了解和适应城市学校文化的速度；将我国农村传统文化引入校本课程，加强农民工子女的文化认同感；委派专业人士对文化适应不良的农民工子女进行心理辅导与心理干预。

（2）少数民族间的文化适应

我国是多民族国家，少数民族与汉族之间、各少数民族之间存在着不同的文化背景，不同民族成员之间的交往都伴有文化适应问题。学界对于少数民族学生的文化适应关注较多，成果也较为丰富。例如，何志华和叶宏（2012）以成都某高校彝族学生为例，调查了少数民族大学生文化适应状况；李怀宇（2006）分析了少数民族学生在学校教育中的文化适应状况；张广裕（2012）探讨了中国藏区教育文化适应问题；欧群慧和梁华（2010）基于文化人类学视角，分析了傣族乡村学校学生"创业理想"；李河星和刘一华（2016）分析了高校辅导员与少数民族学生良性互动的影响因素等。研究大多遵循"现状—原因—策略"的分析模式，研究类型多为实证研究，研究方法主要为田野研究、人种志研究。

已有研究表明，少数民族学生普遍存在由文化差异导致的文化不适应状况，主要表现在社会生活和学业发展两个方面。一方面，少数民族学生的语言习惯、生活习惯不同于其他民族：较为浓厚的口音使其在学校社团活动以及语言类技能竞赛中处于劣势；少数民族的语言表达较为直接，影响其正式表达的水平；少数民族学生在饮食习惯、社会礼仪、服饰打扮等方面与汉族及其他少数民族不同，引起其文化的不适应。另一方面，少数民族学生学业存在不适应状况，成绩普遍较差，学习压力大。总之，少数民族学生在传递现代文化的学校教育中感受到失败，处于被边缘化状态；传统文化在学校教育中的缺失致使学生所接受的民族传统文化受到贬抑，导致其忽视和排斥民族传统文化。

李怀宇（2006）将文化适应的影响分为内在机制和外在机制两个方面。一方面，学生的内在机制影响文化适应情况：文化背景影响学生的生活经历和生活经验，进而影响着学生的文化适应能力；智力与非智力因素影响学生的文化适应能力；自我与文化自觉也对学生的文化适应能力有所影响，学生文化自觉行为之间的差异，导致学生对文化多元性和差异性的尊重与接受程度存在差异；性别、年龄等生物性差异、民族自然生态环境和社会生态环境等文化差异，同样影响着学生的文化适应性。另一方面，学校和家长等外在机制也对学生的文化适应产生影响：学校的办学理念等文化生态环境没有体现尊重民族差异的理念，制度环境没有充分考虑少数民族的独特性；教师缺乏民族学、人类学专业背景，在工作过程中未把少数民族学生的言行放在其本民族社会文化脉络中去理解，导致师生关系不和谐，少数民族学生难以适应；家长的价值取向、行为准则和家长意愿等因素同样影响着学生的文化适应。

民族之间的文化差距客观存在，文化适应难以避免，需要我们积极采取措施优化文化适应过程，提高少数民族学生的文化适应能力。提高学生文化适应性的建议包括如下几点：首先，学校应推行多元文化一体教育，实施多元文化教育课程，融入多元文化教学内容。其次，应配备具有民族文化基础的教师，对少数民族学生进行专业指导。再次，普及少数民族优秀传统文化，提高少数民族学生的文化认同感和文化自信；对少数民族学生开展文化适应训练。教师应加强对民族文化的学习，可以在少数民族学生非正式群体中开展民族文化普及，帮助其提高文化适应能力等。

（二）学业成就与学生评价研究

教育人类学视野下的学生研究同样关注学生学业成就和学生评价问题。已有研究对学生学业问题特别是对少数民族学生的学业成就进行归因解释，形成多种归因理论。

1. 学业成就研究

（1）学业成就归因理论

以詹森斯（Jensens，1969）为代表的遗传基因差异理论认为，黑人学业成绩差是因为遗传基因差；文化剥夺理论认为，黑人学生家庭和社区环境缺乏白人文化学校所需的学习活动与学习态度的文化刺激，导致学业成就低下；文化冲突理论认为，少数民族学生的低教育成就是由于文化差异导致的文化冲突引起的；文化中断理论认为，美国少数民族学生在美国白人中产阶级学校获得的低学业成就，是由于学校中断了他们的传统语言与文化过程；语言类型差异理论认为，少数民族学生的低学业成就是由于家庭生活用语与学校教学语言不同，以及师生之间语言沟通的差异所引起；阶层化社会理论认为，在阶层社会中对少数民族不公正的对待导致其学业成就低下。

在单一理论受到质疑后，学界对归因理论进行了修正与综合。赫斯（Heath，1983）提出了社会阶层与文化资本理论，认为每一个阶级都有其独特的"语言与符号资本"，形成了不同的语言风格，低社会阶层的语言类型不利于其在中产阶级学校进行学习。梅汉（Mehan）等人提出了地位团体与学校科层制理论，认为学生层次较高，则在人际沟通中处于有利地位，学校是科层制小社会，不同学生被贴上标签，低层次学生被安排在低能力组，被训练成为低成就学生。美国教育人类学家奥格布修正了他以前提出的阶层化社会理论后提出文化模式理论这一综合性理论模式，他认为，任何一种文化模式都有其自身价值，彼此间无优劣之分。选择性同化策略理论代表人物福莱（Foley）认为，种族间的社会阶层关系不断变化，少数民族学生有获得高教育成就的可能性与能动性。

（2）我国学生学业成就研究

教育人类学关注弱势群体的学校教育状况，教育人类学视野下的学生学业成就研究集中探讨了少数民族学生、农村学生、农民工子女等弱势群体的学业成就状况。我国少数民族学生学业成就低下，辍学现象较为严重。吴爱华（2011）对影响少数民族学生学业成就的社会因素进行了分析，滕星和杨红（2004）对山区拉祜族教育进行人类学研究，对西方低学业成就归因理论作了本土化阐释。

已有研究发现，少数民族学生学业成就可归因于经济、政治、地理环境等多个方面：经济方面，少数民族地区财政严重短缺，经济困难；教育方面，教育制度存在缺陷，需要进一步适应各民族地区的文化差异；文化方面，少数民族地区注重劳动生产，对于教育产生的经济效益不重视；环境方面，少数民族聚居地区自然地理环境差，发展滞后；性别方面，女性的自信心和自我效能感低下；大众传媒方面，在我国民族地区，社区与民族学校之间存在着严重疏离，学校教育孤立；学校方面，师资不足且总体水平偏低，教育管理落后等。

农村学生学业成就低下，辍学人群数量较多。谷亚华（2014）基于调查研究，分析了"两免一补"背景下中部农村中小学生辍学的原因，并提出相应对策。研究发现，农业社会文化的变迁，传统的农村社区文化不复存在；非法招聘童工的工厂企业和服务业的发展，助长了农村中小学的辍学率；大学生就业难的社会大环境，加上父母的落后观念使中小学生辍学率上升；早婚早恋是近年来农村辍学率升高的重要因素；教师对学生不公平、不科学的教育方式，导致学生辍学率升高；某些学生的遗传基因导致学习知识的能力较差，跟不上课程而辍学。

我国农民工子女在学业成绩方面普遍低于其他社会阶层学生。李红婷（2008）揭示了这一现象，并对该现象作了人类学阐释：农民工子女的家庭教育中缺失精英文化；语言文化的异质性增加了家校沟通的难度。

2. 学生评价研究

评价是一种价值判断活动。教育人类学视野下的学生评价是一种发展性评价。教育的最终目的并非传授已有知识，而是引导、唤醒人的责任感、生命感和价值感；学生评价的目的是促进人及其承载的文化相辅相成、彼此促进、协同发展。

何云峰对发展性学生评价的合理性作了详细论述。发展性评价是以充分发挥评价对学生学习与发展的促进作用为出发点，以融合教学与评价为基础和核心，在关注共性的基础上注重个体的差异发展，通过系统地搜集评价信息并进行分析，对评价者和评价对象双方的教育活动进行价值判断，实现评价者和评价对象共同商定发展目标的过程。[1] 发展性评价要求评价主体多元化，一方面为

---

[1] 何云峰. 学生评价的转向：基于发展性评价的视角 [J]. 教育理论与实践，2009（9）：15-17.

学生的成长与发展提供多角度、多层面的评价信息，另一方面提高学生自我评价能力；要求评价内容多样化，不仅关注学生学业成就，更要关注学生的全面发展；注重过程性评价，对学生的发展变化进行研究，而非只对结果进行研究；强调评价的人文关怀，关注评价中的文化因素，注重文化差异对学生发展产生的影响。（何云峰，2009）

（三）学生主体性探讨

教育人类学视野下的人既是文化的创造者，也是文化的传承者，教育是人获得文化生成的主要方式。在教育教学活动中学生应学会进行文化选择，追求个体精神释放和自由发展。张翼（2006）基于教育人类学视野，结合我国教育国情，探讨了学生主体性这一问题。他认为，学生主体性指在教育教学活动中，在教师引导下，学生自觉地认识客观对象，积极地促进自我发展，主动地参与创造新的生命价值，以达成不断地超越自我目标所表现出来的特征。[①]

学生是文化的主人，教育帮助学生主动适应文化变迁，让学生自主选择文化，体现了教育人类学视野下的学生立场。教育是文化进行重新整合的过程，学生在教育中构建和创造自主文化。王萍基于教育人类学视角，对学生主体的特点进行了探讨。从人类学的观点来看，学生发展具有未定性、可塑性，学生具有可教育性；学生具有可感性，具有细腻的感觉和细致的感情，因而具有独立的个性特点；学生具有可选择性，学生有选择接受和拒绝教师教导的自由和自主权。

教育人类学倡导构建体现学生主体性的学校教育模式，创设可能使学生获得成功的教育气氛。要关注社会，实现人性的回归，在教育中拓展学生的生命维度，尊重学生丰富的天性；确立学生的主体地位，放手让学生自主建构知识；改变学校教育的单一模式，打破刻板的教育模式，尊重不同文化主体的多样性，注重对学生个体的培养；创设可能使学生获得成功的教育气氛，在教育中

---

① 张翼.基于教育人类学视界的学生主体性探讨 [J].昭通师范高等专科学校学报，2006（3）：65-70.

倡导师生、生生之间平等对话和沟通，尊重学生个性，倡导多元化的教育方式。（张翼，2006）

四、教育人类学视野下的师生关系研究

师生关系是教育情境中最主要的人际关系，具有重要的社会作用：师生关系影响着学生个性的形成，和谐的师生关系有助于学生形成乐观、自信的个性品质；良好的师生关系有助于形成健康的心理环境；有助于激发学生的学习兴趣、有利于教师教学水平的发挥。

以中国知网数据库（CNKI）为平台，以"师生关系"作为主题进行搜索，截止到 2019 年 12 月 31 日，共找到 35566 条文献；以"教育人类学"作为主题进行搜索，共找到 16 条文献。排除重复论文，共有 15 条有效文献。

从图 6-8 中可以看出，2003 年开始出现教育人类学视角下师生关系的研究文献，此后以每年 1—2 篇的文献增长，其中，2011 年发表了 4 篇相关文献，达到研究的高峰。虽然师生关系越来越受到学界重视，但从教育人类学视角进行的研究仍然较少。

已有文献表明，目前师生关系并未呈现出理想的和谐状态：对西双版纳勐

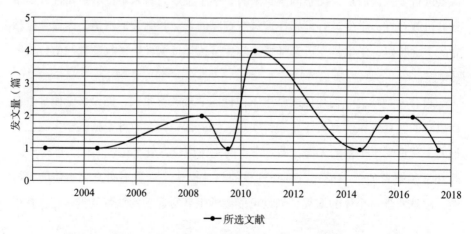

图 6-8　教育人类学视野下师生关系研究的文献年度分布统计图

罕镇中学傣族和尚生与教师之间的关系进行考察，发现教师在学生面前具有绝对权威，而这种绝对权威受到了学生的挑战。① 杨雪以上海某中学国际部台湾籍学生为研究对象，对师生关系进行考察，发现教师与学生之间不理解彼此间的文化，导致师生之间存在冲突。② 欧群慧在对傣族学生的研究中发现，教师不理解学生的文化背景，没有真正接受学生的文化传统，导致傣族学生羞于展示民族文化，师生关系较为疏远。③ 李静在《教育人类学视角下的师生关系》一文中指出，师生之间存在较大代沟，考试制度下"服从式"师生关系成为主流，师生间沟通太少导致了情感交流不够等问题。总体来说，师生关系的亲疏程度不同，师生关系的和谐程度较低，尤其体现为不同民族之间。④

在了解师生关系现状后，本节从师生关系的属性、影响因素、构建和谐师生关系的策略三个方面对已有文献作进一步梳理。

（一）师生关系的属性研究

基于教育人类学学科视角和学科性质，已有研究重新审视师生关系的属性，提出了不同的观点。

1. 文化对话关系

教育人类学是一门运用人类学，特别是哲学人类学、文化人类学和体质人类学的概念、理论、方法研究各种教育现象的新兴学科，人类学研究突出"文化"主题，其重要使命是探究人类文化的本源。文化是人类社会具有的独特行为方式、言语表达和价值观念构成的生活方式，教师和学生作为两个不同的文化群体，是不同文化阶层的代言人。师生关系是教育场域中最重要的人际关系

---

① 罗吉华.权威与挑战——对西双版纳勐罕镇中学傣族和尚生的教育人类学分析 [J].广西师范大学学报（哲学社会科学版），2010（1）：98–102.

② 杨雪.交往背后的文化相遇——对上海某中学台湾籍学生的教育人类学研究 [J].基础教育，2008（9）：39–42.

③ 欧群慧，梁华.傣族乡村学校学生"创业理想"的文化人类学分析 [J].湖南师范大学教育科学学报，2010（5）：38–41.

④ 李静.教育人类学视角下的师生关系 [J].科教导刊（上旬刊），2010（17）：106–107.

之一，教育人类学视野下的师生关系自然具有文化属性。

吴晓以教育人类学的文化观念为分析框架，分析了研究生师生关系问题，指出研究生和导师间的关系是多样的个体间关系，师生间相处就是不同文化对话的过程，应相互理解、尊重彼此的文化，彼此平等相处。在文化对话之下，不同文化期待、文化视野的相遇与碰撞，使师生间形成新的文化认同和文化良性共生状态，即一种连接文化间隔和观念差异的视域融合状态。在研究生的师生关系中，情感因素是师生关系赖以有效建立的重要基础，师生间的相互信任有助于不同文化之间的和谐共生。①

通过对已有文献的梳理，本节将师生关系归结为文化对话关系，并划分为以下几种类型。

（1）不同阶层之间的文化对话

每个社会的阶层文化都有其"语言与符号资本"，有其语言习性，由此塑造了不同风格的"言语类型"。在教育教学活动中，教师和学生代表不同的文化阶层，教师是经过正规的师范教育，拥有一定文化知识，接受社会委托，向学生传播知识和技能的人，在教学活动中，教师所使用的教学用语是以精致编码的普通话为主。当前我国处于社会转型期，比较典型的文化差异存在于外来务工子女身上。外来务工子女使用方言较多，语言词汇较为"拮据"，存在"散点式"的逻辑思维、"平直"的语言构思等特点。而学校教育作为传递文化、传承文明的机构，语言词汇要求标准和优美，语言思维要求清晰生动。②李红婷在对农民工子女的低学业成绩进行研究时发现，农民工子女进入学校就读的首要障碍是语言交流障碍，这造成了师生之间交流不畅，师生关系受到影响。③

（2）不同年龄之间的文化对话

教师和学生之间通常会存在年龄差别，他们生活和成长于两个时代，成长

---

① 吴晓.文化对话与视域融合：研究生师生关系的现代性视野——教育人类学的分析框架 [J]. 教育与教学研究，2011（7）：66-68.

② 汤美娟.教育不平等的语言逻辑 [J]. 上海教育科研，2011（5）：22-25.

③ 李红婷.农民工子女低学业成绩的人类学阐释——对 A 市农民工子女学业成绩的现状调查与归因分析 [J]. 湖南师范大学教育科学学报，2008（3）：23-26，40.

背景的差异导致教师和学生具有各自独特的人生观和价值观，不同的时代背景也形成了两代人不同的文化；如果两种不同文化发生冲突就会造成师生关系的紧张。

（3）不同角色之间的文化对话

在学校教育过程中，教师是主流文化的传播者，和学生处于不同的角色地位，两者具有不同的角色职能和特征。教师是接受社会的正式委托、以对学生身心施加特定影响为其职责的人。教师是一定社会文化制度要求的体现者，在其教育行为中体现主流社会文化制度的意志和价值标准。因此，教师必然担当教育者、组织者和领导者的角色。而学生从质的规定来看是以学习为主要任务的人，是文化传播中的传播对象，他们需要通过学校教育将自己从一个"亚文化"代言人改造成为主流文化的拥有者，这就形成学校教育中一个重要关系——师生关系。

（4）不同民族之间的文化对话

教育人类学的核心研究领域是多民族国家的少数群体教育，它关注文化多样性以及少数民族教育。不同民族之间具有文化差异，面对不同民族文化背景的学生，教师处理多元文化差异的方式，势必影响着师生关系的和谐程度。

杨雪（2008）对上海某中学国际部的一名学生进行深度访谈发现，国际部外籍老师的教学方式越来越本地化，在学生眼里，本应是自由、灵活的国际部教学也变得墨守成规，教师只注重考试分数和知识传授；教师往往以权威者的姿态对待学生；不同文化背景的学生与采用统一标准与制度对待学生的教师之间存在矛盾冲突，归根结底，这种师生关系是不同文化之间的冲突。

不同文化之间互相理解的程度会影响师生交往的内容与形式。海路（2014）等学者对北京市某打工子弟学校维吾尔族学生的人际交往和文化适应进行考察，发现维吾尔族随迁子女的师生关系存在如下特点：重视学习交往；尊重维吾尔族饮食等习惯，生活交往较为融洽；对其民族文化的重视不够，情感交往不足。可见，不同的民族文化背景加大了师生交往的困难度。另外，文化之间的差异也引起了"反学校文化"。罗吉华的研究发现，教师在学生中塑造权威，并不断要求学生尊崇权威，而和尚生对于教师权威背后所隐含的文化专断存在不满，其文化观念、情感态度在很大程度上与学校文化相异：学校重视学习和文凭，教师有管理学生与适度批评学生的权利，而和尚生中只有"佛爷"[①]才有约束和控制他们的权利。不同文化之间的差异导致和尚生不遵守学校规则、违背教师意愿。[②]

2."我们"型的共享关系

教育人类学家博尔诺夫提出"教育之爱"这一条教育学实践原则，他主张教学双方应"共享"和"信赖"。张启树和陈修梅对博尔诺夫的非连续性教育做了理论溯源以及内涵剖析，从危机、遭遇等观点出发挖掘教育人类学对于教育的启示，认为"我—你"关系是主客体相互对立的立场，而人类学视野下的师生关系超越了"我—你"层面，走向"我们"的、师生共享的、充满"教育之爱"的依赖型关系。[③]这种关系的构建需要教师在学生面对危机时给予鼓励；允许学生犯错，在学生犯错时，鼓励学生从头开始。

3.情感关系

师生关系是在教育场景中形成的特殊关系，既是一种伦理关系，也是一种情感关系。教育人类学认为教育者与儿童之间形成的人际关系，首先应对每一个需要教育的儿童充满爱心。教育者不强加期望于儿童，也不产生失望，而是为其提供自由的活动余地。博尔诺夫提出，信任是教育者与儿童之间的必要条件，对其能力的信任可以培养儿童的自信，教育者的不信任则会导致儿童不敢承担任务和检验自己的力量。教育者要在存在某些困难和失望的情况下，仍对每一个儿童表现出信任。同时要对儿童有耐心，使其顺其自然地发展。

（二）师生关系影响因素研究

师生关系受"师"和"生"两个主体的文化归属所制约。教师和学生在教

---

① 佛爷，是傣族佛教中负责教导和尚的僧侣。

② 罗吉华.权威与挑战——对西双版纳勐罕镇中学傣族和尚生的教育人类学分析 [J].广西师范大学学报（哲学社会科学版），2010（1）：98–102.

③ 张启树，陈修梅.博尔诺夫非连续性教育思想及其启示 [J].安庆师范学院学报（社会科学版），2003（1）：94–97.

育场域内外的成长经验，不仅受到特定的国家文化、民俗文化等宏观文化环境的影响，而且师生各自具有的鲜明的个体文化，也影响着师生两个主体文化认同的形成过程。这些因素共同造就了多样的师生关系。已有研究在明确师生关系属性的同时，对影响师生关系的因素进行了全面剖析。

1. 文化影响论

人类学突出"文化"的作用，注重对文化的研究。教育人类学视野下的师生关系研究将师生关系的和谐程度归因为"文化"。凤军提出教育场域中存在的"看不见的文化之手"，是影响师生关系的深层原因，师生对知识文化的不同信仰程度、师生各自差异化的文化背景、师生个体的文化差异是影响师生关系的具体原因。[①]

具体而言，师生关系受对知识文化的信仰程度影响。在民族共同体自我完善和发展过程中，知识文化起了决定性作用。知识文化是民族意识、民族认同的纽带，将知识文化视为自己民族的图腾，教师正是这种知识文化符号的具体体现者，师生关系受各自文化背景影响。在具体语境下的教育活动中，两种不同文化直接发生交流与互动，并制约着不同的师生关系。师生之间的文化认同感越强，师生关系就越融洽，反之教师和学生就会产生文化误解，从而影响师生关系的建构。师生关系受"师"与"生"两种个体文化差异的作用与影响。个体文化差异是影响师生关系的最直接因素，教师和学生各自不同的价值观、道德意识和行为方式直接作用于双方的对话与交流。

2."人性关怀"论

人类学关注主体间的关系，关怀和理解主体间的差异。李静（2005）从教育人类学视角出发，提出教育应回归"人与人"之间的人性化互动，教师应关心学生的人性，关怀学生的生命发展。师生关系中如果自觉渗透人性的关怀，师生之间会呈现出和谐状态，学生的主体性也将得到彰显，师生双方的完整性将得以呈现。马李娜（2018）提出，师生关系目前处于主从式关系，师生之间存在隔阂，学生的主体性消失；选考制度的存在，导致教师在教学中以权威性

---

① 凤军.教育人类学与新型师生关系的建构 [J].成人教育，2005（2）：32-33.

身份控制学生，学生逐渐产生奴性，进而导致畸形的师生关系。

（三）构建和谐师生关系的策略研究

在论述师生关系影响因素的基础上，不同学者对和谐师生关系的构建策略提出了各自的看法。

1. 倡导多元文化教育

凤军（2005）、许晓雪（2011）提出，学校和教师应倡导多元文化教育，认识到各种文化都是平等的。学校倡导多元文化教育就是要打破师生二元对立的僵化模式，从根本上摆脱主客对立的思维束缚，不是人为地压制某一类型的文化，而是让各种文化平等地发出自己的声音，教师或学生作为不同文化的承载个体能够共融共生，师生关系就会和谐统一。

2. 践行师生平等观念

凤军（2005）、李静（2010）、马李娜（2018）提出，在师生相处中，教师要树立文化平等的观念。在教育教学活动中，教师作为主流文化的代言人，不能盲目地以一种既定的文化标准去要求学生，学生在不同文化背景熏陶下形成的个体特殊的价值观、心理状态、道德意识和行为方式，有其存在的合理性。教师只有树立平等的文化观，才能在具体的教学活动中做到人格和感情上的平等交流，情感交流是拉近师生关系的关键，也是构建和谐师生关系的基础。许晓雪（2011）提出，师生间要以宽容、理解的心态展开对话，双方只有通过对话才能在精神层面上实现相互沟通。师生沟通是双向、交互作用的。教师尊重学生的自由和独立思想，构建新型师生关系，让学生在师生交往中体验尊重和平等，形成积极的情感体验。

凤军（2005）提出，在教育教学和日常交往中，师生间应秉承着理解和宽容的心态。加强师生间的信任关系，有助于和谐师生关系的建立。张仙凤（2009）基于教育人类学的视角，在对一名初中生的长期观察中发现，加强师生之间的信任能够有效建立师生之间的情感关联，直接影响着师生关系的亲疏程度。张仙凤（2015）在另外一篇文章中提出，辅导员和大学生之间的信任能够有效拉近师生主体间的关系。教师和学生应相互信任，使学生充分发挥其主体地位。学生是有思想、有感情的个体，只有成为课堂的主体，学生才会对学习产生兴趣。教师要信任学生，以饱满的激情感化学生，充分尊重学生的人格。

五、教育人类学视野下的课程研究

课程是学校教育进行文化传递的主要途径，同时也是教育人类学关注的重点。截止 2019 年 12 月 31 日，在中国知网数据库（CNKI）中以"课程"为主题搜索文献，共有 111 条相关研究。

从图 6-9、图 6-10 可以看出，我国学界从 2000 年起开始出现教育人类学视野下课程研究的相关文献。在研究主题上，关注课程对传统文化和民族文化的传承作用，探讨教育人类学视野下课程的属性问题；课程内容开发与实施的研究集中于校本课程和地方性课程的开发与实施；在研究对象上，多选取少数民族地区作为研究对象，以个案分析和田野调查的方式开展深入研究。本节依据研究问题对已有文献进行了梳理。

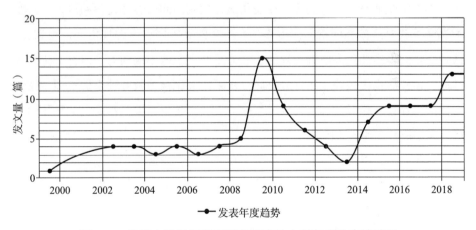

图 6-9　教育人类学视野下课程研究的文献年度分布统计图

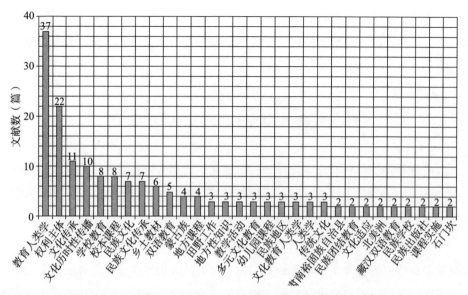

图 6-10　教育人类学视野下教师研究的文献主题词分布图

（一）课程文化属性研究

人类学全面研究人与文化，在关注文化内涵的同时关注文化的传递。人类学视野下教育的核心就是文化传递。人类学侧重于用整体的视角来审视教育，认为文化的多样性是人类持续发展、社会不断进步的不竭动力。面对文化的多样性，学校的责任是尊重和肯定差异，将不同文化视为教育的宝贵资源，强调文化的主体性、相对性和互补性。[①]各民族学生互相尊重、各民族文化共同发展，是学校教育理想的状态。

课程自产生以来，就承担着传承文化的作用。面对多元民族文化，学校课程应面向全体学生、尊重文化差异。一方面，让学生尤其是少数民族学生了解自己的文化，增强其文化归属感与文化自信，提高文化适应能力；另一方面，让学生了解并尊重其他民族文化，增强相互之间的理解，在差异中互相欣赏。教育人类学视野下的课程建设应面向全体学生，促进学生在学校教育环境中的

---

① 陈美如.多元文化课程的理念与实践 [M].台北：师大书苑有限公司，2000：12.

和谐发展。

胡斌武（2001）在《浅论课程的人类学基础》中提到，人类学的原理和方法可以为课程改革和发展提供动力。裴少静（2015）在硕士论文《课程的人类学基础研究》中论述了人类学对于课程研究的重要作用，人类学视野能够让多元主体参与到学校课程的设计和开发中，最大程度摆脱课程中的文化霸权现象；人类学视野有助于课程实施，有助于教师在教学中正确认识和处理文化冲突现象；有助于拓展课程评价的视野，基于教育情境开展评价。

（二）课程开发与课程改革研究

课程开发与改革是教育人类学课程研究的主要议题。已有研究关注普适性课程的开发问题，也有学者秉承教育人类学关注文化差异性这一学科特点，以少数民族地区地方性课程的开发与改革作为研究主题。

1. 普适性课程改革研究

我国少数民族地区基础教育中过度重视普适性知识的传授，致使学校课程与学生的多元文化背景、学生日常生活经验以及地方经济社会等方面的发展相脱离，课程对于学生的适切性差，不能满足学生发展的现实需求，导致学生中出现大量的"边缘人"。建设多元文化教育体系，首先要对普适性课程进行改革。

（1）课程内容服务大众

从教育人类学视野出发，普适性课程改革应在课程内容中融入本土文化，为我国不同地区、民族、人群服务。已有文献中学者多选择某一学科作为研究对象，就人类学在学科课程和学科教学中的应用提出相应要求。

张杰（2009）在《浅谈数学教育中的人类学应用》一文中探讨了数学课程、数学教学和数学学习中的教育人类学应用。我国作为一个多民族国家，数学普适性课程中应融入民族文化的特点，数学课程的编制要从我国的特殊国情出发，以民族地区为单位进行跨文化研究，用教育人种志的方法了解不同民族、不同地区的需求，获得有用的数据资料，编制具有实用性的数学教材与课程。数学应该为大众服务，以教育人类学的视野转变目前数学课程内容脱离实际、课程设置过于抽象的现状，把数学与人类生活更好地联系在一起，将为大众服务、对人人都有价值作为数学教育和数学课程的宗旨。

音乐是人类文化的一种重要形态，音乐承载着丰富的文化和历史内涵，在满足人们精神文化需求的同时，彰显文化与历史的风采。音乐课程经常受到人类学研究者的青睐。陈景娥（2014）在《教育人类学视野下的当前音乐教育反思》一文中指出，从我国近代音乐发展史来看，西方的音乐理论对我国音乐教育产生了积极的促进作用，但与此同时，对我国传统音乐文化的传承与发展带来了极大的桎梏；我国音乐教育缺乏民族认同感，导致民族艺术的自信心丧失。在教育人类学视野下，音乐价值无高低之分，我国传统音乐具有自身的独特性与优势，在音乐教育和音乐课程改革中应融入本民族文化，树立音乐的民族认同感和自信心。史一丰和倪升霞（2016）在《教育人类学视野下中学本土音乐课程建设》一文中，从教育人类学视角出发对音乐课程进行审视，认为本土音乐具有浓厚的地方特色和地方元素，是地方社会发展的真实写照，是本土文化的外在表现形式，也是当地传统文化的重要组成部分，主张将本土音乐融入基础教育阶段尤其是中学音乐课程教学体系中，让音乐课程发挥传承文化的作用。

（2）课程实施注重学生习得过程

人类学将文化定义为一个复杂过程，在特定社会群体的成长过程中获取和习得，而学习文化的过程则是人不断濡化的过程；在学校教育中关注学生学习与探索的过程，而非只是注重知识的传授。

蔡铁权、陈丽华（2011）在《重演与超越——人类学的观点和方法对科学教育的启示》中论述了人类学对于科学教育的启示，认为科学教育需要超越现有状态。在我国传统的科学教育中，教师更多的只是关注新知识的传授，然而知识的简单传授难以让学生真正理解，许多思考及理解往往都是在实践过程中获得，学生只有在做的过程中习得知识、在真实的情境中体验知识，才能真正地理解抽象的知识。在科学教育过程中应关注情境体验、关注学生的理解过程。

2. 民族课程开发研究

我国是一个由 56 个民族组成的多民族国家，根据最新的第六次全国人口普查数据显示，少数民族人口占我国总人口的 8.49%。① 由于文化传统、人文地理、历史发展、风俗习惯等的不同，少数民族与汉族在文化背景上存在诸多差异，多元族群与异质文化并存的现象突出。

在少数民族聚居地区，学校开设"大一统"的国家普适性课程，导致少数民族地区的文化多样性被忽视，加剧少数民族地区学校文化与学生家庭文化、社区文化之间的断裂与冲突，造成少数民族学生在学校的文化及心理不适，不利于多元文化的传承。开发民族课程，将文化多样性视为重要的课程资源，使主流文化与优秀民族文化在学校课程教学中相辅相成、互为补充，是传承多元文化的重要方式。近年来，我国各地区以民族文化的传承与弘扬为价值诉求，不断进行将民族文化引进校园和融入国家基础课程体系的尝试；在民族文化进学校的尝试中，多元文化生态系统得到保护，文化的连续性在一定程度上得以维持。

（1）双语课程开发研究

人类学家提出多元文化教育理论，1988 年 11 月在香港中文大学主办的"泰纳演讲"中，我国著名的社会学家、人类学家费孝通先生提出了"中华民族多元一体格局"理论，滕星教授进而提出了"多元文化整合"教育理论，认为多民族国家在担负人类共同文化成果传递功能的同时，不仅要担负传递本国主体民族优秀传统文化的功能，同时要担负起本国各少数民族优秀传统文化的功能，此外，民族课程的开发是传承少数民族文化的重要途径。

在多民族国家中采用统一的语言进行教学，是教育不公平的体现。在少数民族地区，若都以汉语为媒介进行教学，则使得课程的文化多样性减弱；若只以少数民族文字作为媒介，汉语文字和文化的教学质量则太低。双语教育是培养学生具有使用母语和另一种语言的同等能力的教育，旨在加强不同民族之间的交流和融合，双语教学是少数民族地区必须落实的教育改革之一。

教育人类学研究者关注双语教育的开展。黄桥（2012）在《教育人类学视角下新疆南部地区的双语教育》一文中，从政府决策、当地人的思想观念、双

---

① https://wenku.baidu.com/view/0b90e273fad6195f312ba6d3.html.

语教育体系和教师队伍四个方面，具体描述了当前新疆地区双语课程的开发现状：南疆地区存在着为了完成政府指标的"政绩工程"，当地人的思想观念传统、陈旧而阻碍了双语教育的实施，双语教育体系形式和内容不统一，教师队伍数量少、专业化水平低以及保障机制不完善等问题。努尔巴哈提·吐尔逊（2014）等人也以新疆地区为例开展双语教育研究，发现优秀双语教师和教材缺乏、双语教学急功近利等问题。

总之，我国作为多民族国家，双语教育是实现多元文化发展的主要方式。为此，应注重双语教育的合理实施：制定具有适切性的双语教育政策，避免只以数量化形式来评价双语教学效果，加强双语教师队伍素质建设。

（2）校本课程开发研究

校本课程开发（School-based Curriculum Development，简称 SBCD）的思想源于20世纪六七十年代的西方发达国家，90年代我国开始关注校本课程的开发，1999年学界出现校本课程相关的研究文献。与国家课程和地方课程相比，校本课程具有多样性、灵活性、差异性和直接的实践性等特点。校本课程注重发挥学校的课程决策自主权，以学生发展为本，关注学生个性，注重学生创新能力的培养。教师和学校管理者制定符合本校学生实际的课程，来补充国家课程和地方课程的不足。在制定与实施过程中，学校可以秉持自愿的原则与校外相关人员合作。[①]

人类学家将学校看作与周围环境存在着千丝万缕联系的微型社会，校园文化也由于师生关系、生生关系的存在而具有丰富性。校本课程赋予教师自主权和观察空间，人类学的田野工作为学校管理者和教师提供了深入细致观察的研究视角。从这层意义上来说，校本课程的开发为教育人类学家提供了认识和研究学校的契机。

不少学者采用教育人类学视角对学校中的校本课程进行了研究。苏德和冯跃（2004）从文化教育人类学的学科角度审视当前我国民族基础教育中正在推广的"校本课程开发"问题；海路和李芳兰（2010）对影响京族学校校本课

---

① 阳泽，刘电芝.校本课程开发的内容、模式与策略 [J].中国教育学刊，2001（3）：5.

程开发的因素进行了分析；海路和滕星（2009）对民族地区的文化差异与校本课程开发进行研究，从课程目标、内容、评价及教师素养等方面揭示了校本课程中存在的问题，并展示了校本课程的经验，同时对现状进行了反思；赵北扬（2008）以肃南二中和勐罕镇中学为个案，介绍了社区背景下的校本课程开发经验，并提出相应建议。

上述研究结果显现，政策法规的执行、课程管理、教材的编写和使用、师资水平和社会参与等因素，影响了校本课程的实施效果。总的来说，虽然各地区积极进行校本课程建设，但在实施中仍存在不少问题：校本课程缺乏教育部门相关政策法规的支持，学校缺乏规范的校本课程标准，导致校本课程的实施带有盲目性，实施效果不理想；校本课程不列入考试范围，导致教师的积极性低下；此外，还存在校本课程教材适切性较差等问题。

在校本课程开发与建设上，学者们的建议涉及各个层面：第一，对当地经济文化类型进行调查，了解学生的学习水平，根据当地情况与学校校情进行校本课程目标的设计；第二，积极选取本土知识作为课程资源，增强文化认同感、接纳感和归属感，加强学生的文化理解能力；第三，在校本课程发展中，提高教师课程开发的能力；第四，鼓励社会各界积极参与，积极整合社区文化资源，促进课程建设；第五，对校本课程的教育评价要实现多元化和科学化；第六，对民族地区学校进行资金和技术支持。

示例一
南京师范大学教育人类学相关博士学位论文简介

乡村生活的道德文化智慧

博士生：毕世响　导师：班华

【作者简介】毕世响，南京师范大学教育科学学院教育学原理专业博士学位，现任福建师范大学教育学院教授、教育学原理学科带头人、中国教育学会德育学术委员会常务理事、中华孔子学会国学教育研究会副秘书长。《中小学德育》编委，《中国德育》学术委员会委员，《教育文化论坛》顾问。

【摘要】论文用文化人类学的田野法，以一所乡村小学作为研究的窗口。透过这个窗口观察、体验、思考乡村生活与文化、农民的道德智慧、乡村人物的文化和道德特征、教育在农民生活中的地位、少年儿童在乡村文化下的德性成长，以及教育与少年儿童生活的关系。把乡村生活和少年儿童的德性成长当作一个整体。论文首先讲述了看问题的视角——躺下来看教育和站起来看教育，即从形而下入手，再进行形而上的思考。认为教育是艺术，教育在于提升人的境界——道德与艺术的结合；建立生活本体论——人的生活有差异，做人没有差异。儿童的道德教育不能偏离开他们实在的、整体的生活，人是在整体生活中成长的。论文的主体是把具体的生活场景作为道德的生发点，生活场景是道德的情境性存在，道德教育就是用那样的方式自然流淌着。要将生活场景理解为一种文化的存在，所以，道德教育在生活中的体现是道德文化和道德智慧。说明人的生活和人本身都是文化，而道德文化就是人与生活场景之间的相互交流。生活场景可以是人，可以是物，可以是一个具体事件，可以是一个变化过程，还可以是一个生活观念；论文强调体悟，认为最大的道德就是忘掉道德，倾听个人内心的声音，道德教育更在于教外别传——透过生活场景，发现背后的东西。故而把发现作为德性的慧眼。论文的写作方法采用夹叙夹议。少年儿童的道德教育有四"观"与一矛盾："生活"观，"世界"观，"人生"观，"修养"观。道德教育还有自戕的性质。论文中体现的几对范畴是：传统—现代，文化—变迁，因人论世—因世论人，本土化—全球化，落后—先进。论文以农民生活和乡村生活的思考为主线贯穿，认为农村的集中意义是自身繁衍，农民是在内心讨生活，农民的宗教是生活宗教。

【关键词】生活；乡村生活；道德文化；生活场景；发现

被规约的教师职业——知识制度的社会基础及其表现

博士生：周润智　导师：吴康宁

【作者简介】周润智，南京师范大学教育科学学院教育学原理专业（教育社会学方向）博士学位，现任沈阳师范大学责任教授、教育科学学院院长、教育经济与管理专业硕士研究生导师，研究方向为学校教育管理。

【摘要】在现代社会中，知识与权力是结伴而行的，这导致了教师的"社会殉道者"的境遇并没有实质上的改变。教育是阶层社会战车上的动力传输系统和导向系统，因此，只要社会矛盾不从根本上消解，教育就不会结束它的颠簸历史，教师职业也是如此。教育的本真旨趣促使教师有着关爱社会与年轻一代的深深情结，这一情结对于法定权力而言既有可资利用的一面，又具有不可调和的一面，这注定了教师职业"两难"的社会境遇。在法定权力的规约下，不但社会群体有了等级之分，知识体系也产生了等级分化。事实证明，只有那些符合类属群体需要、能够代表类属群体意志的知识才是最有价值的知识，而这种知识绝非是在外在强制作用下产生的，而是生命的一种自主性选择。国家的局限性并非来自它的组织形式，而在于其具体组织形式对社会整体发展可能性的制约。知识与法定权力之间的不同亲和力是决定各种知识命运的关键因素。知识的权力化和权力的知识化是知识制度的主要特征。法定权力对知识在生产、再生产、流通、分配和消费等方面所具有的规定性就是知识制度。由于终生与缄默知识和年轻生命相伴的缘故，教师的精神必然居于其他职业者所难以企及的境界；但是，在知识制度的规约下，教师职业既有"表演"的一面，同时又具有被动地"与权力共谋"的一面，它是介于"前台"与"后台"两者之间的一种特殊的场域，笔者称其为"间台"——讲台就是"间台"，这一两难的境遇普遍导致了教师角色的泛化、冲突和情感的扭曲。对权力本身进行技术化改造是统治者维护其权力意志的一种策略，传统的中华法系就是这一技术改造的典范。教育发展中的断裂和滞步现象不仅影响到了教师的职业权利，还影响到了他们的教育观念、知识结构、活动程式以及角色意识。组织是人的社会性依托，组织文化既是各种社会分工实现其职能并不断进步的保障，同时，也是旧有制度、思想、观念的附着体。教师职业具有突出的个体性、封闭性、节律性等农业经济社会的组织特征，这与现代社会追求效率、质量、目的和责任是极其不符的，在某种程度上可以说教师职业是被工业社会"遗忘的角落"。由于教师群体既缺乏现代社会中专业组织所特有的严谨、相互制衡、重视完善的质量评估等特征，又缺乏专业活动赖以生存的自主权利，导致了其职业组织的松散性和教师职业行为的刻板性，正是这种职业的双重特性引发了教师在师生交往中的话语霸权现象。话语不仅仅是交流的工具，它本身就是制度、思想和观念的打造物。教师的缄默缘于教育的缄默，而教育的缄默既缘于社会分工的内在规定性，也缘于外在制度的严格规约。对知识制度予以全面的改造已经成为教育改革难以规避的迫切任务，要切实做到这一点就必须突破空间上的种种规训。社会发展的历史告诉我们，每当社会处于急剧变革的时期，以教育者所特有的胸怀和情结来阐发社会理想、营造积极向上的文化氛围是有助于社会健康发展的，坐享其成的观念不应该是知识人应有的精神状态，为此，教师职业必须谋求到更加广阔的自主发展空间，这是关系到教育能否进步的大问题。

【关键词】规约；教师；职业；知识；制度

局外生存：相遇在学校场域

博士生：马维娜　导师：吴康宁

【作者简介】马维娜，南京师范大学教育科学学院教育学原理专业博士学位，现任江苏省教育科学研究院基础教育研究所研究员。

【摘要】在"全球场域"开放、动态的时空视野中，必须直面的一个严峻课题是：弱势群体的生存境遇如何？对弱势群体的人文关怀如何？本研究将对这一课题的关注，置于学校场域的独特境脉，在人与场域之间共同打造入"场"规则，搭建在"场"优势，中介塑"场"策略，控制清"场"技术，引发在"场"冲突，甘心退"场"主动，潜沉临"场"契合，共谋建"场"联合的复杂过程中，整体勾勒出弱势群体"此时此地"的无奈、无助，顺从、屈服，抵制、颠覆，悬置、冷漠的多种生存境遇，其被遗忘、被贬损、被误读、被过度解释以及不断裂变的历程在"不动声色"之中获得彰显。本研究中的"弱势群体"是一个动态开放且意涵丰富的概念，更多指涉"此时此地"处境不利的特殊群体，大致包括三种类型：一是被人们认为是弱势群体，实际也的确处于不利境地的群体；二是人们以为是弱势群体，但实际并非弱势的群体；三是人们眼中的强势群体，可能被置于或变为弱势群体。本研究将布迪厄的场域理论具体运用于学校场域，并尽力捕捉其主要精髓：场域是关系的网络；场域是共时与历时的交融；场域是重新形塑的中介；场域的动力机制根源于场域中各种特殊力量之间的距离、鸿沟和不对称关系；场域、资本、惯习三者相互关联；场域理论最终指向反思社会学与实践理论。作为一种方法论的自觉追求，本研究尝试提出"生活式研究类型"。就时空而言，这种研究与教育生活实践贴得更近，且不必受限于规定的研究时空，既可以无限延伸又可以相对集中；就研究者而言，虽然也有一个"进入"与"体验"问题，但这是一种在生活实践中的"进入"与"体验"，或者是一种在开放时空中的"进入"与"体验"，"人为"的成分可能更少些；就呈现方式而言，与生活、教育教学、研究三位一体相匹配，这种研究更多以融通式对话形态实现教育理论与教育事实的多元理解，但并不固守一隅。最后的反思既是对教育实践者及其行为的反思，又是对整个教育的反思，还是对自己当下进行的研究的反思：教育行为的品质是一种反思性行为品质。但这种反思是在场域位置关系中的反思，是根植并面向教育实践的反思，是作为一个整体的教育反思场域的反思；教师的品质是戴着脚镣跳舞者的品质。教师既是乌托邦的创造者，也应该成为解开现时密码的有力助手；教育理念的生命力在于不断关注生存状态，不断寻求变革。研究者以研究体验与面临的研究挑战"现身说法"：随"奶酪"的变化而变化，就会拥有新的教育生机与教育生命。

【关键词】场域；学校场域；弱势群体；人文关怀；生活式研究类型；反思；实践

被规限的"教育"——学校生活的社会建构

博士生：王有升　导师：吴康宁

【作者简介】王有升，南京师范大学教育科学学院教育学原理专业博士学位，现任青岛大学师范学院基础教育研究中心主任，主要从事教育社会学、教育学原理等学科领域的研究和教学。

【摘要】论文通过对一所民办学校的实地研究，试图揭示出当今学校中在正规课程与教学之外并作为其基础的"学校生活"是如何被社会建构起来的，并进一步探讨这对于"教育"本身意味着什么。存在于现实社会情境之中，学校受到在社会中运作着的各种现实力量的造就与制约，以金钱为象征的经济力量、以国家权力为主导的政治力量、以符号与价值为代表的文化力量，都介入到学校的运作之中来。在自身内部，学校形成了一个相对封闭的"社会空间"，由此，学校中的"纪律权力"得以实施，规范秩序得以建构，这种规范秩序的建构得力于一整套的"策略"与技术，同教育者（包括学校领导与普通教师）的观念与"惯习"密切相关。论文指出，可以把外在社会对学校教育的影响理解为各种现实力量或资源，它们通过结构化、制度化或客观化的方式影响着学校生活的现实。学校现实的社会建构并非仅仅意味着外在社会力量在决定学校现实中的作用，同时也意味着学校自身的自主建构，以及学校中教育者的主动参与，这尤其体现在学校中的规范秩序建构方面。学校生活的结构与体制状况构成了制约学校教育状况的最为直接而又起决定性的力量。处身于学校场景之中，无疑会感受到这种结构性制约，它一旦形成，便会成为一种宰制性的力量，并往往具有很强的惯性，构成学校中教师与学生必须承受的现实环境。然而，学校的生活世界既然是社会建构的，也会被解构或重构，这才使可能性的教育成为现实，使学校教育充满无穷的希望。在教育价值理念的引导之下，学校中行动者的批判反思与自主意识在悄悄地引导着学校生活的改变。

【关键词】学校生活；社会建构；规范；教育社会学

"高尚"与"卑贱"的距离——大众社会中的学校文化

博士生：周宗伟　导师：吴康宁

【作者简介】周宗伟，南京师范大学教育科学学院教育学原理专业博士学位，现任南京师范大学教育科学学院副教授。

【摘要】"大众社会"是一个具有时代意义的社会范畴，集中表现为"生产高度工业化、生活高度城市化、文化高度大众化"三大特征。在以往的教育研究中，对于"大众社会"及其表现出的以大众文化为核心的文化特征的关注尚不多见。为弥补该领域的一些不足，本文秉承文化社会学的研究旨趣，运用"社会文本"分析方法，以"大众社会"为范畴，将"学校文化"作为主要的研究视野，着重发掘学校与社会的文化关联，并将大众文化与学校的关系分析作为主要的研究内容。本文将"社会控制"作为文章的理论核心，在对学校文化的研究中所着力凸显的是"文化作为一种社会控制的手段"这一命题的内涵。考虑到目前在"大众"概念的界定及使用中存在的混乱情况，本文独创了"形式大众"与"意义大众"两个新概念，将以外显的物质性因素联合起来的大众称为"形式大众"，而将以内隐的精神性因素联合起来的大众称为"意义大众"。在这两个概念的基础上，本文提出了以下基本理论假设：大众社会中的学校是社会支配集团试图把"形式大众"转换成"意义大众"，以实现社会控制的重要手段。本文以"高尚"及"卑贱"这样两个对立的概念作为标题，其目的在于通过概念上的对立来隐喻性地映射一种文化上的对立状态。本文即旨在揭示学校文化如何生产、制造并利用这种文化的对立状态，从而如何通过这种对立状态来实现社会控制的过程。在方法论上，本文借鉴了当前流行的"文化研究"的跨学科综合性视野，突破了以往同类研究中所采取的单纯的教育学关怀取向，并将研究的价值导向升华为一种超越了基本教育问题的生存论意义反思，即教育研究的最终目的必须体现一种对人类生存意义的终极关怀。在这样的价值导向下，本文并非要描述一个"对象化"了的学校文化，而是着力挖掘学校文化背后折射出的教育问题，并通过这些问题来阐述这样一个生存论命题：我们何以成为今天的我们？

【关键词】学校文化；大众社会；大众文化；社会控制；教育社会学

复杂性视域中的高校资助政策运行分析

博士生：刘佳　　导师：张乐天

【作者简介】刘佳，南京师范大学教育科学学院教育学原理专业博士学位，现任扬州大学教授。

【摘要】21世纪以来，"教育政策不是反映某一个社会阶层的利益，而是对一个复杂的、异类的、多种成分的组合体作出反应"，我国教育政策的研究者们不再满足于技术理性主义研究范式，研究转向解释和描述教育政策运行的复杂过程。20世纪中后期，"复杂性"作为一种新兴的研究思想或视角进入人文社会科学的视域，从系统、科学、方法走向哲学范式层面，成为一种崭新的世界观，复杂性范式也逐渐成为一股带有浓郁的系统性、整体性、自主性、关联性、涌现性和多样性气质的科学哲学思潮。教育政策研究运行过程充满着复杂性和不确定性，政策制定和执行不再是政府和专家的特权，文本、信息、资源等物质载体以及政策对象、政策执行者、政策利益无关方也都可以通过政策运行连接为充满动态、不确定和层次感的网络架构。复杂性分析框架为研究者提供了整体和复杂的观察视角，高校资助政策"行动者网络"本身也是一种系统构成，"学校"成为各种社会关系发生的交汇点，生成特定政策情境下的"场域"，"学校"既有位置和处所的含义，即围绕教育政策运行而发生的微观实践活动处所成为行动者产生社会关系的链接，即政策系统运行网络中的"必经之点"。高校资助政策运行过程是一个充满行动气质的资源分配、关系博弈和群体交互作用的过程，研究者借助系统论的视角，将政策运行看作一个高度复杂的、动态性的、非线性的具体行动系统，致力于探寻行动背后的关系构成，对政策权威作用下群体关系和社会互动有着真实和深刻的解读，通过政策系统内部各因素在运行过程中的言语、经验、价值、伦理及信念的交流和行为互动探寻政策运行规律之所在。在高校资助政策运行构成的"行动者"网络中，"行动者"不仅指行为人（actor），如政策执行者、政策对象，还包括文本、信息、资本等许多非人的物体（object）。人与非人因素之间不再是传统的二元对立的关系，他们一起进入政策运行系统，以一种相互附着的多样性性态共同构成人与制度、社会关系互动的政策面貌，政策制定者、执行者、政策对象、文本、信息、资源所构成的"行动者网络"在政策"场域"中得以表征。高校资助政策运行过程中，政策内部行动者的身份认同源自于政策伦理正义、政策行政高效和政策结果公平，政策系统内外的社会认同意味着与其他社会系统之间群际和谐、偏见弥合、利益均衡，由政策身份认同和政策社会认同引起的复杂社会行为会对政策目标的实现起到直接或间接的影响。两种认同高度一致则会对政策运行效能产生巨大的促进作用，高校资助政策系统才能实现对内控制、对外开放的有序状态，反之则会引起政策系统的动荡，严重的话甚至被破坏或取缔，两种认同共同构成资助政策优化或革新的系统动力。研究者从群体动力学的角度提出了高校资助政策运行系统的动力机制图式并描述了认同反馈的实现路径。复杂性视域中的高校资助政策分析深刻聚焦于多元关系主体的构成与互动，把科学主义的理性视角与人文主义的解释方法相结合，以混合研究方法描述政策研究的整体论进路，并采用行动者平等参与、深入现场、社会情境互动等理念以及定性与定量相结合的描述手法阐释高校资助政策运行的动态性、不确定性及复杂性。研究者在"学校"这一"必经之点"运用人类学的方式访谈、观察、记录，再结合哲学的思辨式、建构式和实证主义的数字式，表现出浓郁的"描述、写实和分析"气质，从日常生活世界中凝练出政策运行的宏观规律，为政策研究者所进一步感知、洞察和构建意义。研究者深入剖析政策行动者相互作用的内在机理与作用机制并提出政策系统优化策略，为高校资助政策分析提供了一种颇具实践操作价值的理论范式。

【关键词】复杂性；高校资助政策；政策分析；行动者网络；混合设计

约束下的变通：县域政府教育治理——以中部某县为例

博士生：陈德胜　导师：吴康宁

【作者简介】陈德胜，南京师范大学教育科学学院教育学原理专业博士学位，现任长江大学教育学院教育学系专任教师、全国教育社会学专业委员会会员。

【摘要】提升教育治理能力、提高教育治理效能是当下一个时期我国基础教育改革的主要诉求。围绕这一主题，研究者在理论和实践、社会和教育、历史和当下、日常和改革之间反复求索、来回比较，对基础教育治理进行了探索—建构式研究。论文试图通过具体个案呈现嵌入在具体社会里的教育制度的真实运行图景，展示内地教育日常治理和改革治理的全过程，发掘教育治理背后的历史性和社会结构性深层次原因，尝试建构基层教育治理行为的理论。在回答"县域教育是如何治理的"这一问题的过程中，论文以"结构性关系对行动的扩展和限制"的社会学基本视角为出发点，关注教育治理实践过程的内部和外部真实世界。在参考和反思治理理论和教育治理研究的基础上，研究者认为县域教育的治理主体是政府，因此教育治理在很大程度上就是指政府治理教育。在此基础上研究者运用了"以历史追踪和类型比较为逻辑架构，通过个案县教育治理的不同阶段和不同类型的比较，进而形成解释模型，最终提炼出治理特征和治理行为规律"的研究策略对研究问题展开具体探索。具体而言，首先，论文以个案中县的自然经济条件和社会发展水平为起点、以中县县志和教育志等史料为基础详细描述了近代以来中县教育的行政机构、知识结构、社会功能的近或现代化过程，以晚清的科举和儒学、清末民国的革故鼎新频繁、共和国的扩张与整顿反复拉锯，再现了中县教育宏观发展的趋势和不同阶段的具体特征，发现了中县教育发展始终面临的薄弱经济基础等约束条件和历届政府发展教育的相应变通策略。在宏观描述中县的教育发展概况之后，论文继续进入中县教育治理的内核，以简约治理、新旧转型治理、精细治理三种体制类型揭示了中县教育治理体制的历史演变，并以学校等级系统、行政部门分散治理、学校—教师—学生利益联盟关系、群体竞争策略四个层次剖析了当下的基础教育治理体制。随后，论文进入现实中中县教育治理实际过程的分析，并以教育日常治理和教育改革治理作为当下教育治理的"正题"和"反题"，分别施加以过程性考察，展示了组织结构、治理目标、治理过程和治理效果评估的复杂性，并发现了教育日常治理和教育改革治理面临共同的经济社会条件和政治经济体制基础，类似的工作机制以及治理行为中程度不等但始终存在的变通性行为现象；借此，论文实现了教育治理从历史到当下的延续，既展示了历史发展的时序性和治理的复杂性，同时也完成了历史变迁过程内不同阶段的比较和当下教育治理内部正反两种类型比较的准备。在此分析的基础之上，论文以中县教育治理的自然社会经济基础、集中型政治经济体制、有限财政能力与多重发展任务的矛盾、政府的变通性治理策略、社会选拔少数人与教育培育所有人的矛盾、锁定的教育改革路径和有限的效果、教育秩序与适应性生存策略七个环环相扣的过程作为解释模型来说明中县教育治理的内里逻辑；并在此基础上对治理理论和教育治理研究进行了基于中县经验的反思和批判，认为中县教育治理有自己的任务逻辑和主动性不足、政府部门本位、治理效果评估结果信效度低的问题。最后，论文在对个案县教育治理的传统时期、晚清—民国时期、共和国时期三个阶段的治理特征和当下教育日常治理与改革治理过程比较的基础上，研究者初步提出了两个基本命题：一是"国家能力的大小与教育治理方式类型选择之间存在共变关系，也即当国家能力小时，国家倾向于选择简约型教育治理；当国家能力大时，国家倾向于选择精细型教育治理"。二是"教育治理目标达成要素的稀缺度、教育治理效果的可测量性与教育治理过程中的变通行为发生概率之间存在共变关系，也即当教育治理目标达成要素稀缺度大且教育治理效果的可测量性差，那么教育治理过程中变通行为发生的概率大；当教育治理目标达成要素的稀缺度小且教育治理效果的可测量性强，那么教育治理过程中变通行为发生的概率小"。基于以上研究，论文认为"县域教育是如何治理的"这一问题的答案是"在多种约束条件之下，县级政府对教育进行着变通治理"。

【关键词】教育治理；治理体制；日常治理；改革治理；治理变迁；约束与变通

变迁中的童年图景——乡村民众童年观念的社会学研究

博士生：王友缘　导师：吴康宁

【作者简介】王友缘，南京师范大学教育科学学院教育学原理专业博士学位，现任上海师范大学教育学院学前教育系副教授。

【摘要】在现代理性二分的思维方式下，现代童年观念经由现代学校的再生产成为不证自明的科学童年观，乡村民众的传统童年观念沦为被改造与弃绝的非理性的童年观念，传统童年观念的多元面向隐匿。这一不证自明的"传统—现代""乡村—城市""非理性—理性"二元对立的预设在20世纪开始得到全面的反思。在反思现代性的视角下，乡村民众的传统童年观念与现代童年观念并非处于"非理性—理性""落后—进步""被改造—改造"线性发展的两端，而是各具不同逻辑的独立观念类型。对这一不同逻辑的传统童年观念的关注与考察受到底层研究的启发，底层研究将研究的视角从上层精英转向底层民众，关注被历史洪流淹没的无声者、无名者，在宏大叙事中寻找底层力量的崛起，相信底层民众独特的逻辑体系与文化体系，从而从底层民众的日常生活中建构历史。本文便基于底层乡村民众的立场，探究1930年代生人至1990年代生人童年观念的变迁，描绘在现代—民族国家进程中乡村民众童年观念变迁的图景，探究现代童年观念在底层乡村社会的遭遇及其与乡村民众传统观念的互动机制，呈现哑然无声的底层童年观念，从而拓展童年观念的内涵与视野，发掘童年新的生命力。本研究采用质性访谈法与参与观察法，以获致乡村民众童年观念变迁的动态图景。以山东N村为主要研究个案、湖北S村为拓展研究个案，以单独访谈与多人访谈相结合的方式累计访谈98人，获得访谈转录资料40万字。同时对N村两次"送米糖"活动进行了参与观察，收集了相关地方志、家谱、照片、"送米糖"或"送祝米"礼单、个人QQ空间等文献资料。采用扎根理论的分析方法，运用Nvivo8质性研究资料分析软件对于所获得的访谈资料与文献资料进行整理、编码和分析，形成了论文的基本框架和结论。乡村民众童年观念的变迁与社会结构的变迁之间充满着张力，也有着复杂的关联。20世纪30、40年代生人的童年观念体现为家族主义取向，在家族主义取向的传统文化中，乡村民众践行着以家为本位的童年观念。家，是人们看待童年的根本基点。在集体化时代出生并成长起来的50—70年代生人的童年观念体现为家族主义与集体主义并存的双重取向。出生并成长于个体化时代的80—90年轻一代的童年观念则凸显了个体主义取向，以个体为基点来看待儿童看待童年。乡村民众童年观念的变迁并非是线性变化的过程，而是多层次、多方向的变迁路径。在这一变迁图景中，童年的边界处于不断的建构中，具有可伸缩的特性。从社会期望边界来看，童年边界日趋精细化与理性化；从个人体验边界来看，乡村民众一直保有某种朴素的未成熟感，即童年的绵延体验。引发童年边界变迁的区隔机制则从家族主义文化下的人情网络转变为现代学校教育下时间与空间的双重制度化。乡村民众童年观念变迁的过程即是作为超地方知识的现代童年观念嵌入乡村社会的过程，体现为互动性再生产，具体表现为"嵌入与再造""相反与相成"两种互动机制。研究者把目光投注于被遮蔽的乡村民众的传统童年观念，意在突破童年观念的现代主义框架，展现被隐匿的传统童年观念的多元面向。传统童年观念具有以往未被重视的独特内涵。乡村民众童年的绵延体验消解了由儿童及成人的理性划分，体现出某种生长的力量。儿童与成人的这一模糊划分挑战了现代童年观念的进化论取向。同时，传统童年观念对于童年期承担责任的认可，为我们展现了儿童对于自身、对于家庭乃至社会所具有的积极能动性。这一对于底层微声的寻觅，对于底层童年观念表述空间的拓展，还刚刚开始。在现代童年观念的高歌猛进中，我们也许需要适当驻足停留，穿透喧腾杂沓的表层理论与现代性叙述，向下观看。乡村民众的传统童年观念蕴含着无尽的生机，需要我们在有守与有为、有弃与有持之间保持必要的张力。

【关键词】童年图景；变迁；传统童年观念；乡村民众；互动

一位中学女校长领导工作的实地研究

博士生：陈红燕　导师：张新平

【作者简介】陈红燕，南京师范大学教育科学学院教育领导与管理专业博士学位，现任南京师范大学教育科学学院教育管理与政策系党支部书记、副系主任，兼任南京师范大学教育科学学院班主任研究中心副主任、江苏省教育学会班主任专业委员会常务秘书长。

【摘要】传统的校长研究建立在"无性人"的人性假设之上，实则单一地体现了"男性"的经验与立场，而"女性"的经验与话语则被长期排除在外，缺乏"男女两性"兼容的社会性别视角。女校长作为一个独特的专业群体，在教育领导以及学校改革与发展中起着不可替代的作用。一直以来，由于"校长"被认为是一个男性化的职业岗位，而且事实上目前绝大多数的校长岗位也确实由男性担当，女性只是占据了其中很少的一部分，因此"女性"这一独特的性别身份，使得女校长在工作当中相较于男校长而言，面临更多的挑战与阻碍，需要付出更大的艰辛与努力。本研究以 S 市的一名中学女校长为研究对象，以女性主义方法论为指导，基于社会性别视角，重点对其于 C 中学、D 中学两所不同学校在"引领教师发展""关怀学生成长""创新校园文化""融合学校团队""规范常规管理""激发学校活力""学校内外的徘徊"等方面的领导工作与境遇进行了全面深入的实地研究，多角度地描述了女校长在领导工作中的现实图景——存在的优势及面临的困境：努力探寻隐藏在女校长领导工作及境遇背后的原因与意义，理解并诠释其"幸福"与"苦难"；深度挖掘"性别"这一要素在校长领导工作中的影响机制，为女校长领导工作的可持续发展寻找出路。论文通过实地个案的呈现，进一步围绕"这是一位什么样的校长？""女校长和男校长有区别吗？""如何看待校长的'性别意识'？""女性适合当校长吗？""怎样让更多的女性走上校长岗位？"等问题进行了深入探讨。在"这是一位什么样的校长？"方面，研究者发现女校长的教育性大于管理性，她既有浓厚的人文关怀，也有一点越级指挥与个人英雄主义倾向；在"女校长和男校长有区别吗？"方面，研究者发现造成男、女校长领导工作差异的主要原因来自于不同的性别社会化机制、性别经验以及由此建立起来的不同的世界观；在"如何看待校长的'性别意识'？"方面，研究者发现女校长性别意识缺失的四个方面，这就是主动淡化"女性身份"，对"性别意识"的曲解，对"男性偏好"的无意识以及对"女性同盟"意识的缺乏；在"女性适合当校长吗？"方面，研究者认为，女校长既有独特优势，但也面临相应的困境，实际上男女两性中都可以产生出优秀的领导者；在"怎样让更多的女性走上校长岗位？"方面，研究者认为"为女校长群体营建一个包容、友善的性别文化环境"很重要，可以通过"建立信任""提供指导"及"加强研究"来为女校长的成长和发展提供特别支持。对中学女校长的领导工作进行研究，同时也表达了研究者对自身作为一名女性追求社会性别自由、平等、解放的终极旨趣。女性主义研究作为妇女运动的一种实践形式，可以重塑女性在历史中的主体地位，彰显女性曾被失落和扭曲的价值，进而推动"两性兼容"与"性别全纳"的社会文化的构建与实现。

【关键词】中学女校长；领导工作；女性主义；社会性别；实地研究

区域内义务教育优质均衡发展政策执行考察
——以苏南 W 市 B 区为例

博士生：刘玮　导师：张乐天

【作者简介】刘玮，南京师范大学教育科学学院教育领导与管理专业博士学位，现任江苏省无锡市立人小学校长。

【摘要】义务教育是基础教育的基石。全面提高义务教育质量，加快推进义务教育协调与均衡发展，为所有适龄儿童少年提供优质均等的教育资源，是破解义务教育深层矛盾、落实以人为本理念、推进教育事业科学发展的现实需要，更是促进教育公平、建设和谐社会、实现民族复兴的长远追求，其现实意义和历史意义并存。近几年来，沿海经济发达地区已经成为义务教育优质均衡发展的先行者和探路人。本文从政策执行的视角，对近五年来江苏省 W 市 B 区实施义务教育优质均衡发展的政策执行进行考察和分析，在此基础上对我国当前义务教育优质均衡发展政策的特征和县域执行的路径进行反思与分析，并就义务教育优质均衡发展政策的有效执行提出建议。本论文共八章。除第一章导论部分外，其余七章分为三个部分。第一部分包括第二章和第三章，主要是对21 世纪以来我国义务教育均衡发展政策的产生与行动以及个案区域 B 区义务教育均衡发展政策执行进行总体性研究。第二章运用政策的"多源流理论"对义务教育优质均衡发展政策的产生背景和动因进行分析，并对 21 世纪以来中央和地方政府实施的义务教育均衡发展的政策进行梳理，同时探讨这些义务教育均衡发展政策执行所取得的总体成效。第三章是对研究个案江苏省 W 市 B 区的总体性描述。通过对江苏省 W 市 B 区的社会经济发展、教育变迁以及教育现状描述，探求义务教育优质均衡发展政策在 B 区执行的社会环境和现实土壤。同时对 B 区当前的义务教育优质均衡发展的政策行动与成效进行整体考察。第二部分包括第四章、第五章、第六章和第七章。在这四章中，笔者从政策执行的理论视角出发，结合问卷调查和访谈的资料，依次对 B 区的进城务工人员随迁子女接受教育、校长教师交流、名校集团化、教育信息化等方面的政策执行情况、政策实施成效及问题进行了细致的考察，并在此基础上对产生政策执行问题的原因进行分析。在第四章中，B 区的进城务工人员子女接受教育政策执行出现执行阻力大、执行主体积极性下降、政策执行走样等问题，研究者认为其在于"自上而下"的政策执行路径导致政策资源紧缺、政策执行主体缺少正向激励、政策执行缺乏协同机制等原因所致。在第五章中，B 区在校长教师交流政策执行中出现政策目标不准确、政策要素不完整、政策保障不得力和政策体制不完善等四个问题，研究者认为其根本原因是政策执行复杂性的体现，是教育政策执行多因素性、多层次性与多变性等相互作用形成的结果。在第六章中，通过对 B 区名校集团化发展现状的考察，研究者认为名校集团化政策执行中出现了子体学校在集团化发展中失语、利益驱动下的名校扩张、复杂多重的行政管理和母体学校优质资源弱化等问题，其既有政策本身缺陷的原因，也有"自下而上"政策执行自由裁量失控、政策执行者多样化利益诉求等原因。在第七章中，研究者着重于对 B 区教育信息化政策执行过程的探究，较为全面地揭示了教育信息化政策执行基础建设时期、全面发展时期和优质发展时期的政策执行特征，并分析了其政策执行主体认知缺陷、政策评估监测缺失等问题。第三部分为第八章。本部分是对前面研究的反思与建议。首先，研究者总结了 B 区义务教育优质均衡发展政策执行的总体成效。研究者认为，B 区义务教育优质均衡发展政策作为发达地区先行先试政策，其政策成效体现在政策理念由外部办学条件均衡转向优质教育资源均衡、县区和乡镇政府成为义务教育优质均衡发展政策的责任主体、政策调整对象倾向于弱势群体、学校标准化建设进程大为加快等四个方面。其次，研究者对义务教育优质均衡发展政策县域执行"威权线性"的运行特征进行反思性分析。最后，研究者对义务教育优质均衡发展政策在县域有效执行提出建议。研究者认为，义务教育优质均衡发展政策在县域的有效执行，需要构建县域执行的"网状弹性"模式，理顺公共政策机理，需要在政策执行过程中完善政策的县域运行机制，还需要优化政策的县域执行环境，调整政策的县域执行重心。

【关键词】教育政策；政策执行；义务教育；优质均衡；个案研究

工读学校治理模式下的教师身份建构

博士生：石军　导师：齐学红

【作者简介】石军，南京师范大学教育科学学院教育领导与管理专业博士学位。

【摘要】工读教育的特殊性，决定了工读教师身份的特殊性。而研究者作为一名工读教师的特殊身份，决定了对该问题研究具有特有的局内人视角和内在体悟。本研究以 W 市 M 学校为个案，通过对工读教育发展历史和工读学校教师身份建构的文献梳理，以及采用实地考察、参与式观察和深度访谈等质性研究方法，尝试运用社会建构理论对工读教师的身份建构问题进行学理分析与实践反思。论文共五章。第一章，绪论部分。主要对教师身份认同、身份建构以及工读教育相关领域的文献进行了综述。第二章，一个称为工读学校的地方。通过大量的第一手资料白描式地呈现了工读学校这一介于普通学校和传统监狱之间的特殊教育形态，深入分析了在这一特殊场域下工读学校对于工读生身体治理与思想治理的"双重治理"过程，同时，也在一定程度上揭示了"控制者反被控制""治理者反被治理"的治理逻辑，为工读学校教师身份建构研究埋下了伏笔。第三章，工读学校治理模式下的教师主体身份。作为论文的主体部分，着重描述了治理模式下工读教师身份建构的微观过程，分析了 M 学校工读教师的生存状态，呈现了工读教师身份建构的形成机制与演变过程，重点描述了工读教师在入职后身份构建发生了怎样的变化，身份建构过程是否存在身份危机，存在怎样的身份危机？第四章，总结了"治理模式"下工读教师身份建构存在的五大问题：社会身份的"污名化"、专业身份的"泛化"、文化身份的"危机"、主体身份被"遮蔽"、群体身份的"缺席"。第五章，反思"治理模式"：重塑工读学校的教育属性。通过对工读学校"本源性"问题的探讨，进一步说明工读教育的属性是教育，不是"管制"；工读学校的性质是学校，不是"监狱"；工读生的身份是学生，不是"少年犯"；管教执勤员的身份是教师，不是"监狱警察"；从而得出工读学校"监狱化"的治理模式是影响工读教师身份认同与建构的主要原因，并对工读学校的"治理模式"进行反思，提出了工读学校"去监狱化"治理的对策建议。通过研究表明：在工读学校治理模式下，一方面，工读教师身份建构过程存在不同程度的身份危机，主要表现为社会关系网络下的社会身份认同危机、执勤关系下的主体身份认同危机、教学关系下的专业身份认同危机以及管理关系下的文化身份认同危机，最终导致工读教师身份建构的根基异常薄弱。另一方面，工读教师身份建构呈现出身份想象、身份失衡、身份焦虑、身份迷失、身份游离、身份挣扎等复杂样态，进而被构建为"监狱警察、另类教师、保姆、父母、心理咨询师、护理员、雇佣工人"等多重身份。上述两方面的问题主要受到工读学校"治理模式"的影响，工读学校"监狱化"的治理模式是导致工读教师身份认同危机和影响工读教师身份建构的重要原因。通过本研究以期对工读教师的专业发展、工读学校治理模式以及工读教育的可持续发展有所启发和借鉴。

【关键词】工读学校；工读教师；治理模式；身份建构

嵌入与变异：现代教育观念的乡村遭遇

博士生：汤美娟　导师：吴康宁

【作者简介】汤美娟，南京师范大学教育科学学院教育学原理专业博士学位，现任内蒙古师范大学副教授。

【摘要】百年来，乡村教育改革和研究一直在"传统—现代"二元对立的预设下致力于寻求现代化道路。对于该目标及背后的观念，改革者和研究者们深信不疑，很少反思。不过，社会理论对现代知识体系的反思，打破了其"天然"的合法性和普适性，为思考乡村教育改革和研究中的观念体系提供了理论视角。在此理论视角下，传统和现代教育观念并非处于"落后—进步"的线性发展之中，而是各具逻辑自主性的观念类型，乡村教育观念的现代化过程只是现代教育观念凭借权力机制在乡村社会的嵌入和"再生产"。该文便基于底层乡村民众的立场，探究内含于传统和现代教育观念中的思维方式、现代教育观念在乡村的"再生产"机制及遭遇到的"重构"和"再解释",以此展示底层视角下的乡村教育观念现代化历史图景。为深入理解这一历史图景的细节,该文采用历史的批判民族志,对苏北 M 村这一经历了现代教育观念"再生产"及不同教育观念碰撞的个案进行了较长时间的田野研究。在此过程中,研究者对该村50多位乡村民众进行了深度访谈,获得了丰富的访谈资料,同时收集了相关地方志、县镇教育政策文本和学校教育制度等文献资料,并通过对这些访谈资料和文献资料的整理、编码和分析,形成了论文的框架和结构。通过以上探索和分析发现,解放前,乡村民众传统教育观念孕育于乡土生活之中,以"务实求验"为思维方式;与此不同,现代教育观念源于工业社会,其中内含有"理性"的思维方式。解放后,凭借着国家政治力量,现代教育观念"嵌入"乡村,并通过"知识—权力"运作机制实现了"再生产"。在此机制中,乡村学校占据着"枢纽"的位置,成为现代教育观念在乡村的"集散地"。它通过两种方式:"直接规训"和"间接规训",向乡村民众传播现代教育观念。不过,现代教育观念的"再生产"并非"霸权式再生产",而是一种"互动性再生产"。也即,作为地方文化的传统教育观念及其"务实求验"的思维方式并未完全消失,而是与现代教育观念这一超地方文化产生了不同形式的互动,以不同方式对其进行了"重构"。纵观这一互动史,它显露出三个明显的"断层",形成了三种不同类型的互动模式:传统主导型互动(1949—1978)、双向异质型互动(1978—1998)以及理性主导型互动(1998—至今)。其中,每一种互动模式都与此阶段人们的生活模式及教育在其中的地位表现出了"亲和性",形塑了乡村民众教育观念体系的阶段性特征,也形成了现代教育观念在乡村的不同遭遇:"漂浮""分化"和"霸权"。所有这些既联结为现代教育观念的乡村遭遇史,更展现了底层视角下乡村教育观念的现代化历史。

【关键词】乡村教育;现代教育观念;务实求验;理性;互动;重构

中小学校长的时间问题——校长调查与个案研究

博士生：孙军　导师：程晋宽

【作者简介】孙军，南京师范大学教育科学学院教育领导与管理专业博士学位，现任南京市江宁区教育局招生考试办主任。

【摘要】校长在中小学校内兼具领导者、管理者、教师等身份，他们在学校发展、教师发展、学生发展中发挥着重要作用。而时间作为校长的领导与管理实践的重要对象和重要途径，却常常被众多校长忽视。从时间管理视角来看，校长应主要抓住出主意、用干部两个关键点，领导学校从容发展；校长需要拥有强烈的时间意识，善于授权、长于沟通，充分发挥评估与奖惩的效力，对学校实施节奏管理；校长作为教育者，也应当身体力行、终身学习，成为课堂教学时间管理的研究者、教师专业成长的引领者。对国内 277 位正职校长进行问卷调查、统计与分析后的结果显示：在自我监控观、效能感方面，因学校层级、学校规模、校长学历不同，校长之间存在非常显著的差异；学校层级与校长每周工作时间呈非常显著的正相关，学校规模、校长学历与校长每周工作时间呈显著的正相关，即学校层级越高、学校规模越大、校长学历越高，校长每周的工作时间也就越长；校长工作时间分配从多到少依次是：行政事务、教育教学管理与实践、参加学习和培训、社会事务、教师管理，其中处理行政事务平均占用工作时间的 45.98%。本研究随后在区域内选择发展稳健、办学声誉良好的小学、初中、高中各一所学校的校长展开个案研究。三位校长各有特点：X 校长执著推进以"友善用脑"为主要标志的学校文化，带领学校生动发展；Y 校长豪爽而执著地奉行拿来主义，集百家之长而高效推进课堂教学改革；Z 校长特别注重规则，带着个人的教育理想去全面承续学校蓬勃发展的惯性。三位校长和他们的学校不约而同地以实际行动追求办学效益：A 小学期望每个孩子能够"享受快乐童年"——快乐度过小学六年时间；B 中学追求适合每个孩子（初中学生）的高效课堂——获得较高效益的初中三年学习时间；C 学校追求"大气、诚朴、幸福"的三原色——让每一个孩子幸福度过 C 学校生活的每一个阶段（三年、六年、九年、十二年甚至十五年）。这既是三所学校的文化特色，也是三位校长时间管理的出发点。随着个案研究的不断深入，论文真实展现了三位校长如何在学校领导与管理中分配与使用时间，以及他们如何成功地把握时间的脉搏，有效地规划与引领学校发展、师生发展。论文期望能够借此实例，给中小学校长们以启发和帮助。通常，校长理应是高效能人士，理应拥有明确的目标，懂得把握事务的进退取舍，且长于拓展个人的业务能力和可使用时间。而校长实施高质量的时间管理，将有利于学校长期发展的从容，有利于学校常规运转的健康节奏，有利于校长个人的专业化持续成长。结合调查和访谈，论文认为，当下校长优化时间管理的主要策略有三：修人脉，赢得上下级的支持；强意识，提升时间管理的自觉；得方法，科学实践时间管理。

【关键词】中小学；校长；时间问题；时间管理

救人救己与害人害己——一位教育研究者的缕缕生活叙事

博士生：易东平　　导师：吴康宁

【作者简介】易东平，南京师范大学教育科学学院教育学原理专业博士学位，现任教于华中师范大学教育学院。

【摘要】本文通过自己成长的生活叙事、通过对成长各阶段日记材料以及对同龄人访谈材料的分析，讲述并分析了我个人（学校教育、校外成长）的故事、我的家族故事，以及（我的）他们的故事，按生命生成的线索，全景式地呈现出"我"的成长。观照教育在其中的作用：我驯服于绵羊式教化—困顿—理解与批判—新生。发现教育让我不断追求上进（救己），生出济世情怀（救人）；而最终发现我却是在"害人害己"。透过讲述与分析，文章试图探明"我"是一个什么样的人，"我"究竟是怎样成长为今天的状态和样式的，并在此基础上探讨教育机制和社会机制在我的成长中所起的作用，进而发掘出人的生活与成长、教育之间的复杂而深刻的关系，从而揭示出我们当前的教育生活、教育研究和自身的生活，打着"救人救己"的幌子，而有时实际却是在"害人害己"。文章也探讨了教育对于普通城镇和农村的草根阶层的现实成长的影响，并进一步深入到探讨人生、命运与教育的关系。文章还引发出进一步的思考：对于人的成长和生活，教育应该摆在什么位置？教育研究者又该将自身摆在什么位置？

【关键词】个人生活史；教育生活；叙事；教育社会；价值观；社会适应性

理性与躁动——大众"培训热"的文化审思

博士生：杨跃　导师：吴康宁

【作者简介】杨跃，南京师范大学教育科学学院教育学原理专业博士学位，现任南京师范大学教师教育学院教授。

【摘要】"培训"这一大众日常生活中呈现的教育活动，却长期处于教育研究视域之外。本研究从文化社会学视角将当下中国现实生活中近乎全民的"培训热"这一文化现象作为透视时代文化特质与社会性格的窗口，将大众"培训热"的考察深进社会学的核心主旨和潜隐议题——"现代性与焦虑"，分析了"培训热"投射出的种种大众的"焦虑"心态，如个人（包括家长）的"饭碗焦虑""成功焦虑""身份（自我认同）焦虑"甚至"身体焦虑"以及企业与员工间的"信任焦虑"。正是这些"润物细无声"的种种"焦虑"造就了培训的火红和混乱。繁荣与无序并存，理性与躁动共生，正是当下中国"培训热"的真实写照。在现象白描的基础上，又着力分析了"培训热"所蕴藏的"社会焦虑"如何被社会本身所建构？"全球化陷阱""专家神话""媒介权力"这些"匿名权威"如何为大众焦虑的社会建构推波助澜。本研究秉持"面向现象"的研究方法论，借鉴了文化研究、社会心理学、消费社会学、符号学等视角和方法，尝试多维度的社会研究，综合运用了访谈、现场观察、文本分析等多种方法，透过不同视角洞察种种"培训热"表象，解读当下中国大众情感的生存境遇及其困厄的社会根源。本研究不是对"如何进行和选择培训"等问题进行的规范性研究，而是试图透过"培训热"的各个"窗口"揭示出其背后的众生百态和社会特质；并且着力从社会批判视角进行"重思"与"否思"，通过对"培训（教育）公平"和"培训市场化"的追问以及对大众"培训热"的文化审思，加深对"培训热"的人文反思。本研究通过揭示"培训热"的复杂性，说明表面红火的"培训热"正是中国大众遭遇传统与现代力量的冲突而心生出莫名焦虑的折射！其背后深隐着大众的无助、无力和无奈！透过"培训热"这扇窗口，触摸到中国大众对社会剧变持有的一种焦躁不安的心态和缺乏理智的群体躁动。社会的焦躁风气与个体的浮躁心理，在社会互动中相互强化、互为因果。"培训热"绝不意味着我们正迎来一个凯歌高奏并人人受益的"终身学习"时代，也绝不意味着一个真正的"学习型社会"之建构会如此迅速而容易！我们呼唤信仰和理性的回归，呼唤新的信仰和理性的重建！

【关键词】培训热；现代性；焦虑；社会建构；文化审思

学校行为的社会逻辑——关系网络中的学校

博士生：庄西真　导师：吴康宁

【作者简介】庄西真，南京师范大学教育科学学院教育学原理专业博士学位，现任江苏省职业技术教育科学研究中心常务副主任、研究员，江苏省高校"青蓝工程"中青年学术带头人，江苏省"333 高层次人才培养工程"中青年科学技术带头人培养对象。

【摘要】因为教育普及的缘故，学校成长为目前我国数量最多的组织之一，与学校的数量同步增加的是学校的重要性，现代社会中每一个人都或多或少的有一段在学校生活的经历，而且学校也确实在不同程度上影响了人们的生活。但是，与它的庞大的数量和日益增长的重要性不相称的是我们对学校的了解却很少，相反在不了解的前提下对学校的批评却很多。从现实的考虑，如果我们不了解学校的日常行为，我们就无法有针对性地提出对学校改革的方案和措施，了解是改革的前提而不是反过来。论文的目的就是以一个乡镇中学为个案了解和认识学校行为的机制。论文共由七部分组成，分别是导论、第一章学校进入和研究方法、第二章学校行为的背景、第三章学校行为诸面相、第四章学校行为的动力、第五章学校行为的机制、结语。论文在以下方面作了讨论。基于对现在的学校日益分化和异质化的判断，论文在学校行为研究方面引进了"关系论的方法论"，主张运用"典型个案分析"的方法分析学校行为，论文不仅对这种方法的合理性进行了辩护，而且尽量把这种方法贯彻到对学校行为的研究上面。论文认为应该在国家—社会—学校三者关系的框架中认识学校行为，国家只是影响学校行为的一个因素，从国家的角度理解学校行为，我们得出的结论是学校行为是同一的；不能忽视的是社会同样是一个对学校行为产生影响的因素，在这里，社会是指与"国家"有一定距离的具体学校所依存的地方社区或者"关系网络"，从关系网络的角度理解学校行为，我们得出的结论就是差别，也就是说学校的差异化来自于所在地方性知识的不同，也即不同的地方社会型塑了不同的学校行为。在国家和社会的双重影响下，学校并没有丧失一定的自主性，恰恰就是因为国家和社会的既斗争又合作的关系，导致了学校行为的"半自主性"，这一点从学校获得资源以及配置资源的过程中看得很清楚。

【关键词】学校行为；关系网络；科层制；国家；社会；惯习

区域内义务教育优质均衡发展政策执行考察
——以苏南 W 市 B 区为例

博士生：高水红　导师：吴康宁

【作者简介】高水红，南京师范大学教育科学学院教育学原理专业博士学位，现任南京师范大学教育科学学院副教授。

【摘要】对"法定知识"通常的解释框架是"阶级"和"意识形态"，即课程所具备的阶级属性和内隐的意识形态特征，并以此来对应教育的不平等，以及知识和国家权力联姻后的控制特征。本研究从行动者角度出发，试图关注：受各种现实力量作用的行动者，在"法定知识"之"法"的确立与"定"的过程中，对其形成怎样的作用力？这构成论文的核心问题。具体而言：一方面，是否存在一些不能以"国家控制""阶级再生产"来概括的力量与方式随着行动者涉入了课程改革的价值确立与实践过程中？另一方面，行动者们在改革过程中究竟如何使自己的表达与实践得以可能？这又反过来形成了怎样的课程文化与秩序空间？"法定知识"通常是被政策制定者及其实践者们"先行"建构好的，只有在课程寻求变革的过程中，这一建构过程及行动者们才会显形，因此本研究以正在进行的基础教育课程改革作为案例展开分析与探讨。试图凸显行动者视角——从其言说、意识、意志与实践中——将社会因素及其关系展开。研究者认为社会因素只有融注在有血有肉的行动者后，对课程知识的作用才更为真实、更具整合性与穿透力。社会行动者处于各种力量的作用中，从社会行动者的视野展开分析，需要在更为动态及复杂的层面去探讨，行动者是多元的、多层面的、多向度的。这里既有控制与再生产的可能，亦有相反力量的冲撞；既有对已有秩序的屈服与妥协，亦有充满激情与个性的困惑与努力；既有寻觅的坚持与异化，亦有变通的策略与智慧。其最终形成的作用力也是多维的、丰富的。研究者认为：与其说形成了一股作用力，不如说形构了一个充满张力与紧张的作用空间，由此导致知识的合法化力量的延伸与复杂化。本研究选择的立场是延迟批判——如何在被批判与解构了的地方巧妙地坚持、思考并言说其可能性？在理论与现实的碰撞中，在应然与实然的照面中，企图在"不得不如此"的现实困境处发现某种转换、策略与可能性。这一方面源于行动者本身的丰富性，一方面为了秉持解构加重构的研究使命。基于此，研究展开了对改革行动者在政治秩序、观念秩序、市场秩序与合法化秩序中的可能空间的探讨，并浮现出以下几组概念：个性力量与规范秩序、借口的政治学、隐蔽语本与观念秩序、合法化的延伸。

【关键词】课程改革；法定知识；社会行动者；延迟批判；合法化的延伸

促进学生"充分发展"的教育模式研究
——以南京市 F 中学为个案

博士生：王占宝　导师：吴康宁

【作者简介】王占宝，南京师范大学教育科学学院教育学原理专业博士学位，原深圳中学校长。

【摘要】作为一项实践探索性研究，本文以"充分发展"作为促进学生发展的主要理念，在阐述"充分发展"之理论依据的基础上，通过个案研究的方法，尝试建构一种"充分发展"的教育模式，并对其相关保障体系进行了探讨。具体来说，论文主要分为五个部分。第一部分，对"充分发展"的意涵进行了解析。从教育史的角度对"充分发展"作了历史的梳理；在此基础上，着重分析了"充分发展"的含义和基本特征；最后从本体论、方法论以及社会价值方面对"充分发展"实现的价值和可能性进行了分析。第二部分，从多学科的视角对"充分发展"的理论基础进行了剖析。从哲学视角来看，哲学人类学、人本主义和马克思主义有关人的全面发展理论为"充分发展"奠定了基础；在心理学方面，多元智力理论、自我实现理论、建构主义学习理论为"充分发展"作了理论的准备；在社会学方面，社会阶层理论、批判教育学、教育机会均等理论为"充分发展"提供了现实的可能性。第三部分，从宏观、中观、微观三个层面讨论了影响学生"充分发展"的相关因素，在此基础上，从核心理念、要素、特点及相关策略方面，具体阐述了如何建构"充分发展"的教育模式。第四部分，论证了"充分发展"教育模式的保障体系。"充分发展"教育首先需要学校领导观念的革新；其次需要教师和学生共同的"充分发展"；再次需要从学校文化建设方面去型塑有利于"充分发展"的文化环境；最后，还需要学校建构促进学生"充分发展"的数字化平台。第五部分，在以上各部分理论分析的基础上，提供并分析了体现"充分发展"理念的教育案例。生涯规划、菜单式课程、学生意志训练、生活教学、学习—研究型充分发展教研组以及"模拟—体验"课程等案例的展现，为"充分发展"的教育模式建构提供切实的基础与样例。

【关键词】学生；"充分发展"；教育模式；保障体系；案例

沉默的力量——学校空间中教师与国家的互动

博士生：常亚慧　导师：吴康宁

【作者简介】常亚慧，南京师范大学教育科学学院教育学原理专业博士学位，现任陕西师范大学教科院教师，兼任南京师范大学教育社会学研究中心研究人员，主要讲授本科生"教学论、教育社会学"，研究生"教育社会学、高等教育社会学"等课程。

【摘要】本研究主要以国家与教师的互动为主要线索，阐述在学校空间中，教师是如何回应国家通过基层政权对其实施的"控制"。由于既有的"国家—社会"分析框架可能会淹没中国社会结构的"差序格局"特点，故本研究立足于文化社会学的视角，采用"过程—事件分析"的方式展开研究的问题。学校空间是一个权力交错缠绕的网状结构，围绕着资源与权力，国家把权力移置给基层政权。以教研活动的方式不断确认教师的专业能力，以年级为单位对教师的日常生活进行管理，通过教师是"人类灵魂工程师"这一符号的"社会记忆"对教师实施监控，在复杂权力网络关系中，教师在一定意义上成为了"陌生人"。面对复杂的权力网络，教师在学校生活中，借助话语、身体、舆论等方式对不同事件发生的时间转化和空间拓植来展示行动的丰富性，表现出一种学校空间中相对沉默却不能忽视的力量。学校生活是社会生活的一个组成部分，社会转型时期出现的问题也会在学校空间呈现，通过对公立学校中"代课教师"现象的剖析，透视社会转型时期学校生活的变化，说明"国家—社会"分析框架对中国社会分析的不足。本研究在分析国家如何"控制"和教师怎样行动时，是以文化作为分析工具的；在对"代课教师"现象进行剖析时，视文化为解释的维度。所以，面对"国家—社会"框架解释中国社会带来的"结构—行动"研究困境，文化社会学在某种程度上可以作为打破这一困境的尝试。文化可能是一种意义阐释，可能是一种思维方式，还可能是一种生存方式，以多维的方式理解文化，是本研究的一个基本立足点。文化分析试图在跨越边界的过程中实现对话：国家与教师、结构与文化、本土化与全球化、问题意识与理论研究、教育社会学与教育社会理论之间的对话，尝试去倾听另一种声音，去感受另一种可能。

【关键词】教师；基层国家；关系网络；拓植；文化分析

精神追寻：农民工子女的语言与自我认同

博士生：赵翠兰　　导师：吴康宁

【作者简介】赵翠兰，南京师范大学教育科学学院教育学原理专业博士学位，现任教于青岛大学师范学院。

【摘要】本研究以全球现代性为背景，以中国现代化进程中城乡二元经济体制逐渐被解构、城乡两种语言文化风格的碰撞与交融、农民工子女生存物理空间的转换作为研究的基点，从语言视角、微观层面探讨城市公立学校中农民工子女由于生存物理空间的转换诱发了心理格局的重组，进而导致其自我同一性危机加剧的问题。在现代性背景下，以工具理性、逻辑和进步为特征的现代性建构起来的话语体系，构成了对变化、多样、差异、多元语言文化等的裁剪、打磨和隔离。中国的现代化进程中建构了以城市为主导的语言文化，它构成了对其他语言文化特别是对乡土语言文化的压制、打磨和吞噬。农民工子女由乡村进入到城市并且在城市间的流动，造成了他们自我成长过程中的同一性的断裂，由此导致了自我迷失、价值混乱以及意义缺失等问题。因而，本研究从语言这一视角探讨农民工子女的认同趋向，试图回答以下几个问题：语言是如何将他们建构成为漂泊的主体的？在语言共同体和家庭中农民工子女有着怎样的认同趋向？在学校的生活场域，农民工子女经历了怎样的再社会化过程？研究表明：第一，作为正在成长中的农民工子女，身体上的频繁流动带来的是心理上不断被解构、建构乃至重构，这种流动没有使农民工子女形成一个同一的、明晰的自我认同，因而加剧了农民工子女自我同一性危机。这种危机的突出表现就是不知道"我是谁？""我是哪里人？""我要成为怎样的人？"之类的自我归属问题。农民工子女的这样一种生存状态在很大程度上使他们成为漂泊在城市生活之外的孤独者。第二，从总体上来看，农民工子女更倾向于城市生活，对城市语言和文化有着较为强烈的认同。但是，城市语言文化像一堵无形的墙，对那些极力融入城市生活的农民工子女实施隐性的隔离，这种隐性隔离主要表现在主流语言文化以自我为中心，唯我独尊，排斥、打压、吞噬异己语言和文化。第三，通过对农民工子女在语音、词汇、语法、语篇等方面的探讨，发现农民工子女认同城市的主要途径就是要经历一个语言再社会化的过程，即不仅要经历言语社会化，更重要的是要经历语言社会化。这种再社会化对农民工子女来说是一个艰难的过程，因为语言不仅仅是一种用来驾驭外物的工具，更重要的是语言作为一种生活方式的体现，构成了人存在的世界，构成了人的生命，构成了主体本身。因而语言转换的过程不仅仅是从一种工具到另一种工具的驾驭，更表征了人生活方式的转变。在论文的结语部分，研究者再次从语言本体论的角度论述了"语言是人存在之居所"这一命题，同时研究者以正处于成年期的农民工子女为例，确证部分农民工子女对城市的不认同。他们在城市生活中处于漂泊状态的根源之一在于，由于他们没有纳入到城市语言文化的体系中，始终以边缘人的目光审视和打量着城市，进而导致其对自我同一性进行苦苦的追寻。

【关键词】农民工子女；语言；自我认同；语言再社会化；教育社会学

文化变迁中的课程与教学
——南京市城北区义务教育学校的实地研究

博士生：吴亮奎　导师：杨启亮

【作者简介】吴亮奎，南京师范大学教育科学学院课程与教学论专业博士学位，现任南京师范大学教育科学学院教师。

【摘要】本论文运用实地研究的方法，选取江苏省南京市城北区作为实地研究地点，把该地区义务教育学校的课程与教学作为研究对象，以该地区的 BL 中学和 HD 中学两所学校作为实地个案，将文化变迁作为课程与教学发生的背景，把课程与教学纳入文化的视角加以考察，对我国东部经济发达地区城市义务教育学校课程与教学问题进行了实地研究。本论文从"何为"与"何以为"两个角度剖析了南京市城北区义务教育学校在文化变迁过程中发生的课程与教学问题。"何为"关乎价值取向，分析了义务教育学校课程与教学的"是什么"和"为什么"的问题；"何以为"关乎过程与手段，分析了义务教育学校课程与教学的"做什么"和"怎么做"的问题。"课程与教学何为"研究了城北区义务教育发展过程中的"优质学校"与"薄弱学校"的课程与教学问题。认为义务教育"薄弱学校"是我国基础教育不均衡发展过程中处于弱势的不利学校群体，是在义务教育发展过程中"被薄弱"的学校，"薄弱学校"是不平等的社会层级观在教育上的表现。"优质学校"是教育资源不均衡配置造成的义务教育发展过程中的不平等现象，这种不平等越来越表现为生源不平等和文化不平等。"薄弱学校"和"优质学校"的课程与教学承担着同样的培养合格公民具备的基础素质的责任。"薄弱学校"的责任担当者是各级政府而不是学校自身，更不是学校的教师和学生，"薄弱学校"改造成功与否的关键是政府的政策、社会文化的因素、课程与教学的评价标准和内容。进而认为，义务教育学校的课程与教学要基于每一位学生合格的底线发展；义务教育学校不应选择生源，不具有"筛选淘汰"的功能。"课程与教学何以为"研究了义务教育学校课程与教学的变革问题、课程与教学的均衡与公平问题。"实践者的行动"从学校层面进入了对课程与教学发生的"何以为"问题的探究，认为课程与教学变革是适度发生的；"均衡与公平"结合当代城市"极化"社会的现状，从社会文化变迁的层面对基础教育学校发展过程中的社会择校问题、学校间的竞争问题、城市化过程中的城乡差异问题进行了解释，提出了基于儿童个体发展的有差异的义务教育学校课程与教学的优质发展策略。

【关键词】课程与教学；义务教育；文化变迁；实地研究

乡土社会的教育政策运行——M 县民办教师的民族志

博士生：魏峰　导师：张乐天

【作者简介】魏峰，南京师范大学教育科学学院教育学原理专业博士学位，现任南京师范大学教育科学学院副教授。

【摘要】农村民办教师是新中国教育史上一个特殊的职业群体，他们以"亦师亦农"的身份在"民助加公助"的微薄待遇下为农村教育的发展作出了巨大的贡献。在这一群体的生活史中，他们大致经历了资格获得、全面考核、资格审查、职称评定和民转公等重要事件。论文借助于历史文献和口述资料，以人类学中民族志的方法考察了民办教师政策的变迁对苏北 M 县民办教师生命历程的影响，以及民办教师在这些事件中采用个体策略与政策互动的过程。农村民办教师所经历的各种事件都是在教育政策主导下进行的。在正规师范生培养不足的情况下盲目追求基础教育的普及使得民办教师成为农村教师队伍的主体，由于规模过大以及对民办教师任用的管理不善给这支队伍带来了严重的质量问题。改革开放后国家开始对民办教师进行治理整顿，通过全面考核、招考合同民办教师、资格审查、辞退不合格教师、职称评审等措施改善了民办教师队伍素质，将民办教师转为公办教师则最终实现了对民办教师的正规化管理。这些措施都体现了国家在走向现代化的过程中现代性的增长。此外，政治经济宏观体制及计划生育政策、户籍制度等具体政策的变革也影响了民办教师政策的运行。民办教师个体并不是被动地适应政策变革的节奏，在其生命历程的各种事件中，他们都积极地借助乡土社会文化所蕴含的策略与政策进行互动。社会文化中的人情、关系等社会网络资源和"面子""成分"等符号性资源都成为民办教师个体策略的资源，这一切都体现了乡土社会"差序格局"社会结构下人们特殊主义的行事逻辑。在发生了变迁的乡土社会，现代政治运动的行动逻辑和市场经济的交换原则与传统文化融合在一起，为民办教师的个体策略注入新的元素。在国家政策与个体策略互动的过程中，具有乡土社会成员和科层制组织成员双重身份的基础教育行政部门官员和民办教师，围绕着各种管理活动中的资源分配，形成了一个以"情感、人情和情境"为基础的教育政策网络。"情"是这个政策网络的核心。这不同于西方政策网络高度理性化的特征。教育政策在这样的网络中运作，导致了其强制性在一定程度上被消解而出现了弹性，政策的边界根据具体情境而伸缩；而民办教师则在适应国家政策变革需要的同时借助个体策略来与之博弈，以保证他们生活的基本法则不在政策压力下发生颠覆性的改变，这体现了建立在乡土文化基础上的个体策略的韧性。

【关键词】民办教师；乡土社会；民办教师政策；个体策略；民族志

大结构与微权力：俐侎学生教育生活与教育成就的田野研究

博士生：陈栋　导师：程天君

【作者简介】陈栋，南京师范大学教育科学学院教育学原理专业博士学位。

【摘要】"俐侎人"是世居于云南省临沧市的一个彝族支系。在其长期对外封闭的社会生活中，逐渐形成了族群独特而又相对独立的社会结构、生活方式和文化系统。通过对相关历史和研究文献进行梳理，并结合在田野调查过程中对俐侎本土文化研究人员进行的深度访谈和对俐侎本土文物进行的归集分析，我们可以发现俐侎人的族群渊源、地域分布和人口流动等社会情况，以及俐侎人的民间信仰、节庆礼仪、生活方式、族群语言等文化特征。由于自改革开放（尤其是进入 21 世纪）以来，俐侎社会的封闭状况逐渐被打破并进入急剧变化期，因此很多社会矛盾如民族识别的遗留问题、独特文化的消亡问题等开始凸显。俐侎地区的学校教育正是在这种区域社会变迁和族群存续困境的大背景下，得以大力推进和整体变革的。通过对俐侎地区的十余所学校进行参与式观察，对相关教师、学生、教育管理人员和其他社会人士进行深度访谈，可以发现俐侎地区学校复刻了国家教育的普遍模式并鲜有区域和民族特色，具有维稳和支边的地方性意义。而俐侎地方教育中的本土课程和地方知识等本土化努力均行动迟缓且权力微弱。俐侎地区学校教育的内容及形式通过俐侎学生和学校教师为载体，向俐侎人的社会生活渗透；同时俐侎社会中的组织型和个体型力量，又对俐侎学生的教育成就、俐侎地区学校的整体发展产生支持和制约作用。镶嵌于俐侎社会场域中的教育场域自在且自为地与周遭社会环境进行规则和资源的互换与对流。俐侎族群的早恋早婚、懒散宽松的文化习性和害羞腼腆、实用实际等心理习性，与家庭和社会教育资本匮乏等知识因素、打工潮和精准扶贫等时代因素、外向型和去民族化等教育体制因素交织在一起，共同影响了俐侎学生的教育成就。在俐侎族群文化场域与惯习的作用下，绝大多数俐侎学生得到了家庭、社会对他们教育成就获得方面的纵容与护佑，而这种文化机制恰恰形成了一个社会闭环，维持了俐侎族群的人口和文化的再生产。在空间、时间和意义上都已深埋入俐侎族群生活场域的国家教育体制，通过在这个民族、边疆、农村三重边缘化的区域社会中，传播和制造多元一体的民族格局等意识形态共识，从而达成维稳和接轨的功能。少数俐侎学生在结构化的教育及社会环境中，通过身份、行为和观念三个维度上的微权力运作，利用和转化了家庭、学校的各种规则与资本，达成了对族群传统社会、文化和心理结构的抵制与反哺，迎合了主流价值观和教育成就体系的偏好，取得了较好的教育成就，并与其他学生一起推动了区域社会变迁。基于以上调查分析，并对研究者在田野和书斋中的双向建构过程进行反思，可以尝试构建一种中层理论意义上的区域教育社会学。

【关键词】彝族俐侎人；民族教育；区域教育社会学；边疆教育；农村教育

儿童政治身份的赋予——对一所小学少先队的田野考察

博士生：傅金兰　导师：高德胜

【作者简介】傅金兰，南京师范大学教育科学学院德育学专业博士学位，现任枣庄学院心理与教育科学学院院长。

【摘要】各个国家进行政治教育的方法各异，但都会致力于培养其所需要的接班人这一目标。学校也因此成为对儿童进行政治教育的主要实施者。在中国，每个儿童都要被赋予一种政治身份——少先队员，他们在学校里需要被引导和训练成为社会的合格成员。少先队组织的各种活动也因此占据了儿童的大部分生活。少先队教育通过"队—团—党"这样一个组织衔接，在儿童的日常学习生活中植入正规的组织活动进行政治价值和信念的熏染，使儿童由一个自然人转化为社会所需要的政治人。这种以政治认知和情感培养为主要内容的少先队教育，深刻地反映了国家已经广泛地介入到儿童的生活世界。论文把少先队置于一个我们不能熟视无睹的"有血有肉"的学校空间里，选取一所小学，对儿童在这一阶段政治身份的赋予过程进行深度描述，描述儿童与学校政治教育的冲突与妥协、纠结与困惑，并对他们在这一生活场域中的"心路历程"进行德育学层面的剖析，以揭示儿童的政治生活实况。全文分为七个部分。论文以儿童政治身份的赋予为主要线索，以儿童政治身份的发生过程为主要内容进行深描。论文从儿童政治身份的准入标准入手，展现入队标准对儿童心态和行为的影响。队前教育是要让所有成员都接受和消化入队的标准、方法、价值和角色，这是儿童社会化的开始，也是学校对儿童进行意识形态教育的开始。在儿童的日常生活中，学校利用各种少先队仪式对儿童进行政治启蒙与道德教育，这些政治仪式教育让儿童的生活平添了更多的政治色彩。重大政治生活事件在少先队组织生活中也是必不可少的：少先队代表大会、纪念仪式活动、"手拉手"活动等，这些活动正式开启了儿童政治生活的大门。但现实中儿童在参与这些重大事件的过程中却显示出一种被动与无奈。学校中的惯习化检查活动使儿童的生活充满了被动与勉强，这些政治色彩涂抹了儿童的大部分学习和玩耍的时间与空间，使学校生活也增加了更多的规范性与严肃性。少先队组织的活动目标直指政治接班人的培养，这一培养过程必然会产生各种竞争性活动，这些活动也几乎主宰了大多数儿童的学校生活。学生群体本身被受到竞争鼓励的评分制度分割成了许多可以控制的小单元。鼓励先进、鞭策后进也成为少先队教育的重要内容和方式。学校的这种培养机制导致了儿童政治身份分层的显性化——他们开始进入一个充满身份符号的世界。学校通过竞争的方式赋予队员身份差别的合理性。儿童被类别化为"一道杠""两道杠""三道杠"以及"无杠"的学生。学校试图通过少先队干部群体与榜样群体来实现对普通学生的管理，通过角色期待来规约儿童成长的"正确"方向。在这个过程中，教育者告知了儿童在他的行为方式中他所应当遵守的规则及应担负的"责任"。儿童则致力于对教育者所提出要求的服从或内化，以达到教育者的角色期待目标。纵观儿童被赋予政治身份的过程，学校所进行的政治身份教育符合了社会的政治需要，也取得了一定的效果。儿童干部群体参加各种队组织活动逐渐培养起组织能力与政治活动能力，养成参与意识，这对儿童的道德养成也有一定的影响。总体上，尽管儿童会参与各种活动以展示自己，但他们对自身政治身份的赋予是"无法选择"的。从访谈和调查的结果来看，儿童对无论是作为"单数的我"还是作为"复数的我"，对自己的身份终究是处于迷茫的状态。而且不适当的儿童政治身份教育会造成一定的道德损失、儿童政治身份认同的脆弱以及儿童生活的官僚化与利益化等消极影响。因此学校政治教育不能为了把社会体系所确定的政治思想、观念、意识、行为方式等传授给儿童而仅被作为一种教育训练过程进行。学校政治教育也不能仅止于简单的意识形态灌输或者角色安排。儿童在其成长过程中具有较强的能动性和建构权利，他会对他所经历的外在事件作出自己的诠释和理解，他会通过自身的价值判断作出认同或拒斥的选择。学校也应有选择地过滤儿童的经验，即在进行政治教育时应考虑儿童成长的特点，应促成有利于儿童道德生活的空间。

【关键词】少先队；仪式；符号；政治身份

论回归童年的儿童教育

博士生：王喜海　导师：刘晓东

【作者简介】王喜海，南京师范大学教育科学学院学前教育学专业博士学位，现任杭州师范大学初等教育学院副教授，主要研究方向为儿童教育哲学。

【摘要】童年，在个体的生命历程中一去而不可复返，却在心灵深处凝结为一个纯洁无瑕的梦。儿童置身于自己的世界，奔腾跳跃、嬉戏打闹，永远一副天真活泼、快乐无忧的模样。然而，当前童年却处于即将消逝的危机之中。这种危机促使我们研究童年及儿童教育问题。童年是什么？童年怎样产生？童年为何存在？这一连串的追问引导我们去思索童年的起源和价值问题。基于人类学各有关学科的跨学科视野，利用发生学方法，本研究从人类的进化过程中去考察童年的起源，确认童年的价值，从而认定童年是一种人类学现象，它具有生物适应和文化适应的双重价值，也为教育的发生提供了前提。这意味着，童年不会消逝，也不能被逾越。童年不仅标示着年龄涵义，它实际上就是一个特别的世界。再者，儿童是独立于成人的存在，他们的本质不能由成人的本质推论而来。为了进一步揭示人类童年的本质，本研究利用现象学研究方法，在广泛考察人类童年体验的基础上，对儿童世界的特征重新作了解释。研究认为，儿童是生活着的生活者、游戏着的游戏者、学习着的学习者；而儿童世界，则是一个快乐、纯真的，由儿童生活、儿童游戏、儿童学习多维交叠而成的一个立体网络。童年正在消逝吗？童年危机在我们国家有何特殊表现？研究发现，我国当前童年危机的根本症结在于儿童被异化为"伪成人"，深层诱因在于社会竞争所导致的错位教育目的——"生存教育"，表层肌理则在于由"生存教育"所决定的不当教养方式——"课程化成长"。综合来看，正是"生存教育"导致了儿童的"课程化成长"，最终导致儿童被异化为伪成人。这就是我国当前童年危机的发生机制。如何解决我国当前的儿童教育问题？基于对童年的重新认识，以及对我国童年危机的了解，针对儿童教育背离童年的主要原因，为了使儿童教育向童年回归，本研究认为其基本立场就是要遵循儿童的发展规律，尊重儿童的生活方式、游戏方式和学习方式，充分地利用儿童身上的内在生长能力，促进儿童健全成长；其基本原则就是实现教育活动与生活活动、游戏活动和学习活动的融合。同时，针对"引导—割裂"式教学这个导致儿童教育背离童年的现实基础，本研究提出了一种"参与—交融"式教学，作为儿童教育向童年回归的可能途径。

【关键词】童年；儿童世界；童年危机；儿童教育

幼儿教师儿童学习观变革之路探寻

博士生：张永英　　导师：刘晓东

【作者简介】张永英，南京师范大学教育科学学院学前教育学专业博士学位，现任南京师范大学教育科学学院副教授，硕士生导师。

【摘要】幼儿教师的儿童学习观是幼儿教师儿童教育观念群中的重要组成部分。幼儿教师儿童学习观亟待自知识技能取向向成长取向的根本性变革。而变革需要怎样的方法、途径呢？本研究首先对当前幼儿教师在课程实施中所持有的儿童学习观进行实地研究，并揭示幼儿园场域中幼儿教师儿童学习观的文化型塑机制；接着对西方教育史各不同历史时期教育大家对儿童学习问题的研究范式的梳理，获得认识和理解儿童学习的指导原则、方法及途径的启示；在实践与理论的对话中，通过参与合作行动研究尝试探寻幼儿教师儿童学习观变革之路。本研究分上、中、下三编。上编是对幼儿园教师儿童学习观现状及其文化型塑的实地研究。主要通过对关于幼儿园教材的话语分析，对幼儿园教育活动、教研活动及管理活动的话语分析，呈现幼儿教师在幼儿园日常生活实践中的儿童学习观"实际如何"及"何以如此"。中编是对西方历史上不同时期儿童学习研究范式流变的历史梳理。从直观猜测到理性主义、经验主义、科学实证主义，再到诠释学。从大的脉络来看，儿童学习研究的范式流变是和整个西方社会哲学发展的两次转向（即认识论转向和实践转向）相一致的。但我们也能看到，在儿童学习问题的研究上，卢梭、杜威、蒙台梭利都突破了他们时代的主导范式的制约，为我们昭示了研究儿童学习问题不仅需要借鉴自然科学的方法，也需要超越主客二分认识模式的交往性实践，我们需要理性的实践、反思，更需要超越理性的想象、领悟和理解。下编是研究者参与的行动研究。在对行动研究小组行动的写实描摹以及对幼儿园关于"课程实施方式"的对话纪实中，展现走向解释学范式的幼儿教师儿童学习观变革之路。

【关键词】幼儿教师；儿童学习观；变革之路；文化型塑；研究范式；行动研究

教师的交际行为研究——幼儿园教师语言的语用学分析

博士生：余珍有　　导师：许卓娅

【作者简介】余珍有，南京师范大学教育科学学院学前教育学专业博士学位，现任中华女子学院儿童发展与教育学院教师。

【摘要】本项研究的目的在于探讨幼儿园半日活动过程中教师使用语言的行为方式和策略，试图通过实地观察师幼之间的交际现象分析、整理出教师交际行为的构成要素和分析框架，探讨教师交际行为的主要特征，分析师幼交际对幼儿学习和发展的影响作用和影响机制。师幼交际的行为涉及诱导、应答和反应三个功能范畴。其中，诱导行为意味着一个新的交际单元的开始，应答行为是对诱导行为的回应，反应行为是说者对听者应答或诱导的一种回应。师幼交际的单元模式主要有"教师诱导—幼儿应答""教师诱导""教师诱导—幼儿应答—教师反应""幼儿诱导—教师应答""幼儿诱导—教师反应"等几种类型。在师幼交际过程中，教师通常通过提出问题、提出要求、讲授和情感诱发实施诱导行为，应答行为分为积极应答和消极应答，反应行为分为反馈和评价。教师的交际行为从其内容指向可以分为指向幼儿认知学习、幼儿动作学习和情感态度学习三类交际行为。对师幼交际过程中教师交际行为进行量化分析结果发现：第一，在师幼交际过程中，教师是主动的，幼儿相对比较被动。第二，师幼交际的主要单元结构模式是"教师诱导—幼儿应答"和"教师诱导—幼儿应答—教师反应"。第三，提问和要求是教师的主要交际行为，教师交际行为主要指向信息传递，教师倾向于多鼓励和肯定幼儿，教师经常会根据幼儿的实际随时调整计划安排。有效的师幼交际是幼儿认知学习的主要来源，有利于幼儿语言能力的发展，有利于幼儿交际能力的发展，有利于培养幼儿积极的生活和学习态度。师幼交际的支持和帮助可以用"搭建支架""对具体经验概念化""给予情感支持"三个方面来解释。前两方面主要针对幼儿的认知学习和动作技能学习，最后一方面是针对幼儿的情感态度学习的。

【关键词】交际行为；师幼交际；交际策略；语言使用

师幼互动中的教师情绪研究

博士生：许倩倩　导师：刘晶波

【作者简介】许倩倩，南京师范大学教育科学学院学前教育学专业博士学位，现任陕西师范大学教育学院学前与特教系教师。

【摘要】随着我国幼儿教育的快速发展，幼儿教师队伍日益壮大，幼儿教师研究成为学前教育研究领域的重要课题。幼儿教师情绪作为影响幼儿及教师自我成长的重要力量，是考察教师专业实践的重要视角。近年来，学者们着重从个体角度对幼儿教师的情绪健康、情绪调节以及情绪智力等问题展开了广泛研究。然而，情绪作为个体与外部环境相互作用的产物之一，从根本上说是关系性的存在。将教师情绪置于师幼互动的背景中进行考察，对于了解自然情境下教师情绪的实际表现，整体把握教师情绪在幼儿教育中的作用具有重要意义。本研究立足人际互动视角，以情绪的外显表现为切入点，着力对教师情绪的类型、表现、产生与发展过程及作用进行探讨，在此基础上探寻维护教师情绪健康和改善教师情绪表现的策略。本研究采用质性研究设计，于 2012 年 9—12 月深入南京市某幼儿园三个班级的教育教学活动现场，对六位教师在师幼互动中的情绪表现进行了观察，并对部分教师进行了访谈。通过对获取的 236 个教师具有明显情绪表现的师幼互动案例及访谈资料的整理、编码与分析，形成了论文的基本框架。研究发现，教师在师幼互动中表达出大量的正向与负向情绪，其中负向情绪数量更多。教师负向情绪的表达从小班到大班呈递增趋势。教师负向情绪在教学活动和过渡活动中出现频率最高，正向情绪在教学活动中出现频率最高。师幼互动中的教师情绪多由幼儿行为诱发，教师正向情绪主要由"幼儿符合教师期待的行为"诱发，负向情绪主要由"幼儿影响班级秩序的行为"诱发。教师不同类型情绪产生的原因涉及诸多因素，正向情绪产生的原因主要是教师目标的实现或趋于实现、教师需要的满足以及互动进程的顺利与流畅。负向情绪产生的原因包括教师对幼儿不恰当的期待、教师人格特质的影响、教师指导经验和技能的缺乏、教师对幼儿行为原因的误解以及教师彰显自身权力的需要。教师情绪在互动过程中呈现出"转化—调节""终止—回避""升级—冲突"和"持续—扩散"四种变化类型，其中"转化—调节"是教师情绪变化的主要类型。从拟剧理论的视角看，情绪是教师角色"个人前台"的重要组成部分，是教师角色建构与调整的重要策略，是影响幼儿情境定义的重要方式，在幼儿园教育教学活动中具有多样化的功能。教师情绪的正向功能包括促进幼儿的情绪社会化、提高教育教学活动的效率、维持安全有序的班级生活以及维护和巩固师幼关系；负向功能既包括对幼儿的自主性、社会行为能力以及整个身心健康的不利影响，也包括对教师自身身心健康的损害。研究认为，维护幼儿教师情绪健康和改善教师在师幼互动中的情绪表现需要多方面的共同努力。

【关键词】情绪；幼儿教师；教师情绪；师幼互动

幼儿教师实践逻辑研究

博士生：季云飞　导师：许卓娅

【作者简介】季云飞，南京师范大学教育科学学院学前教育学专业博士学位，现任教于华东师范大学教育学部。

【摘要】研究者认为，在幼儿教育研究所涉及的关系里，幼儿教师应该是理论研究者的一个"他者"。与研究者的"理论逻辑"不同，幼儿教师以"实践逻辑"为特征。因此，研究者尝试着对幼儿教师的实践活动进行了一番田野考察，以期尽可能获得一种"他者的眼光"，来丰富理论研究者对幼儿教师实践活动的认识，并引发研究者对自己文化和理念的反思，获得"抗固化"的力量。本研究首先对人们对"实践"概念的理解的历史流变进行了梳理，认为，不能将实践理解为只是为科学理论的实践性运用，实践是人类生存现实的全部事实，是行动者主体性参与的行为，是主体对所面临情景作出的可能选择和自我调整。在实践中，不是惯习本身产生了我们的行为，而是它与场域相互作用产生的，即以获得特定场域中可得到的资本形式为目的的行为"策略"产生了行为。这就是实践的逻辑。幼儿园教师在场域中既是"受力者"，又是"施力者"。他们所具有的社会网络空间、他们社会化过程中从事的社会交往实践及所形成的知识、惯习都在参与决定着创造性空间的大小。他们经历的场域是不断变化着的，有着不同惯习的行动者会使用着不同的策略。研究者考察了幼儿教师实践逻辑的独特之处，发现幼儿教师的实践逻辑的形成过程是历史生态性的，具有极强的女性的特征以及时间紧迫性，总之，幼儿教师在实践活动中主体性是流动的。研究者分析了幼儿教师在幼儿教育场域中，与幼儿、家长以及理论研究者互构的实践图景。本研究着力于揭示幼儿教师的实践逻辑，但着眼点却是理论研究者对自身的反思，因此，研究者对理论研究者的研究实践进行了反思，提出在与幼儿教师互动的过程中，理论研究者应该在承认幼儿教师与自己的文化对等地位后，让他者成为他者，做幼儿教师实践活动的关怀者，进而成为幼儿教师思考过程的分享者，复杂教育场域的理解者。研究的最后，研究者对自己在本研究中的方法和方法论进行了反思，主要对研究者身份以及与研究对象的关系问题进行了思考。

【关键词】幼儿教师；实践；实践逻辑

秩序校园——中小学教学秩序的田野考察

博士生：王丽琴　导师：杨启亮

【作者简介】王丽琴，南京师范大学教育科学学院课程与教学论专业博士学位。

【摘要】"教学秩序"是一个熟悉又陌生的日常概念，课程与教学论的经典范畴中尚缺少这方面的专题研究。本研究选择"教学秩序"为关键词，就是想充分吸收"课堂纪律""课堂管理"等方面的已有研究成果，试图运用更广阔的学术视野对影响教学秩序形成与发展的诸因素作深入的梳理，并努力采用更务实的研究方法对教学秩序发生与发展的进程做真实的描摹。本论文的主体部分由上下两编组成：上编为针对中小学生的教学秩序而进行的田野考察，重点在"拂晓小学""霞光中学"等学校展开，描摹了中小学生教学秩序的发生与发展过程，并对其中的若干问题如"小学阶段教学秩序的总体特征""中国特色的'秩序教育'之路"等进行了讨论与反思。下编的考察重点是中小学教师的教学管理言行，考察方法除了倚重前文中的"现场考察"外，也把各种中小学教师在网络环境下写作的教学随笔作为考察与分析对象，分别探讨了中小学教师日常教学管理方法、教学管理特色与风格、教学管理角色与效果、教学管理能力等问题，并通过对一个特殊教育机构教学秩序的探访，对普通学校中普遍存在的"差生"教育等问题进行讨论。除了前言、主体部分之外，论文还提供了八个小学和初中的学生个案，通过这几个典型的秩序教育故事，讨论"个性化""人性化"的秩序教育取向问题。

【关键词】教学秩序；教学管理；中小学；田野考察

指向优质化建设的学校领导团队互动研究
——以间巷实验学校为个案

博士生：冯晓敏　导师：张新平

【作者简介】冯晓敏，南京师范大学教育科学学院教育领导与管理专业博士学位。

【摘要】学校优质化建设是一个推动学校组织向更为理想阶段逐步发展变革的过程。基于对政策要求、组织转型和教育变革取向等的分析，学校优质化建设中的领导变革应着重以下三方面：一是领导民主化，加强对多主体参与学校领导活动的关注，凝聚学校领导力；二是结构扁平化，打破个体间分离式的等级工作关系，释放团队的组织能量；三是治理体系现代化，超越传统绝对权威的控制型领导，增进组织内部多主体互动。作为学校优质化建设的关键前提，学校领导团队互动需要注重：主体的多元参与和共同治理；互动过程的尊重性、合作性与对话性；主体领导意识的自我觉醒与积极主动性。采用实地研究方法，以一所正在开展优质化建设的学校为个案，对学校领导团队的互动实践进行考察并发现，从其内部成员间的互动来看，一方面在明确分工后，缺乏对如何增强有效互动的思考，多是凭借经验展开互动，另一方面互动存在层级性，并随着层级下移，互动也越来越偏向事务性。从其与教师群体的互动来看，形式上主要分为正式与非正式。在正式互动中，校级领导与教师群体多为自上而下分离式的单项互动，中层领导则需依靠校级领导的相关指令展开互动。受规章制度中所存在的变动性、模糊性，以及"刚性"与"弹性"等的影响，学校领导团队与教师群体的互动实践也具有一定的随意性、被动性和复杂性。在非正式互动中，学校领导试图通过与教师互动，在发现问题与挖掘优势之间取得平衡，但又难以在以分数为主的考试评价与以课外活动为主的素养拓展中作出权衡。此外，学校领导团队并不是一味地选择从领导职权出发，强制推行相关改革，而是通过领导身份的自我隐匿，与教师共同面对学校诸多事宜。研究发现，当前学校领导团队互动实践具有两大特征：以校长为中心，凸显传统领导管理方式影响下的层级性互动；以"关系"为基础，形成对传统层级性互动的隐性挑战。但传统的领导体制、文化与思维方式阻碍着学校领导团队互动关系的生成与相关实践的顺利展开。因此，破解问题的有效路径是：建立凸显参与性的领导关系；融入合作对话的领导氛围；转变以"绩效"为主的领导观念。

【关键词】学校优质化建设；学校领导团队；互动

小学校长权力运作

博士生：王坤　导师：张新平

【作者简介】王坤，南京师范大学教育科学学院教育领导与管理专业博士学位，现任徐州工程学院教授，硕士生导师。

【摘要】在今天的中小学普遍实行校长负责制的管理体制下，无论怎么强调中小学校长的作用都不过分。通过上级任命、主动参与竞聘、民主荐举等方式走上校长的工作岗位，这只是当上校长的第一步，校长的管理职能能不能得到保障，管理的质量和效益能不能得到彰显，不仅取决于校长拥有哪些权力，而且取决于校长如何运作这些权力。因此，对校长如何运作权力的研究应该成为教育管理理论和实践研究领域的重要关注点之一。本论文通过对一位农村普通中心小学校长工作样态的实地研究，借助权力的视角，运用谱系学的分析方法，按照"对外"和"对内"权力运作的两个维度，描画了当前小学校长权力运作的基本图景。小学校长对外权力运作的对象主要包括上级教育主管部门和学生家长，这两类主体对学校教育的需求既有共同之处，也有分歧之点。校长，作为学校的主管人员，经常在追求"政绩"上"办让上级满意的教育"和在追求"效益"上"办让家长满意的教育"之间摇摆。总体来看，在对外的权力运作上，校长呈现出鲜明的"弱势"特征，是在"为满足上级期望而工作"。对于上级的"林林总总"的通知和下达的各项任务，只有服从、执行和接受，甚至不惜用"编数据"和"造材料"的方式来迎合。偶尔也会耍些不过分的"小聪明"。对于学生家长，由于受现在社会舆论氛围和政策导向的影响，也是以满足和服务为主。小学校长对内权力运作的对象比较复杂，涵盖学校中的一切。相比较校长对外权力运作中"示弱"的表现，在对内权力运作中，校长呈现出更多的"强势"特征。作为行政上的"首长"，能够充分运用手中的权力，设置学校内部组织机构，评聘考核中层干部，用"工程"的方式推进学校各项建设，采取各种微权力技术管理教师，恩威并用，软硬兼施。作为专业上的"领头人"，能够落实国标课程，开发校本课程，进行课堂教学改革，创建学校文化，虽然有力不从心之处，但也基本上能够把自己的意志和想法掺杂其中，在学校中实现，充分显示出校长负责制管理模式的特征。这些权力运作，既有来自外部力量的推动，也有校长自己主观努力的结果。由此让我们更加清醒地认识到校长对学校发展的重要性，更加有理由确信校长的素质决定学校的办学质量。从权力运作的谱系学视角来分析，在对外权力运作方面，由于校长职位的获得和办学资源的来源主要是外控的，主要采取服从、拖、政治修辞等方式来应对。在对内权力运作方面，由于校长负责制的管理体制，校长对学校内的人财物拥有较高的支配权，权力运作的方式则更加复杂化、精致化、微观化。由此也形成了当下不少校长的"对内强、对外弱"的"两面派"权力性格。无论当下的小学校长以何种形式进行权力运作，都是在这个社会中生存的需要，有些是主观设定的结果，有些是不得已而为之，这也是对社会现实生活的反映。清楚地了解小学校长所处的社会环境和职业状况，对解决小学校长如何用权，正确处理学校与政府、社区之间的关系，以及校长自身的专业成长等问题都具有重要的现实意义和参考价值。

【关键词】小学校长；权力；权力运作；权力理论

儿童编程学习体验研究

博士生：石晋阳　导师：李艺

【作者简介】石晋阳，南京师范大学教育科学学院教育技术学专业博士学位，现任扬州大学教育技术系教师。

【摘要】为什么要教儿童编程？一方面，国际社会普遍认为教育需要培养具有计算能力的创新人才，才能为未来创新经济提供动力。另一方面，计算思维被认为是每个人都应该具有的基本素养，是人们适应 21 世纪的必备技能之一，而编程教育正是培养儿童计算思维的重要途径。然而，哪些儿童应该受到编程教育？我们又应该如何教儿童编程？在儿童编程教育中如何体现计算思维这一培养目标？当前这些问题均没有得到很好的解决。由于儿童的学习具有自身特点，因此儿童编程学习与成人编程学习存在差异。一般而言，儿童较难在抽象层面上接触编程知识，而是通过亲自体验去感受编程的过程和思想。然而，儿童在编程学习中怎样体验呢？了解他们的体验方式，有助于我们为他们设计更好的编程教育。本研究的主要问题就是探索编程课堂上的儿童是怎样的？我们为儿童提供了怎样的课程？儿童编程学习体验是怎样发生的？由于这些问题都是随着时代发展而在教育中显现出的新问题，具有一定的探索性，因此本研究以 10—12 岁的小学期儿童为主要研究对象，在真实的编程学习情境中，采用扎根理论方法对儿童编程学习体验的发生过程进行探索性研究。本研究的主要工作包括理论研究与实地研究两部分。理论研究方面，在对"儿童学习与发展理论""学习体验研究范式"进行梳理的基础上，研究者利用文献研究法对已有的有关"儿童编程学习"的研究成果进行了评述。研究发现，当前"儿童编程学习"的研究焦点主要在计算思维的概念、编程教学的实践、儿童编程学习评估以及儿童编程的社会偏见等方面。研究者还重点梳理了儿童编程学习研究的质性研究成果，为本研究奠定理论基础。实地研究是在位于江苏省的D小学、J小学和PK项目组三个研究现场进行的。在研究现场中，研究者收集了教学材料、教学案例、教学录像、观察记录、师生访谈、学生作业、反思记录等资料，并对资料进行了初步分析，在持续比较过程中，进行资料收集与资料分析的循环。进而，运用扎根理论的三级编码方法，分阶段、分层次地对来自不同现场的资料进行开放性编码，产生了156个概念，并将这些概念进一步概念化为26个初始概念，进而生成11个范畴。在轴心编码阶段，对11个范畴进行了关联，进而获得了3个主范畴：理解儿童、设计课程和体验编程。在选择编码阶段，经过持续地将资料与理论对话，得到一个核心范畴：儿童编程学习体验的发生机制，进而尝试生成了一个"儿童编程学习体验的发生"理论模型。通过资料与资料、资料与理论的对话，结合对部分资料的情境化分析，本研究在论文的第五、六、七章分别对编码获得范畴及范畴间的关系进行了阐释，研究结果主要有以下四个方面：第一，本研究从资料出发，发现了理解儿童编程学习者的三个维度——文化、社会和课堂情境，发现信息时代的儿童编程学习者具有一定的计算机文化基础，他们普遍对编程学习感兴趣、乐于体验编程过程，但由于接触机会不均衡和性别偏见，造成儿童在编程课堂上的体验过程差异化发展。现阶段，校内外面向儿童开展的浅层次编程体验活动并不能满足编程学习促进儿童成长的根本诉求。第二，课程是现阶段儿童接触编程的重要形式。本研究通过对研究现场中收集的学校常规课程和校外项目化课程的比较，阐释儿童编程课程实施的现状。教师通过关注儿童在编程学习中的亲身体验，促成了课程目标、实施以及评价等在教学互动体验过程中的动态变化，使得儿童编程教学体现出较强的实践性。第三，在真实学习情境中，儿童编程学习体验是在时间维度上整体性、动态发生的。编程学习是需要一定智力投入的活动。儿童编程学习体验发生的动力机制受兴趣与努力两个要素影响，有意志力参与的内在兴趣才能为编程学习体验提供持续的动力。在发生方式方面，虽然儿童编程学习行动总是从"动手做"这样的实践体验开始的，但是实践体验必须经由反思体验上升到价值层面，形成与"自我"有关的学习体验，才有利于儿童的成长。儿童在编程学习活动中模仿与创造、自主探究与协作学习，从而获得社会层面的互动学习体验，包括与他人互动的关系体验和意志训练的价值体验。第四，儿童的编程学习体验是在时间维度上的流动，在不同的阶段呈现出不同的体验结果层次。根据小学阶段儿童的发展特点，为儿童提供整合了计算与设计的学习情境，儿童获得的编程学习体验会更丰富，学习结果的可能性也更多样。本研究表明，对于儿童而言，编程学习具有一定的挑战性，儿童需要在兴趣与努力之间保持平衡，才能克服畏难情绪、持续学习编程，进而从认知、价值等多层面获得丰富的学习体验。在理想情况下，带有编程学习动机的儿童会积极主动参与整合了计算与设计的编程学习活动，在适度的挑战任务情境中与内容、他人进行互动，进行一系列的反思性实践体验，从而获得促进认知发展与"自我"成长的整体化学习体验。

【关键词】儿童；编程课程；计算思维；学习体验；Scratch；扎根理论

示例二
南京师范大学教育人类学相关硕士学位论文一览

1. 魏聪:《我是一个行动者——幼儿园日常生活的体验与构建研究》

2. 王艳:《研究者和儿童的关系——基于现代西方学科发展和方法发展的考察》

3. 陆文静:《在家教育联合体的民族志研究——以 W 书院为个案》

4. 李启波:《大学仪式研究——以毕业典礼为例》

5. 赵路露:《小学一年级科学教学的田野考察——以南京市两所小学为例》

6. 徐小丹:《班级社会空间中小学生的道德学习研究——以 Y 小学为个案》

7. 李芳:《乡村学校的衰落与乡村教育的发展——一个华北乡村学校的民族志研究》

8. 史宏杰:《社会学视角下小学课堂教学中的仪式研究》

9. 刘京翠:《角色与社会控制——班主任角色的社会建构》

10. 姜世丽:《升旗仪式的社会学研究——以陕西省 X 中学为个案》

11. 柴瑞霞:《白村儿童游戏研究》

12. 黄慧:《基础教育课程改革下学校格局的冲突与妥协——一个艺术特色校本研究诞生的人种志考察》

13. 高月萍:《班级里的道德生活》

14. 张丽琴:《在场与缺席——学校场域中学生话语的文化生态》

15. 张雪:《班级整合的文化社会学解释》

16. 钱洁:《中学生的性别表述与自我认同——在"绅士淑女"的培养目标中进行》

17. 孙启进:《榜样、教育与权力政治——以模范中学"校园之星"评选活动为个案》

18. 白雪杰:《从隐匿到彰显——基于教师博客的教师文化研究》

19. 金宇碧:《常州市流动儿童受教育状况的个案研究》

20. 蔚艳楠:《初中生日常生活生存策略的质性研究》

21. 王从庆:《论学校场域之外的资本运作》

22. 陈娟:《跋涉于专业化之途——T校班主任的叙事探究》

23. 王吉春:《地方、国家与教育变迁——裕固族小学教育变迁的个案研究》

24. 张敏:《Y中学班级日常生活的教育公平问题研究》

25. 程路:《师生互动中生态位变迁的个案研究》

26. 樊文芳:《通过教育获得解放——基于希望村教育缺失型贫困的个案研究》

27. 刘小龙:《师生学习共同体中教师权威的困境及其重构——以S中学为例》

28. 程辰:《南京市行知小学教育品牌形成的个案研究》

29. 董洪宝:《学习力:校长走向成功的不竭动力——一位农村小学成功校长的个案研究》

30. 王欣力:《城镇化进程中一所乡村中学的发展及其反思》

31. 唐春香:《中学女教师职业生涯发展的质性研究——基于女性主义理论视角》

32. 夏云云:《学校的力量薄弱学校的自我改造的个案研究》

33. 吕梦舍:《农村初中"小规模化"问题研究——以J省P县为例》

34. 周欢春:《"特色"之名:农村高中美术班行动逻辑的个案研究》

35. 姚静:《被壮大的弱校——农村教育内卷化的案例研究》

36. 蒋兴梅:《扎根乡土:突围的有限与可能——对一所乡村非完全小学的个案研究》

37. 吴徐莉:《"自由学校"改革:在艰难中前行——基于对L小学的实地考察》

38. 库小玲:《互动仪式链视角下的"边缘生"现象研究》

39. 荣丽:《农村家庭教养方式代际变迁研究——以山东省B村庄为例》

40. 孙纪玲:《学校教育中学生奖励运用现状的一项质性研究——以南京市 H 小学为例》

41. 王焕:《从"文字下乡"到"文字上移"——乡村小学的兴衰起伏》

42. 徐燕:《跨学科研究生的学科身份认同研究——以 N 大学教育学科研究生为例》

43. 李慧:《班级活动对小学生情感能力影响的研究》

44. 胡迪:《权力视域下的班级空间——以江苏省扬州市 L 小学为个案》

45. 孙卫红:《论乡村小学教师合作文化的缺失与建构》

46. 谢国忠:《小学教师职前教育中的综合师范实践活动研究——基于常州工学院小学教师教育的个案》

47. 王瑾:《课程改革中教师合作的人种志研究——走近 M 中学》

48. 李晓菲:《走近他们的职业生活——K 校教师职业幸福感的研究》

49. 龚雪:《"问题学生"越轨行为的形成机制及教育反思——基于社会学标签论的视角》

50. 吴洁:《追寻"自我"的教学——一项普通教师的个案研究》

51. 王翠莉:《大班儿童同伴群体的个案研究》

52. 鲍欣钦:《幼儿园小班班级规范事件研究》

53. 蒋和勇:《教育局长的领导有效性——基于深圳市南山区教育局的个案研究》

54. 曹晓伦:《学校行政会议的见证人——对一所农村中学行政会议的实地研究》

55. 刘光涛:《学校文化领导:一所中学的个案研究》

56. 赵志鲲:《高校教师职称评聘工作的管理特点与变革策略——基于 A 大学的个案研究》

57. 郑菲菲:《中小学校务委员会改革实践研究》

58. 刘娟:《振荡与平衡——S 乡小学布局调整的实地研究》

59. 杨旺杰:《校长的道德领导——基于浦口区行知小学的个案研究》

60. 解国祥:《县级教师进修学校的生存困境与管理策略——基于南京市江宁区 H 学校的个案研究》